全国高等职业教育应用型人才培养规划教材

办公自动化设备使用与管理

（第 2 版）

黄军辉　赖友源　韩衡畴　主　编

周挺兴　高　峰　黄思达　副主编

電子工業出版社.

Publishing House of Electronics Industry

北京·BEIJING

内 容 简 介

本书主要介绍目前常用的办公自动化设备,并力求反映现代办公自动化设备的最新发展技术,全面系统地讲解了现代办公设备(包括计算机及外部设备、传真机、静电复印机、一体化速印机、办公辅助设备和办公自动化网络等)的发展方向、分类、基本工作原理、基本结构和主要性能参数,并着重介绍了这些设备的操作使用方法与技巧、维护保养与简单故障的检修及选购安装等方面的内容;同时介绍了实现办公自动化所需的概念和系统设计。

全书从实用的角度出发,既注重理论介绍,又考虑知识的广度,简洁明了、体系完整、图文并茂。

本书可作为各类高职院校、应用型本科院校电子信息工程、计算机技术、文秘、经济管理、电子商务、商务英语等相关专业的教学用书,也可作为广大办公人员学习和使用现代办公设备的指导书,亦可供办公设备的销售人员和广大电子爱好者学习参考,还可以作为"现代办公设备维修工"国家职业技能考核的培训教材。

未经许可,不得以任何方式复制或抄袭本书之部分或全部内容。

版权所有,侵权必究。

图书在版编目(CIP)数据

办公自动化设备使用与管理 / 黄军辉,赖友源,韩衡畴主编. —2 版. —北京:电子工业出版社,2017.2

ISBN 978-7-121-30861-1

Ⅰ. ①办… Ⅱ. ①黄… ②赖… ③韩… Ⅲ. ①办公室-自动化设备-高等学校-教材 Ⅳ. ①C931.4

中国版本图书馆 CIP 数据核字(2017)第 018693 号

策划编辑:王昭松
责任编辑:张 京
印　　刷:北京盛通商印快线网络科技有限公司
装　　订:北京盛通商印快线网络科技有限公司
出版发行:电子工业出版社
　　　　　北京市海淀区万寿路 173 信箱　　邮编:100036
开　　本:787×1092　1/16　印张:16　字数:409.6 千字
版　　次:2010 年 7 月第 1 版
　　　　　2017 年 2 月第 2 版
印　　次:2023 年 7 月第 6 次印刷
定　　价:38.00 元

凡所购买电子工业出版社图书有缺损问题,请向购买书店调换。若书店售缺,请与本社发行部联系,联系及邮购电话:(010)88254888,88258888。

质量投诉请发邮件至 zlts@phei.com.cn,盗版侵权举报请发邮件至 dbqq@phei.com.cn。

本书咨询联系方式:88254015。

前　言

《办公自动化设备使用与管理》一书自 2010 年 7 月出版以来，得到了许多院校师生的认可，尤其在获得 2013 年广东省精品资源共享课的立项过程中得到了大家的大力支持，在此表示诚挚的谢意。本书的第 2 版增加了手机"扫一扫"功能，读者可以直接用手机打开微课和视频，从而加深对知识及操作的认识。

办公自动化设备的应用已遍及各个领域，学会使用办公自动化设备，并能对办公自动化设备进行日常维护和简单故障的处理，已成为对高职高专学生工作能力的基本要求。本课程推行"双证书"制度，将职业资格证书恰当地纳入课程教学计划中。硬件技术的掌握必须通过反复实践，配合各高职院校积极实施双证书制度工作，推进示范校和一流院校建设，将职业教育的专业培养方案与劳动部职业资格认证紧密结合起来。

本书共 7 个项目，采用"项目导向，任务驱动"的教学理念，依据本专业领域实际工作所需求的基本专门化能力和技能，保证基础，加强应用，使培养的学生在完成本课程的学习后能适应岗位的需要。本书建议学时数为 72 学时，其中包括 30 学时的实训课。各校可以根据自己的实际情况以及不同专业的需要，进行适当的调整。

本书由广东农工商职业技术学院黄军辉副教授、广东工程职业技术学院赖友源副教授、广东农工商职业技术学院韩衡畴主编，广州市轻工高级技工学校周挺兴、广东农工商职业技术学院高峰、广东电子信息技工学校黄思达任副主编。参加编写工作的人员还有广东农工商职业技术学院的林奕水、李基有、陈晓海、朱秋群、黄日晴，广州市轻工高级技工学校的邝嘉伟及广东省轻工业高级技工学校的慕芷君。全书由黄军辉负责统稿，在编写过程中得到了松下电器（中国）有限公司、柯尼卡美能达办公系统（中国）有限公司、广州友谊文化信息科技有限公司、广州奥盟科技发展有限公司及广州斯利文信息科技发展有限公司的技术支持，同时得到了电子工业出版社编辑的热心指导，在此对关心和协助本书编写和出版工作的同志表示诚挚的感谢。

由于编者水平有限，加之现代办公设备的多学科、综合性和信息技术发展迅速，书中难免有不足和错误之处，恳请广大读者批评、指正。联系邮箱：junhuihuang@163.com 或 jhhuang@gdaib.edu.cn。

编　者

目　　录

项目 1

办公自动化设备及安全用电的认识

1.1 项目分析

主要内容

本项目主要介绍办公自动化的基本概念、特点、组成要素、基本功能、处理任务，不同办公自动化系统、办公设备的类型及发展趋势；同时介绍了与设备正确使用息息相关的安全用电的基本知识，包括电源种类、线路布设、电气事故的处理、人身触电的伤害与急救方法及静电产生的原因与预防。

学习目标

1. 知识目标

（1）了解办公自动化设备及系统；

（2）掌握安全用电的基本知识。

2. 技能目标

（1）能够对办公自动化设备及系统进行正确的分类，并了解其发展趋势；

（2）能够对办公室的电源安全状况做出正确的判断；

（3）能够对电气事故做出正确的应对，并掌握人身触电的急救方法。

1.2 相关知识

1.2.1 办公活动的形成

"办公"是处理人群集体事务的一种活动，是信息处理的重要组成部分。在人类历史上，办公行为的出现比人类有意识地进行信息活动晚得多。然而，自从人类社会形成以来就存在着办公活动，而一套比较正规的办公行为的形成，则可追溯到国家出现之前的氏族社会的议事会议。人类社会为了组织生产、商品流通和国家行政管理，逐步形成了各种办公管理人员和机构。尤其是在国家形成之后，办公活动更是空前增多。不同的国家，不同的社会制度，甚至不同的部门或行业，办公的体制、习惯、程式都不尽相同。今天的办公活动，已从低级形式向高级形式发展，担任起前所未有的复杂管理和控制任务，并向综合、高效、无纸、智能的目标前进。

1.2.2　办公活动的发展阶段

古人云："工欲善其事，必先利其器。"办公活动的发展与办公工具的关系也正是如此，也就是说办公工具的改变以及支持它的新技术的出现，是办公活动不断发展的强大动力。迄今办公活动的发展大致可分为以下三个阶段。

1．农业时代

这是人类办公活动的初期。这一时期的变革主要表现为纸、笔和算盘的办公工具得到了大众普遍的接受和采用，完全抛弃了原始落后的石制和铁制的刻写文字工具，使文字信息的产生、保存和传递的方式发生了很大变化。支持这种变革的主要技术是造纸术和印刷术的发明和应用，特别是活字印刷术的发明与应用保证了这种古老的文字处理形式能够延续一千多年。

2．工业时代

从 18 世纪中期开始，机器逐步代替了人们的体力劳动，自然科学和技术不断进步，社会发展达到前所未有的程度，各种办公机构需要交换和处理的信息与日俱增，从而促进了办公活动的又一次变革。这一时期（18 世纪中期到 20 世纪中期）的特点是，一些新的办公设备进入了办公室，促进办公方式发生了较大改变。主要的办公设备有打字机、电话机、电传机和传真机、复印机、缩微设备。这些设备部分代替了人工劳动，使信息的处理和交换变得更为简单、快捷。可以说现代办公工具促成了人类办公活动的第二次变革。

3．信息时代

以微电子技术、遗传工程、新型建筑材料和新能源开发为中心的信息时代标志着人类进入了一个崭新的社会——信息化社会。在信息化社会中，人类科学知识每 2 年约增加一倍，每天发表近万篇科技和政治论文，每天都有上亿张不同密级的文件发布，每天都有成千上万种图书和刊物出版，更不用说铺天盖地的经济信息，传统的办公方式再也不能适应雪崩式的信息增长。为了提高办公效率，加速信息的收集、处理和传递，人类社会的办公活动发生了第三次大变革——办公自动化。这一次变革以三大类办公自动化设备和四大支持技术为代表。三大类办公自动化设备是指计算机类、通信类和办公用机电类设备。四大支持技术是指计算机技术、现代通信技术、信息处理技术和自动化技术。这次变革不仅使信息的生成、收集、存储、加工、传输和输出方式发生了巨大的变化，而且随着系统科学、管理科学、行为科学及社会学等软科学的引入，也促进了办公活动的核心——管理与决策手段、方法的改变。人们可借助各种先进的办公设备和科学技术进行管理和决策，以实现管理科学化。

1.2.3　办公自动化系统的组成要素

办公自动化系统由办公人员、办公设备、办公信息、办公环境等要素组成。

（1）办公人员是办公自动化系统的第一要素，主要有决策人员、管理人员、专业人员和辅助人员。

（2）办公设备是办公自动化的核心，主要包括计算机及外部设备、通信设备、复印设备及辅助设备。

（3）信息主要是指文字编排、数据、人员信息、财务信息、物资信息等。

（4）办公环境主要是指办公的场所，它不仅要使人员具有较高的效率，而且应能满足设备要求（如温度、湿度、灰尘、空气流通等方面）。

1.2.4　办公自动化设备的分类

现代办公设备（或称办公自动化设备）的种类繁多，但基本上可分为以下四大类。

1. 计算机类设备（信息处理设备）

计算机是现代办公活动中的关键设备，离开了计算机就谈不上办公自动化。该类设备包括大、中、小和微型计算机，以及各种联机外部设备。特别值得一提的是近年来发展起来的多媒体计算机，由于这种计算机能综合处理数据、文字、声音、图形和图像等多种形式的信息，人们用它可以发传真、发电子函件、浏览因特网（Internet）、看电视、听广播以及处理各种办公事务，从而使计算机在现代办公活动中发挥的作用越来越大。

联机外部设备主要包括一些计算机的输入/输出设备和外存储器。计算机输入设备除常用的键盘和鼠标外，还有光笔、光学字符阅读器、数字图像扫描仪和语音输入设备等；计算机输出设备包括显示器、打印机和自动绘图机等。较新的输出设备有喷墨打印机和激光印字机；在计算机系统中，用做外存储器的设备主要是磁盘（软、硬盘）驱动器和 CD-ROM 光盘驱动器。光盘是目前最先进的大容量外存储器，一片 5.25 英寸的光盘的单面容量为 650 MB（相当于数百张软磁盘）。光盘的类型按读写功能分为只读型、一次写入型和可重写型三类。

2. 通信类设备（信息传输设备）

在现代办公活动中几乎每时每刻都在进行某种形式的通信，如收发文件、打电话、发传真、拍电报等，所以通信设备在办公自动化中是必不可少的。此类设备主要包括通信网络设备和用户终端设备。

通信网络设备有程控交换机、长距离数据收发器、调制解调器、计算机局域网、公用电话网、公用分组交换数据通信网和综合业务数字网等；通信用户终端设备与办公人员的关系最为密切，而且操作方便，是办公系统中的"信使"。这类设备主要包括各种电话机（如按键式电话机、录音电话机、可视电话机、磁卡电话机、移动电话机（俗称大哥大）等）以及图文传真机和电传机等。

3. 办公用机电类设备（信息复制设备）

在现代办公设备中，除了计算机类设备和通信类设备外，还有很重要的一类办公设备，即办公用机电类设备（信息复制设备）。这类设备种类最多、最繁杂，也是目前国家劳动与社会保障部在第一次职业分类 96 个一类工种之一——办公设备维修工重点考核的设备，根据其功能大致可分为：静电复印机、数码复印机、一体化速印机、制版机、胶印机、电子排版轻印刷系统等。

4. 其他办公设备（办公辅助设备）

在现代办公设备中，除了计算机类设备、通信类设备、办公用机电类设备外，其余都可归纳为其他办公设备。这类设备，根据其功能大致可分为以下两种。

（1）信息储存设备。例如，录音机、摄像机、数码照相机、计算机文档存储系统等。

（2）其他辅助设备。例如，空调机、不间断电源、幻灯机、投影仪、碎纸机、装订机、裁纸机等。

1.2.5　现代办公设备的发展趋势

就办公自动化而言，现代办公设备是其中的一个重要组成部分，所以现代办公设备的发展将紧随办公自动化的发展而发展。办公自动化尽管只有 30 多年的历史（起源于 20 世纪 70 年代的美国），但发展速度极其迅速。纵观发达的工业化国家，办公自动化的发展大致可分为三个阶段：第一阶段，主要特点是采用单机设备，完成单项办公业务自动化，如用文字处理机来打印文件或用传真机发业务信函等；第二阶段，则采用部分综合设备，如程控交换机、计算机局域网等，以实现关键部分办公业务运行自动化；目前处在第三阶段，办公自动化正朝着网络化、标准化、智能化和综合化的方向发展。因此，对现代办公设备提出了更高的要求。

办公自动化是利用先进的技术，使人的各种办公业务活动逐步由各种设备、各种人机信息系统来协助完成，达到充分利用信息、提高工作效率和工作质量、提高生产率的目的。办公自动化于 20 世纪 70 年代末 80 年代初在我国提出，到现在已有了 30 年发展历史。由于办公自动化技术的不断发展，办公自动化新产品不断出现，办公自动化的内涵也不断地丰富和发展。最早的办公自动化指的是传真机、打字机、复印机等办公设备的使用。接着，办公自动化指的是用计算机进行文书存储、排版及输出工作，用计算机对人事、财务等进行管理。例如，诞生于 1944 年的静电复印机，迄今已有 60 多年的历史，而且技术成熟、品种繁多、功能齐全。但随着办公自动化的发展，一方面要求复印机有更多更新的功能，要具有智能化的特点；另一方面要求它从单机向联机系统方面发展，组成所谓"网络终端化的复印机"，来满足办公自动化的需要。特别是 1993 年美国政府提出建设信息高速公路以来，世界各国纷纷提出自己的计划，信息高速公路工程在全球兴起。在这种背景下，不仅对办公自动化提出了新的要求，而且还将大大促进通信产业和计算机产业的发展，促进现代办公设备的发展。总之，办公自动化设备的发展正向着高性能、多功能、数字化、智能化、无纸化的方向发展。

1.2.6　安全用电的基本知识

电能被广泛地应用于社会生产和日常生活中。按照电能本身所具有的特点，如何在用电过程中，最大限度地发挥它的效能，同时又要防止触电事故，保障人身和设备的安全，已经成为一项十分重要的工作。作为办公自动化设备的使用人员，几乎每天都要大量使用以电为能源的办公设备，对于他们来说，了解电的特性，掌握电气安全和技术，严格执行安全操作规程，不仅能保护自身的安全，而且也保护了设备的安全，使它们能发挥更大的作用。

1. 办公室电源

办公室的电源不外乎是单相交流电和三相交流电两种。单相交流电由一根相线和一根中性线（零线）组成；三相交流电由三根相线和一根零线组成。一般较小功率的用电设备使用单相交流电，较大功率的用电设备（主要是动力设备）使用三相交流电。用电设备使用单相交流电时，一般不用区分火线和零线（插入插头时不用刻意区分），三相交流电接入电路时必须要考虑相线之间的位置关系和零线的位置。

在建筑物设计和建设时，线路已经布置到房间，外部有过流自动跳闸的开关，室内已接好了交流电插座。外接用电设备时，只要考虑线路的容量能否满足设备的功耗，如果能够满足，就可以接上使用。插座线路的正确接法如图 1-1 所示。

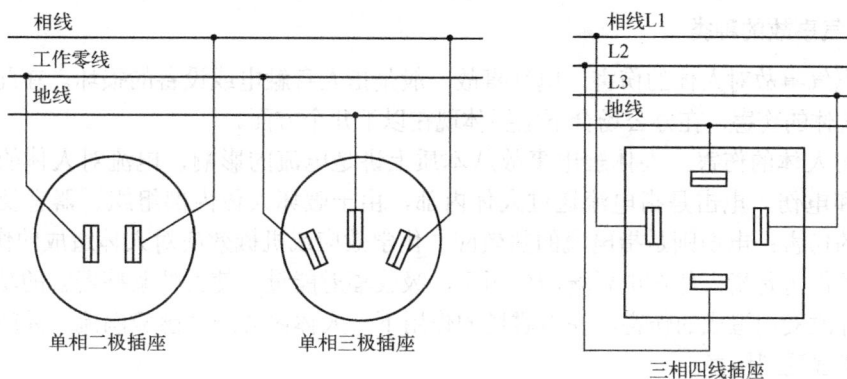

图 1-1 插座线路的正确接法

2. 电源布线

如果原有的电源插座不合理或者不符合要求，就需要自行布线。布线时有以下几方面的要求。

（1）导线的选择。导线的选择主要考虑两个方面的因素：一是导线的额定电压应大于线路的工作电压，绝缘应满足线路安装方式和敷设环境的要求；二是导线的截面积应满足供电安全电流和机械强度的要求，并且线路允许的电压损失不应超过规定值（室内布线线路电压的损失是很小的，可以忽略）。

（2）接头。室内布线及其他供电电路均应尽量避免接头。若有接头，应采取合乎电工要求的连接方法，并用绝缘胶布缠绕绝缘。

（3）布线的方式。根据实际情况和需要，可以采用以下几种方法进行布线，如瓷夹板布线、槽板布线、塑料护套管布线等。

（4）电线的识别。为了保护电线的正确连接，便于安装和检修，应有容易识别的标志。常用的标志方法有颜色识别和数字识别两种。

① 颜色识别。电线用的标准颜色有 12 种，即白色、红色、黑色、黄色、蓝色、绿色、橙色、灰色、棕色、青绿色、紫色和粉红色。电缆线 5 芯以下者，一般采用颜色识别；5 芯以上者，可以用颜色识别，也可以用数字识别。接地线（具有保护目的的线）必须采用绿、黄组合颜色（且不能用于其他标志）。多芯电缆绝缘线采用的颜色规定为：二芯用红、蓝；三芯用红、黄、绿；四芯用红、黄、绿、蓝，其中，红、黄、绿用于相线（端线），蓝色用于中性线。

② 数字识别。有些电缆芯线采用数字识别方式，二芯用 0，1；三芯线用 1，2，3；四芯用 0，1，2，3；其中，1，2，3 用于相线，0 用于中性线。

1.2.7 电气事故与防护

现代社会中，不论是在办公室还是在家庭，用电设备涉及方方面面。可以说，没有电，人们的各项活动都将变得难以进行。电在给人们带来方便与快捷的同时，也给人身和设备带来了潜在的危险。电气事故是指由电流、电磁场、雷电、静电等直接或间接造成建筑设施、电气设备的毁坏，人员的伤亡以及引起的火灾和爆炸等后果的事件。人体的工频安全电压通常取 36 V。

1. 电气事故的种类

（1）电气事故对人体的伤害。电气事故一般是指人身触电或设备的损坏。在此主要讲述交流电对人体的伤害，在办公场合下主要体现在以下几个方面。

电流对人体的伤害。人体触电事故从本质上讲是电流的影响，电流对人体的伤害可以分为电击和电伤。电击是指电流通过人体内部，由于破坏人体内部组织、器官及神经系统等所造成的伤害；电伤则是指电流的热效应、化学效应或机械效应对人体造成的伤害。

电磁场伤害是指人体在电磁场的作用下，吸收辐射能量，使身体某些器官的功能发生病理或生理性改变而造成的伤害。在电磁场的作用下，人体内会产生感应涡流，并产生热量，致使某些器官受到伤害。

静电事故是指生产过程中产生的静电所酿成的事故。由于静电能产生很高的静电电压，进而引起现场易燃、易爆气体或液体、蒸汽的燃烧或爆炸。

（2）常见的触电形式。

① 单相触电。在触电事故中，最常见的是单相触电。单相触电是指当人站在地面上或与大地相连的金属体接触时，同时又接触带电设备的其中一相或电源的一根相线时，电流经人体流入大地的一种触电形式。

在普通终端的电流中，若中性线（零线）直接接地，则当人体触及一相带电体时，该相电流通过人体经大地回到中性线形成回路。由于人体电阻比中性点直接到地的电阻大得多，电压几乎全部加在人体上，所以造成触电。这种类型的触电方式在办公场所与家庭中最为常见。

在电路中，若中性线（零线）不接地，则当人体触及一相带电体时，该相电流不能形成回路。但由于室外传输线路很长，对地有一个较大的分布电容，通过此电容也能形成回路，但在人体中形成的电流很小，一般不会对人体造成伤害。

② 两相触电。当人体同时接触供电线路的两相时，或在高压系统中，人体距高压带电体小于规定的安全距离时，就会造成电弧放电。电流从一相导体经人体流入另一相导体的触电方式称为两相触电。低压的两相之间是 380 V，触电危害性要比单相的大得多。

③ 跨步电压触电。当架空线路的一根带电导线断落在地上时，就以落地点为中心，在地面上形成由中心向外、电压逐步降低的同心圆形的分布。当人靠近时，由于两脚之间有一定距离，形成跨步电压，这个电压就会在人体中形成电流，人体就会有危险。一般人体与导线落地点距离达到 20 m 以上时，可以认为电压为 0 V，一般就不会再发生危险了。

④ 接触式触电。由于电气设备的绝缘损坏造成金属外壳带电，当人体碰触时，就会有电流从带电体经人体到地，这种触电叫漏电触电或接触电压触电。老化的设备应经常检查设备的绝缘性能，以保证设备和人身的安全。

2．电流对人体的影响

由于人体是电的导体，当人体接触带电体时就有可能构成电流的回路，那就有电流流过人体，电流达到一定值时，就会对人体造成不同程度的伤害。

电压较低时，流过人体的电流较小，如果能够及时脱离电源，一般只对人体与带电体接触部位的表面造成轻微损伤；如果不能及时脱离电源，则可能对人体的内部组织造成严重伤害，直至死亡。电压较高时，只要人的肢体接近带电部位，就会在瞬间发生电弧放电，烧伤人体。电流通过人体时，一般表现为针刺感、压迫感、打击感，产生痉挛、疼痛、难受、心律不齐、心室颤动、失去知觉、心搏骤停、呼吸窒息等症状。

电流对人体伤害的严重程度一般与以下几个因素有关。

① 通过人体的电流大小。人体最小感知电流为 0.5 mA，人体的摆脱电流为 10 mA，致命的生命阈值电流为 50 mA，一般将人体能忍受的安全电流以 30 mA 为界。在高度危险场所，应取摆脱电流 10 mA 为安全标准；在潮湿或水中，应以 5 mA 作为标准。

② 流通过人体的时间。电流流过人体的时间越长，危险性也就越大。

③ 电流流过人体的部位。电流通过人体大脑、心脏时，对人体的伤害程度最大。

④ 通过人体电流的频率。工频电流对人体的危害最大，直流电与高频电流对人体的影响较小。超声波可以用于医学理疗。

⑤ 触电者的身体状况。通过人体的电流与触电电压和人体电阻有关。人体电阻与人体的部位、环境（干燥与否）、触电电压的高低都有关系，粗糙、干燥的皮肤电阻大（数万欧），细嫩、潮湿的皮肤电阻小（几百欧），触电电压高时人体电阻下降。人体电阻还与人的身体状况有关，女性对电的敏感程度比男性高，儿童比成人易遭电击，体重、健康状况等也会影响人体的电阻。

3．安全用电的基本方法与原则

人体触电危险的主要原因是一定量值的电流从人体流过。如果人体不直接接触带电导体，或某些带电导体与大地之间的电位相同，那么即使人接触它也不会产生电流；或某些带电导体具有的电压很低，当人体接触它时，流过人体的电流很小，不足以引起任何危险，这样就能够预防触电事故的发生，或减轻触电产生的危害。这就是安全用电的基本原则。根据这些原则，可以采用以下几种有效的方法来预防电气安全事故。

（1）隔离。隔离法就是人体不能直接接触办公自动化设备的带电部分，甚至不接触办公自动化设备本身，这样就不会发生触电事故，这是一种最好的防护方法，如常见的拉线开关。最近国外出现了电气设备微波遥控等，避免了人体直接与电气设备的接触，保障了人身安全。

（2）绝缘。这种方法是当人体接触办公自动化设备时，其带电导体部分都包封在绝缘材料里面，并且一般条件下都能保持绝缘良好，这样就不会产生不允许的触电电流。特别是经常接触人体或工作环境湿热的办公自动化设备，常常采用包封带电导体的功能绝缘和与人体接触的保护绝缘，或两种绝缘合为一体的强化绝缘，这样就能在功能绝缘损坏的情况下，仍能有效地防止触电事故的发生，如有塑料外壳的电气设备、计算机等。

（3）防护接地。这种方法是将办公自动化设备不带电的金属外壳用导线将接地极与大地连接起来，使其保持与大地等电位，这样一旦办公自动化设备内部的绝缘损坏，其漏电电流就会通过接地系统流入大地，而金属外壳没有电压存在，人体接触后就不会发生危险。但是，这种方法只适用于三相三线的供电系统，没有中性线，中性点也不直接接地，同时切记不能将接地线随意就近接在暖气、煤气管道上，否则会带来其他危险。

（4）保护接零。这种方法适用于三相四线且中性点直接接地的供电系统，将电气设备不带电金属外壳与供电线路的零线连接起来，而不必另外使用接地线。一旦带电导体绝缘损坏，其相线、金属外壳、零线构成短路回路，于是产生很大的短路电流，足以将电源一侧的保险丝熔断，或自动开关过流自动跳开，从而迅速切断电源，消除了触电危险，这种方法在性能上比防护接地更为安全。目前国内生活供电，多为三相四线中性点直接接地系统。因此，这种方法也便于被广泛采用。但是，在办公室只有一个供电电源的情况下，不要同时采用防护接地和保护接零两种防护方法。

（5）安全电压。这种方法只适用于使用电压低（36 V）的办公自动化设备。即使有漏电发生，所产生的电流在安全范围内，流过人体也不足以引起危害。例如，采用干电池的收音机、电动剃须刀及装有变压器的低压（36 V 或 12 V）照明灯或电热褥等。

（6）切断保护。由于电气短路使电源侧的保险丝熔断或开关自动跳开，从而切断电源，这是建立在发生大电流基础上的切断保护。除此之外，近期国内外采用的切断保护的方法，一般是电气设备不带电金属外壳出现高于安全电压时，则立即切断电源；或出现大于安全值的漏电流时，则立即切断电源。作为专门保护人身安全、防止触电事故发生的保护方法，这是非常有效的，其简要工作原理如下。

① 电压型触电保护：这种保护开关是以办公自动化设备不带电金属外壳对地电压作为动作信号。只要金属外壳由于带电导体绝缘能力降低而出现漏电，并且在数值上达到人体接触安全电压时，保护开关立即动作，并且将电源侧的自动开关断开，切断电源。这种保护不仅防止了人身触电危险，而且随时对电气设备进行绝缘监视。这种保护可以单独使用，也可以与防护接地、保护接零同时配合使用。电压型保护开关尚存在一定的缺点，使其推广使用受到一定的限制。

② 电流型触电保护：这种保护开关是以办公自动化设备不带电金属外壳对地产生漏电流作为动作信号。正常状态下，单相电源（220 V）的相线（火线）和工作零线所流过的电流，大小相等方向相反，保护开关没有信号；如果相线因其绝缘降低而产生漏电，其漏电流经过电气设备金属外壳、人体（或其他物体）、保护接地线，而不经过工作零线，且漏电流在数值上接近人体接触安全电流极限值，保护开关动作，并且将电源侧的自动开关断开，切断电源。这种保护开关能够做到漏电流越大，动作时间越短，可以确保漏电流不超过 30 mA 的安全值。保护开关可以单独使用，也可以与防护接地、保护接零同时配合使用，在性能上不仅能防护人体触电，而且能防止因漏电引起的火灾危险。电流型触电保护开关具有较高的灵敏度和可靠性，在国内许多家庭、仓库、工地等场所得到了广泛的应用。

（7）办公自动化设备用电的十忌。

① 切忌用铜丝或铁丝代替保险丝。

② 计算机、打印机、复印机等办公自动化设备，忌用两极插头（座）。

③ 擦洗显示器、复印机、打印机等办公自动化设备切忌用湿手或湿布。

④ 电线破损时，切忌用橡皮膏、伤湿止痛膏包裹。

⑤ 切削带电的导线，忌用普通剪刀。

⑥ 检修或更换灯头，即使开关切断，也切忌用手触及。

⑦ 敷设墙壁暗线，切忌用单根电线或软线。

⑧ 安装台灯，灯头切忌直接固定在金属外壳上。

⑨ 办公自动化设备发生火灾，切忌直接用水扑灭。

⑩ 发现有人触电，切忌用手拉开。

4. 办公自动化设备使用安全保护措施

购买办公自动化设备，首先应认真查看产品说明书中的技术规格。例如，电源种类是交流还是直流，电源频率是否为一般工业频率 50 Hz，电源电压是否为民用生活用电 220 V，耗电功率是多少，已有的供电能力是否满足，特别是插头/座、保险丝、电度表和电线，如果负荷过大超过允许限度，便发热损坏绝缘，引起用电事故。上述内容核对无误，方可考虑安装通电。

安装办公自动化设备应查看产品说明书中对安装环境的要求，特别注意在可能的条件下，不要将办公自动化设备安装在湿热、灰尘多或有易燃、腐蚀性气体的环境中。

在敷设电源线路时，相线、零线应标志明晰，并与办公自动化设备接线保持一致，不得互相接错。办公自动化设备与电源连接，必须采用可开断的开关或插接头，禁止将电线直接插入插座孔。凡要求有防护接地或保护接零的，都应采用三脚插头和三孔插座，并且接地、接零插脚与插孔都应与相线插脚与插孔有严格区别，禁止用对称双脚插头和双孔插座代替三脚插头和三孔插座，以防接插错误，造成办公自动化设备金属外壳带电，引起触电事故。

接地线、接零线，虽然正常不带电，但为了安全起见，导线规格要求不低于相线，其上不得装开关或保险丝，也禁止随意将其接到自来水、暖气、煤气管道或其他管道上。

通电试用前应对照说明书，将所有开关、手柄置于原始停机位置。按说明书中要求的开停操作顺序操作。如果有运动部件，应事先考虑是否有足够的运动空间，如果通电后发生异常现象，应立即停机并切断电源，进行检查。

在使用过程中，禁止用湿手去接触带电开关或办公自动化设备的金属外壳，也不能用湿手更换电气元件或灯泡。对于经常拿在手中使用的设备，切忌将电源线缠绕在手上使用，禁止用拖电线的办法来移动设备，需要搬动时应先切断电源，禁止用拉电线的方法拔插头，一般办公自动化设备不要长时间（几个小时）连续使用。在使用过程中，如发现有异常气味和异常声音时，应停止使用，切断电源进行检查。

设备使用完毕后，要随手切断电源。紧急情况需要切断电线时，必须用电工钳或带绝缘手柄的工具。日常的维护和检查：经常使用的办公自动化设备，应保持其干燥和清洁；对供电线路和办公自动化设备要定期进行绝缘检查，发现破损处要及时用电工胶布包紧；对长时间不用又重新使用的办公自动化设备，要先用 500 V 摇表测量其绝缘电阻不低于 1 MΩ，方可认为绝缘良好，才可以正常使用。

5. 办公自动化设备事故的紧急处理措施

（1）处理方法。使用办公自动化设备，必须重视安全，防患于未然。万一因某种原因不幸发生火灾或人身触电事故，就应该立即进行妥善处理，避免损失扩大。

① 对于办公自动化设备失火，首先应该切断电源，然后救火。如果在切断电源以前，就急于用水灭火，往往火没扑灭，反而引发触电事故。因此，凡是办公自动化设备失火，在切断电源以前，只能用砂土或二氧化碳灭火器扑救。

② 对于人身触电，抢救必须迅速。人体触电时间越长越危险。因此应采用正确的方法，使受害者迅速离开带电物是最为重要的。一经发生触电，必须就近关断办公自动化设备的开

关或拔掉电源插头，一时拉不开电源开关的就应该用带绝缘的钳子、刀斧等将电源线割断，同时要注意割断后的带电电线，线头不要再触到人或导电物体上。如果触电者还有知觉，那就应该奋力跳起来，离开地面，因为手脚脱离了带电导体和地面，流经人体的电流就会失去通路而消失。当触电者不能摆脱电源时，抢救的人可使用干燥绝缘的木棍、竹竿、衣服、绳子等工具，使触电者脱离电源，特别是抢救人用手去拉触电者的衣服时，抢救人自己应该穿绝缘鞋或站在木板上，用干燥的衣、帽、围巾将手包住，做好应急的绝缘措施，以防在抢救过程中触电。

（2）紧急救护。触电后的救护效果如何，往往取决于救护人行动的快慢和救护方法。其救护方法是根据触电者的伤势情况决定的。如果只是灼伤，就应该将灼伤或起泡的皮肤表面保护好，切勿碰到生水或不清洁的东西，用绷带扎好，送到医院诊疗。

如果触电者脱离电源后，还能自己呼吸，但触电时间较长，或曾经一度昏厥，可以先将其搀扶或抬到温暖的地方躺下。天冷时，盖上毛毯或棉被，保持体温，解开其衣服、裤带，按摩全身，并马上请医生诊治。

如果触电者呼吸很困难，或呼吸已停止，甚至没有脉搏，心跳也停止了，但没有脑壳跌破、全身烧焦等明显的外伤，往往是"假死"，应该立即进行人工呼吸，帮助受害者恢复呼吸，绝大多数是可以救活的。

经验证明，触电紧急救护时不宜注射强心针，只需长时间的人工呼吸及心脏按压，使"假死"状态的受害者的呼吸和心脏跳动恢复正常，才是行之有效的方法。这就需要救护人员细心、耐心、坚持到底，不能性急，不能半途而废。只有判断确已死亡，方可放弃救护。

（3）人工呼吸与体外心脏按压。触电事故的发生都是突然的，触电急救是刻不容缓的。现代医学证明：呼吸停止、心跳停止的受害者，在 1 min 之内抢救，苏醒率可超过 95%；而在 6 min 后抢救，其苏醒率在 1% 以下；如果脑中停止供血 5 min，部分脑细胞不可恢复，即使人救活了，也会留下严重的后遗症。这就说明，在救护严重触电的人时，应坚持现场抢救，连续抢救，绝不能因为各种原因耽误了时间。因此，在项目实施中我们安排了紧急救护的实操任务，希望同学们能掌握运用。

1.2.8 静电防护

静电是一种常见的自然现象。干燥的冬季用塑料梳子梳头时，梳子就会吸引头发；脱化纤衣服时也会有静电产生。静电有对人们生产有利的一方面，如人们利用静电可以复印（静电复印机）、除尘、喷漆、选矿等；也有对人们生活有危害的一面，如可能引起火灾、静电电击、妨碍正常的生产等。

1. 静电的产生

两种物体相互摩擦或某种物体受热、受压、电解以及受其他带电体的感应，均会发生电荷转移，破坏电荷的平衡，结果产生静电，使物体带电。常见的静电产生的途径有以下几种。

（1）摩擦带电。物体相互摩擦时，发生接触位置的移动和电荷的分离，结果产生静电。例如，纺织中的拉丝、梳棉、织布等工序；造纸行业的烘卷、裁切；印刷行业的纸张传印等。

（2）剥离带电。相互密切结合的物体被剥离时引起电荷分离，产生静电。例如，穿脱尼龙袜、化纤衣物等，产生的静电电压可达上千伏。

（3）流动带电。利用管道输送液体时，液体与管壁接触，液体和固体接触面上形成双电层，随着液体的流动，双电层中的一部分电荷被带走，产生静电。例如，在石油、化工等行业，在输送过程中就会使管道带电。

另外产生静电的途径还有：喷出带电、冲撞带电、破裂带电、飞沫带电、滴下带电、感应带电等。

2．静电的危害

（1）静电引起火灾或爆炸。在有爆炸和火灾危险的场所，静电放电产生的火花有可能将可燃物引燃，造成爆炸或火灾。

（2）静电电击。静电放电时产生的瞬间冲击电流会通过人体内部，对人体心脏、神经等部位造成伤害。一般静电电荷的能量十分有限，不会达到致命的程度，但有可能导致二次事故。

（3）静电妨碍正常的生产。在某些生产过程中，静电的存在会妨碍生产或影响产品质量。例如，纺织过程中静电会使抽的丝飘动、黏合、纠结等；印刷行业中静电会使纸张运动受阻、不能分开、套印不准或出现溅墨等现象；胶片带的静电放电时会导致胶片感光，降低成像质量。

3．静电的防护

静电的安全防护主要是控制静电的产生和积累。控制静电的产生应以控制工艺过程和选择在此过程中所用的材料为主；控制静电的积累，应设法加速静电的泄漏和中和。可以从以下几个方面加以控制。

（1）从工艺过程中控制静电的产生。一种方法是选用不同的材料，使摩擦产生的电荷分别为正、负电荷，从而使它们相互抵消，消除静电的危险；另一种方法是选用导电性能较好的材料，它可以限制静电的产生与积累。

（2）具有良好的接地。这种方法主要用来消除导体上的静电。以下设备应接地良好：加工、储存、运输各类易燃材料的设备；车间里的氧气瓶、乙炔瓶等；储油设备、油罐车等。

（3）增加导电覆盖层。可以在绝缘体表面加一导电覆盖层并接地，用以泄漏静电电荷。

（4）使用导电性地面。使用导电性地面实质上也是一种接地措施，它不但能泄漏设备上的静电，而且有利于泄出人体上的静电。

（5）增加环境的湿度。在允许的情况下，可通过增加环境湿度使绝缘体表面的电荷泄漏。这种方法不宜用于高温环境下绝缘体静电的泄漏。

另外还可以使用抗静电剂，静电消除器也可以消除一定的静电。同时也要消除人体的静电。例如，在修理计算机等办公设备时，人体积累的电荷（高压）会造成部分元器件的损坏，因此修理人员应在手上佩戴接地良好的金属手镯。

1.3　项目实施

1.3.1　任务一：灭火器的正确使用

1．实施要求

（1）了解燃烧的发生条件；

视频：灭火器的正确使用

（2）了解灭火器的结构；

（3）掌握各类灭火器的适用范围及选用标准；

（4）掌握灭火器的使用方法及相关注意事项。

2．实施步骤

（1）燃烧的发生条件——燃烧三要素（指可燃物、氧化剂、点火源）同时具有足够数量并彼此相互作用。

当同时具备下列三个条件时燃烧才能也必定会发生：

① 燃烧三要素同时具备；

② 燃烧三要素都有足够数量；

③ 燃烧三要素彼此相互作用。

可燃物、氧化剂是燃烧的物质条件。最常见的氧化剂是空气中的氧，空气中含氧 21%，当含氧量下降到 10% 以下时，大多数可燃物都不能被点着，点着了也会熄灭。

点火源是燃烧的能量条件，使燃烧的氧化反应启动并持续进行。凡是能把可燃物加热达到着火温度，将可燃物引燃的能量条件都可以称为点火源。点火源的本质是热量，没有足够的热量就不能把可燃物加热达到着火温度，可燃物就不能着火，把燃烧着的可燃物的温度降低到着火温度以下，火就会熄灭。

燃烧着的可燃物与空气或火源分隔开来，彼此不能相互作用，火也会熄灭。

只要消除已形成的燃烧条件就可以扑灭火灾。

（2）灭火器的结构。灭火器由筒体、提把、压把、瓶阀、虹吸管（或出粉管）、喷管（或喷射软管）和喷筒（喷嘴或泡沫喷枪）等构成。

（3）火灾分类。

A 类火灾　可燃固体火灾

B 类火灾　可燃液体火灾

C 类火灾　可燃气体火灾

D 类火灾　可燃金属火灾

E 类火灾　带电火灾

带电火灾指带电设备着火但电源又未断开，电源断开就不算 E 类火灾。

（4）灭火器的选用。

A 类火灾：选水型、ABC 干粉、泡沫灭火器。

B 类火灾：选泡沫（油类可用，但水溶性可燃液体应用抗溶泡沫不能用普通泡沫）、BC 干粉、ABC 干粉、二氧化碳、灭 B 类火灾的水型灭火器。

C 类火灾：选 ABC 干粉、BC 干粉、二氧化碳灭火器。

E 类火灾：选 ABC 干粉、BC 干粉、二氧化碳灭火器（600 V 以下）。

D 类火灾：金属专用灭火剂或干泥沙掩盖。

（5）灭火器的使用步骤。

① 手持瓶身上方的提把将灭火器拿到起火点。

② 拔出保险销，若不拔出保险销，压把无法压下，阀就打不开。

③ 一手握着提把并压下压把，另一手握着喷筒（喷嘴或泡沫喷枪）对着燃烧最猛烈处喷。

（6）使用灭火器的注意事项。

① 灭火器应保持直立状态而不能横卧或颠倒，不然只有气体泄出而灭火剂喷不出。

② 不要逆风喷射，应站在上风方向，使用二氧化碳灭火器时，喷完应尽快离开。

③ 扑救容器内液体火灾时，不要直对液面喷射，以防止液体飞溅，而应喷到容器壁上。

④ 使用干粉灭火器时，先将灭火器上下摇晃松动筒内干粉灭火剂，以便于喷出。

⑤ 使用二氧化碳灭火器时，应握着隔热的橡胶喷筒，不要握金属的喷管，以防冻伤手，因为液体二氧化碳汽化时大量吸热，喷管表面温度很低。

1.3.2　任务二：触电急救的正确实施

1. 实施要求

（1）触电急救的紧迫性；

（2）现场抢救时的安全注意事项；

（3）心肺复苏抢救的操作步骤及要领。

视频：触电急救的正确实施

2. 实施步骤

（1）使触电者脱离电源。低压触电和高压触电有不同的脱离电源的方法。确保救护人的安全是前提。脱离电源的方法包括：断开开关、切断电线、移开带电体和拉开触电者。这些方法，按现场的具体条件，在确保救护人安全的前提下，以迅速、可靠为原则来选择采用，必须确认触电者脱离了电源。

（2）使触电者脱离电源时的注意事项。

① 防止自己触电、确保自身安全；

② 防止触电者再受到伤害；

③ 在黑暗处触电时，迅速解决临时照明；

④ 高压触电时，应保持足够的安全距离和保证足够的绝缘强度并防止跨步电压触电。

（3）脱离电源后，检查、判断触电者受伤情况的方法。

① 检查神志是否清醒的方法。

检查方法：在耳边喊或拍肩膀，无反应则可判断是失去知觉，神志不清。

② 检查是否有自主呼吸的方法——"看—听—试"。

检查方法：看——胸、腹部有无起伏，听——有无呼吸的气流声，试——口鼻有无呼气的气流；都没有则可判断没有自主呼吸，应在 5 s 内做出判断。

③ 检查是否有心跳的方法——测颈动脉的搏动。

颈动脉的解剖位置：颈部气管和邻近肌肉带之间的沟内。

检查方法：使触电者头部后仰，食指与中指并齐放在喉结上，手指滑向颈部气管和邻近肌肉带之间的沟内就可测到颈动脉的搏动（如图 1-2 所示）。避免用力压迫动脉，测试时间为 5～10 s。测不到颈动脉搏动，则可判断心跳停止。

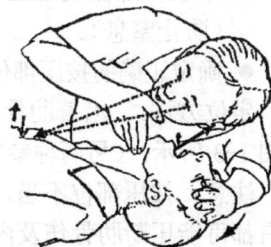

图 1-2　触电人员伤情检查示意图

④ 根据受伤情况的不同处理方法。有人触电后应立即通知医院来抢救，触电者神志清醒也应送医院检查。在医生到来之前，应立即就地进行抢救，绝不能坐等医生，这直接关系到触电者的生死。

- 神志清醒的，应就地平卧安静休息，不要走动，以减小心脏负担，应有人密切观察其呼吸和脉搏变化，天气寒冷时要注意保暖，尽快送医院检查；
- 有心跳无呼吸或呼吸很微弱，应立即进行人工呼吸；
- 有呼吸无心跳，应立即进行人工胸外心脏按压；
- 无心跳无呼吸或呼吸很微弱，应立即进行心肺复苏抢救；
- 伴有其他伤害时，先进行心肺复苏，然后再处理外伤，但有大出血时应立即止血，摔倒导致颈椎或脊柱骨折的，在移动伤员时必须保持颈椎、脊柱平直，否则会伤及脊髓造成瘫痪。

（4）人工呼吸的抢救方法及注意事项。

① 人工呼吸的作用。伤员不能自主呼吸时，帮助其进行被动呼吸，救护人将空气吹入伤员肺内，然后伤员自行呼出，达到气体交换，维持氧气供给。

② 人工呼吸前的准备工作——使气道通畅。

- 将人平放仰卧；
- 松开紧身衣裤（减少吹气阻力）；
- 清净口腔异物（防止异物堵塞气道）；
- 头部充分后仰（防止舌根后坠堵塞气道，应后仰至鼻孔朝天，后仰不足则气吹不进去）。

③ 吹气、呼气的方法——将空气吹入伤员肺内，伤员自行呼出。

- 深吸一口气（保证供气 800～1200 mL）；
- 口对口、捏紧鼻（防止漏气），均匀吹气约 2 s；
- 口离开、松开鼻（以利呼气），自行呼气约 3 s。

④ 伤员呼气时救护人再吸气，伤员呼完气后，救护人紧接着吹气，持续进行抢救。

如果伤员牙关紧闭口无法张开时，可以口对鼻吹气。对儿童进行人工呼吸时，吹气量要减少（因其肺腔容量比成人小）。

（5）人工胸外心脏按压的方法。

① 心脏按压的作用。心跳停止，用人工的方法建立被动血液循环。有节律地按压胸骨下半部，使胸腔压力改变，间接压迫心脏使血液循环，按压时使血液流出心脏，放松时心脏舒张使血液流入心脏。

② 按压心脏前的准备。

- 平放仰卧在硬地上（保证按压效果）并使头部低于心脏（保证脑供血），使气道顺畅（防止窒息）。
- 确定正确的按压部位——胸骨下半部。

定位方法："沿着肋骨向上摸，遇到剑突放二指，手掌靠在指上方，掌心应在中线上。"如图 1-3 所示，（另两种参考定位方法："胸骨下三分之一法"和"两乳连线法"）。

注意：按压部位不当，不仅无效甚至有危险。例如，掌心不在胸骨的中心线上，偏左或偏右都可能压断肋骨伤及内脏；手指不翘起，掌心手指一起用力按压，也可能使肋骨骨折；或压在腹部将胃内流质压出引起气道堵塞等。

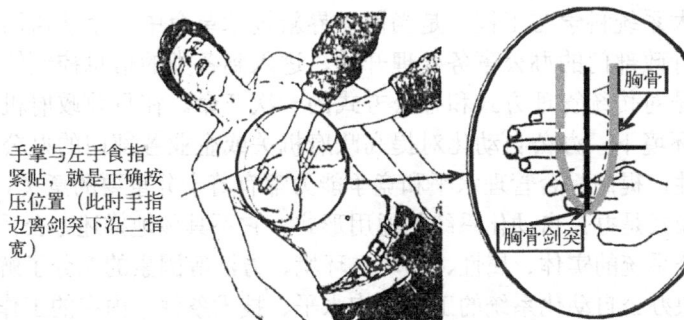

手掌与左手食指紧贴，就是正确按压位置（此时手指边离剑突下沿二指宽）

胸骨

胸骨剑突

图 1-3 正确的心脏按压的部位示意图

③ 进行抢救时救护人的正确位置——以保证双臂能垂直下压来确定具体位置。

● 伤员放在地上时，可以跪在伤员一侧或骑跪在伤员腰部两侧（但不要蹲着），伤员放在床上时，救护人可站在伤员一侧。

● 腰稍向前弯，上身略向前倾，使双肩在双手正上方，两臂下垂伸直，使手掌刚好放在正确的按压部位。

④ 正确的按压方法。

● 两手相叠，手指翘起，两臂伸直，掌心贴紧胸部，掌心均匀用力垂直下压（切忌用力过猛造成骨折），压陷 3～5 cm（以保证足够血流量），下压时应以髋关节为支点用力，而不是以腕关节或肘关节为支点用力，如图 1-4 所示。这样既能保证按压效果恢复血液循环，又能比较省力，减少体力消耗以利救护人持续抢救。

● 压陷后立即放松，但手不要离开胸部。

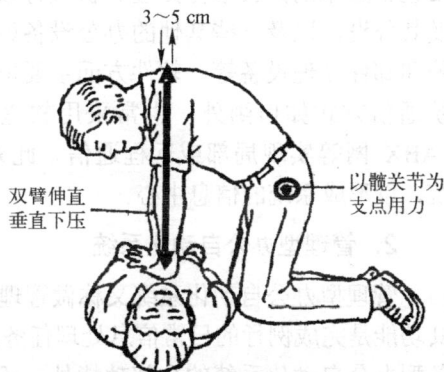

3～5 cm

双臂伸直垂直下压

以髋关节为支点用力

图 1-4 正确的按压方法示意图

● 以每分钟 80～100 次的频率节奏均匀地反复按压，按压与放松的时间相等。

● 婴儿和幼童，只用两只手指按压，压下约 2 cm，10 岁以上儿童用一只手按压，压下 3 cm，按压频率都是每分钟 100 次。

正确压法可概括为：跪在一侧、两手相叠、掌贴压点，身稍前倾，两臂伸直、垂直下压、均匀用力、压后即松，每分钟压 80～100 次，成人压下 3～5 cm，小孩压下 2～3 cm。

1.4 拓展知识：面向不同业务环境的办公自动化系统

办公自动化（Office Automation，OA）是一门综合性科学技术，目前，它已引起人们广泛关注。一个完整的办公自动化系统应包括信息的生成与输入、信息的加工与处理、信息的存储与检索、信息的复制、信息的传输与交流及信息安全管理等功能。

办公自动化或办公信息系统（OIS）是现代信息社会的产物，涉及系统工程学、行为科学、管理科学、人机工程学、社会学等基本理论，以及计算机、通信、自动化等支持技术，属于复杂的大系统科学与工程，是当前世界新技术革命中一个非常活跃的领域。它从生产经营单位和行政部门的办公事务处理开始，进入到各类的信息控制管理，发展到辅助领导的决策，这是对传统管理方式和办公方式的一次革命。在目前政府机构及企事业单位大力改革的外部环境下，办公自动化对提高政府机关或企业各部门的办公效率，提高决策的科学性、正确性，提高综合管理水平和竞争能力都有着十分重要的意义。

办公自动化模式是办公自动化系统的通用形式，它不具体地描述办公系统本身，而是在对许多具体的办公系统的实体、属性、活动、环境、方法等因素的充分了解和研究后，概括总结出的能够反映办公自动化系统的工程结构水平、技术条件、内在的工作特性及外在关系等的一种对系统总体的抽象描述。从办公自动化的结构层次上分，一般可分为 3 种模式：事务型办公自动化系统、管理型办公自动化系统和决策型办公自动化系统。办公自动化模式的划分对用户建立自己的办公自动化系统具有指导意义，另外，也有助于实现系统的标准化。

1. 事务型办公自动化系统

事务型办公自动化系统又称基础级办公自动化系统，它面向具体的办公事务，其功能主要包括基本的办公事务处理和机关行政事务处理两部分，主要依赖以计算机为主的硬件设备及其外设，以及一些其他的办公设备如电子打印机、复印机、传真机、缩微设备、轻印刷系统和邮件处理设备等，软件方面主要依靠办公应用软件和通用软件。在通信方面，除采用传统通信方式如信函外，也常采用软盘传递和传真机等通信方法，也采用计算机局部网、PABX 网等实现局部或远程通信。此外，该系统也建有用于存储内部数据的小型数据库系统，以形成系统的信息中心。

2. 管理型办公自动化系统

管理型办公自动化系统又称做管理信息系统（MIS），它是较高一级的办公自动化系统，其功能是完成例行的日常信息处理任务，同时，还应具备较高的工作效率，即 MIS 除具备事务型办公自动化系统的全部功能外，还具备硬件和软件及信息资源共享等管理信息的能力。对信息流的控制管理是每个办公部门最本质的工作。要使信息这种宝贵的资源转化为推动社会进步、获得良好经济效益的力量，就必须要做好对信息的收集、加工、传送、交流、存取、提供、应用（决策）和反馈。办公自动化是信息管理的最佳手段，它能把前者各项孤立的事务处理通过信息交换和共享资源联系起来，获得准确、快捷、及时、优质的功效。

担任信息管理的办公自动化设备，一般形成了分布式的处理系统，具有计算机通信和网络的功能。这一级的办公自动化系统一般建立在中、大型或超小型计算机的硬件基础上，同时，还应配备多功能工作站，语音、图像处理设备及其办公设备，这些设备还应连成网络。其数据库系统除具有基础数据库外，还应建立各专业数据库，各专业数据库的数据来源于基础数据库，以及与本系统有关的下属或横向部门的有关专业数据。它所采用的通信方式有三级网、宽带网、PABX 通信网等。

3. 决策型办公自动化系统

决策型办公自动化系统又称做决策支持系统（DDS），其服务对象是面向某种决策问题的管理人员，它是办公自动化系统模式的高级阶段，是建立在前两级模式的基础之上的。决策是根据预定目标做出的行动决定，它是办公活动的主要组成部分，是最高层次的管理工作。任何决策都不是突然做出的，一般都有一个过程，要经过提出问题和收集资料、确定目标、拟订方案、分析评价、最后选定等一系列的活动环节。在信息管理工作中收集、存储、提供大量信息资料，是决策工作的基础。办公自动化系统的建立，能自动地分析采集信息，提出各种可供领导参考的优选方案，是辅助决策的有力手段。

决策支持系统是智能型系统，需要有综合型数据库作为其决策信息的来源，此外，还需要综合型通信网络。系统的工作方式主要是人机对话式的。系统内建有多种决策模型和方法，这些模型和方法主要是根据经验而构成的逻辑模型，以及根据统计方法建立的数学模型和方法，系统就是依靠这些决策模型和方法，为决策者提供决策的素材及帮助，但是它不能代替决策者做出决策。

1.5 小 结

本项目讲授了办公设备的分类及发展趋势；同时学习了安全用电的基本知识，如电源种类、线路布设、电气事故的处理、人身触电的伤害与急救方法及静电产生的原因与预防，尤其是对电气事故能做出正确的应对方法，并掌握人身触电的急救方法。

习题与思考

1. 什么是办公自动化？办公设备与现代办公自动化的关系如何？
2. 办公设备有哪些分类？
3. 我国现代办公设备经历了哪几个时期？
4. 现代办公设备的发展前景如何，可从哪几个方面进行发展？
5. 什么是办公自动化？它有什么特点？
6. 办公自动化具有什么功能？
7. 画出电源插座的连线图。
8. 说明不同颜色电缆线的使用要求。
9. 电气事故分为哪几类？
10. 安全用电的基本方法原则有哪些？
11. 简述消防灭火器的分类及其适用的火灾类型。
12. 简述触电紧急抢救的处理原则和方法。

微型计算机及常用外部设备使用与维护

2.1 项目分析

主要内容

本项目介绍微型计算机、常用外设（喷墨打印机、激光打印机、平板式扫描仪）、办公数码设备（数码相机及数码摄像机）的结构组成、技术指标、使用和维护维修方法。

学习目标

1. 知识目标

（1）微型计算机的软硬件组成与工作原理；

（2）常用外设（喷墨打印机、激光打印机、平板式扫描仪）的结构和技术指标；

（3）办公数码设备（数码相机及数码摄像机）的结构和技术指标。

2. 技能目标

（1）能进行台式计算机的软硬件安装，并进行维护；

（2）能正确使用办公打印设备喷墨打印机和激光打印机，并进行维护；

（3）能正确使用办公数码设备（数码相机及数码摄像机），并进行维护；

（4）能正确使用平板式扫描仪，并进行维护。

2.2 相关知识

2.2.1 微型计算机的组成与基本工作原理

1. 微型计算机的组成

一般来说，一个完整的微型计算机系统是由硬件系统和软件系统两大部分组成的。计算机的硬件系统是指构成计算机的电子线路和各种机电装置的物理实体。软件系统是指为了运行、管理和维护计算机所编制的各种程序和相关数据的集合。微型计算机系统的基本组成如

图 2-1 所示。

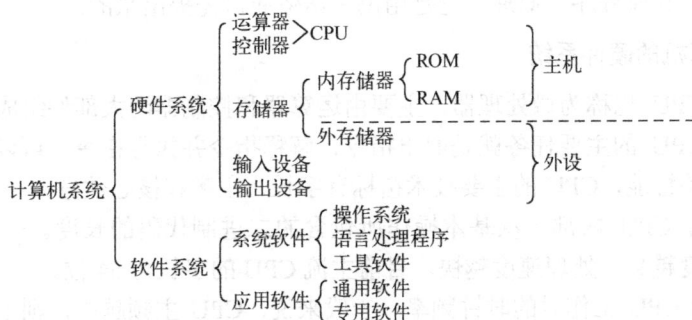

图 2-1　微型计算机系统的基本组成

从图 2-1 可以看出，计算机的硬件系统由运算器、控制器、存储器、输入设备和输出设备五大部分组成。其中，运算器和控制器常常集成在一块集成电路芯片内，称为中央处理器（CPU），它是计算机的核心部件。CPU 和内存储器合称为计算机的主机，而外存储器和输入设备、输出设备一起，合称为外部设备，简称外设。五大部件之间的联系示意图，如图 2-2 所示。

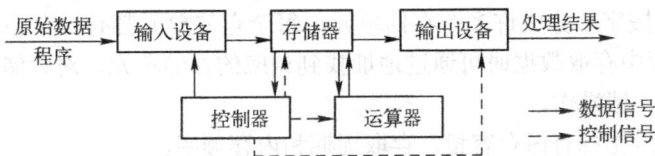

图 2-2　计算机五大部件之间的联系示意图

控制器是计算机的指挥中枢，其作用是统一指挥和协调各个部件的工作。控制器从存储器中将程序取出并根据程序的要求向各部件发出操作命令。

运算器，又称为算术逻辑单元（ALU）。其功能是完成各种算术运算和逻辑运算，运算时从存储器中取得原始数据，并将运算结果送回存储器中，整个过程都在控制器的指挥下进行工作。

存储器主要用来存放数据和程序，是计算机的记忆部件。存储器分为内存储器和外存储器。

输入设备的作用是接收用户输入的数据和程序，并将其数字化后保存到存储器中。常用的输入设备有键盘、鼠标、扫描仪等。

输出设备的作用是将存储器中存放的运算结果（二进制代码）转换成相应的字符或图形。常用的输出设备有显示器、打印机、绘图仪等。

2．微型计算机的工作原理

计算机所能识别并执行的每一条操作命令称为一条机器指令，一台计算机可以有许多指令，每条指令都规定了计算机要完成的一种基本操作。一台计算机能执行什么指令以及有多少条指令是预先规划好的，所有指令的集合就称为计算机的指令系统。

所谓程序，就是人们编制的能完成预定任务的一个指令序列。计算机工作时，必须首先将程序及所需数据通过输入设备送到计算机的存储器中，然后由控制器逐条读取存储器中存放的指令，并按每条指令所规定的操作执行相应的动作，直到程序完成。这就是计算机的工作原理，也称为"存储程序"原理，它是由冯·诺依曼最先提出来的。

3. 微型计算机的硬件系统

（1）CPU。CPU 也称为微处理器，主要由运算器和控制器两大部件组成，它是微型计算机的核心部件。CPU 的主要任务就是取出指令，解释指令并执行指令。可以说 CPU 的性能决定了一台微机的性能，CPU 的主要技术指标有字长、主频和核心数量。

① 字长：指 CPU 内部一次基本操作所包含的二进制代码的长度。一般来说，字长越长，计算机的精度越高，处理速度越快。目前主流 CPU 的字长为 64 位。

② 主频：指 CPU 工作时的时钟频率。一般来说，CPU 主频越高，则工作节拍越快，计算机运行速度也越高。目前主流 CPU 的主频一般在 2～4 GHz 之间。

③ 核心数量：是指基于单个半导体的一个处理器上拥有同样功能的处理器核心数量，即将单个或多个物理处理器核心整合入一个内核中。多核芯的优势在于多任务处理。目前主流 CPU 核心数量为双核和四核，有些高性能计算机也会配备八核处理器。

（2）内存储器。内存储器简称内存，又称主存储器。内存的主要功能是直接与 CPU 进行数据交换，主要存放当前运行的程序、待处理的数据及运算结果。内存的存取速度和辅助存储器相比要快得多。

内存储器一般按字节分成许多个存储单元，每个存储单元都有一个编号，称为存储单元地址。CPU 在内存中存取数据时可通过地址找到相应的存储单元。对存储单元进行存、取数据的操作也称为写、读操作。

内存的主要技术指标有内存容量、存取周期和内存频率。

① 内存容量：内存容量越大，它所存储的数据及程序就越多，计算机运行速度就越快。目前常见的微机内存配置一般在 4～16 GB 之间。

② 存取周期：存取周期是指对内存进行一次读或写操作所需的时间，显然，存取周期越短，则存取速度越快。

③ 内存频率：内存频率是与存取周期相关的一个技术指标。内存频率越高，则存取周期越短，存取速度越快，实际上"内存频率"这个参数更常用。目前主流内存 DDRIII，其内存频率一般在 800～1333 MHz 之间；而新一代 DDR4 内存，其内存频率达到 2133 MHz 或 3000 MHz 的更高频率。

（3）外存储器。外存储器简称外存，又称为辅助存储器。辅助存储器一般存储容量较大，且关机断电后存放在其中的数据不会丢失，但存取速度相对较慢。正因为其存储速度较慢，所以，CPU 并不直接与外存打交道。需要时先将外存中的信息调入内存，然后再与内存交换信息。

微机常用的外存储器有：磁盘存储器、光盘存储器或其他一些可移动存储器。磁盘存储器又分为软盘存储器和硬盘存储器。目前软盘存储器基本上已退出市场。

硬盘存储器的主要技术指标有容量和转速。

① 容量：目前主流硬盘的容量为 1 TB，高容量的硬盘已达 3 TB 或更高容量。

② 转速：目前主流硬盘的转速都为 7200 r/min。

光盘存储器是另一种存储设备，具有容量较大、寿命长、价格低等特点。目前，一张 CD 光盘的容量约为 650 MB，DVD 光盘的容量约为 4.7 GB。光盘的读写是通过光盘驱动器来实现的。一般而言，光驱的读写速度比硬盘慢。

可移动存储器有活动硬盘、USB 硬盘、USB 闪存盘（又称 U 盘）等。目前应用最广的可移动存储器是 USB 闪存盘，它是一种新型的半导体存储器，具有体积小、重量轻、容量较大、使用方便等特点，目前主流 U 盘的存储容量一般在 8～64GB 之间。

（4）基本输入设备。在微机中，最基本的输入设备是键盘和鼠标。其次还有扫描仪、手写板等新型输入设备。

（5）基本输出设备。微机中常用的输出设备有显示器和打印机。

显示器有阴极射线管（CRT）显示器和液晶（LCD）显示器两种类型。显示器的尺寸以屏幕对角线长度来表示，如 19 英寸、21 英寸等。

打印机是以纸为介质的一种输出设备，目前微机中应用最多的主要是喷墨打印机和激光打印机。

（6）主板、总线与接口。微机的主机箱内有一块较大的电路板，称为主板或母板。目前主板有两种结构：主流机型结构和一体化结构。

主流机型结构的主板，是把 CPU 和内存系统做在主板上，而显示电路、通信接口电路等做成适配卡插到主板上。这种结构的特点是组装灵活，利于配件的维修和升级。

一体化结构的主板是把 CPU、内存系统、显示电路及通信接口电路都做在一块主板上，其优点是可靠性高，但缺点是维修成本高，一旦某一部分电路有故障，可能会导致整个主板报废。

总线是一组用于信息传送的公共信号线，用于连接组成计算机的各主要部分：中央处理器、存储器和输入/输出设备。总线按其上面所传送的信息种类分为：地址总线、数据总线和控制总线。

当增加外部设备时，不能直接将外设挂在总线上，必须通过各种接口电路来转换信号，使外设能正常工作。微机中常用的接口类型有：总线接口、串行接口、并行接口、USB 接口。

主板一般能提供多种总线类型，如 ISA、PCI、AGP 的扩展槽，供用户插入相应的功能适配卡，如显卡、声卡、网卡等。

通用串行总线（USB）是一种新型接口标准。目前 USB 接口有 2 个标准：USB 2.0 和 USB 3.0，USB 2.0 接口标准的最高数据传输率为 480 Mbps，而 USB 3.0 接口标准的数据传输率理论上可达 5 Gbps。

（7）网络及多媒体配件。

① 网卡：又称网络接口卡（NIC），是计算机网络的一个基本部件。一台微机通过网卡与网络传输介质相连接，就可以和其他微机组成一个局域网。网卡的功能是执行网络低层协议，实现物理层信号的转换。目前网卡的型号很多，常用的是高性能的 10/100 Mbps 自适应以太网卡。

网卡的参数主要有：中断（IRC）、I/O 端口地址和存储器地址。使用时可以通过网卡驱动程序来设置相应的参数，最新的网卡可以自动设置 IRC 和 I/O 端口地址。

② MODEM：中文名叫调制解调器，它的主要作用是可以拨号上网，其主要功能是数模转换。即当一台微机通过 MODEM 和电话线与 Internet 相连时，MODEM 的作用是将本地微机的数字信息转换为模拟信息，放在电话线上传送（因为电话线上只能传输模拟信号），到了接收端计算机，则又通过 MODEM 将电话线上的模拟信号转换成数字信号，计算机才能正确

接收。MODEM 从外形上分为内置、外置两种。

③ 声卡（Sound Card）。声卡是多媒体技术中最基本的组成部分，是实现声波/数字信号相互转换的一种硬件。

声卡的基本功能是把来自话筒、磁带、光盘的原始信号加以转换，输出到耳机、扬声器、扩音机、录音机等声响设备，或通过音乐设备数字接口（MIDI）使乐器发出美妙的声音。目前主流声卡是 16 位或 24 位声卡，采样频率为 22.05 kHz、44.1 kHz、48 kHz 和 96 kHz 等几个等级，22.05 kHz 可达到 FM 广播的品质，44.1 kHz 能达到 CD 音质，48 kHz 则更精确。

声卡主要分为板卡式、集成式和外置式三种接口类型，板卡式产品中 PCI 接口已成主流；集成式产品是指声卡集成在主板上，具有不占用 PCI 接口、价格低廉、兼容性好等优势，因而占据了较大的市场份额。外置式声卡较少见，它通过 USB 接口与微机连接，具有使用方便、便于移动等优势。

④ 多媒体视频设备。多媒体视频设备根据其自身用途的不同，大致可分为：视频采集卡、DV 卡、便携式简报器、电视盒、电视卡、电视录像机、非线性编辑卡、视频监控卡、视频信号转换器、视频压缩盒、视频压缩卡和字幕卡等。

4. 微型计算机的软件系统

微型计算机中的软件系统是整个计算机系统中的重要组成部分，没有配备任何软件的计算机是无法正常工作的。软件分为系统软件和应用软件两大类。

系统软件是管理、监控和维护计算机软硬件资源的软件。常见的系统软件有操作系统、程序设计语言处理程序、系统实用程序和工具软件等。

操作系统是最基本、最重要的系统软件，它是用户和计算机的接口，换句话说，用户通过操作系统来使用计算机。操作系统是对计算机软硬件资源进行全面管理的一种系统软件，它一般具有五大功能：CPU 管理、存储管理、外部设备管理、文件管理和作业管理。

常见的微机操作系统有 MS-DOS（单任务单用户操作系统）、Windows XP/Windows Vista/Windows 7/Windows 8/Windows 10（单用户多任务操作系统）、Windows 2003/2008 Server（网络操作系统）、Xenis（多用户分时操作系统）、Linux 等。

应用软件是指在某一应用领域具有特定功能的软件，它是为了解决具体的应用问题而编制的程序。例如，文字处理软件、财务处理软件。应用软件可分为通用应用软件和专用应用软件。例如，WPS、Office 2010 可称为通用应用软件，而金蝶财务管理软件则是专用软件。

2.2.2 打印机的发展、分类及主要技术指标

1. 打印机的发展及分类

打印机与电子计算机的历史相比，打印机及印刷技术的历史要久远得多。据资料介绍，世界上第一台具有真正意义的带活动机械的打印机是公元 1463 年发明的。几百年来，与打印机相关的打印技术已经日新月异，打印机作为计算机的一种重要外围输出设备，从 20 世纪 50 年代开始蓬勃发展。今天，打印机早已普及到商业和家庭用户中。

从分类上看，当前比较流行的观点是把打印机分为四类：针式打印机、喷墨打印机、激光打印机、热转换打印机。随着针式打印机全面退出个人计算机市场，形成了喷墨、激光、

热转换打印机三足鼎立的新局面。

从目前市场来看，喷墨打印机的代表厂商有：爱普生（EPSON）、佳能（CANON）、惠普（HP）、利盟（LEXMARK）。图 2-3、图 2-4 和图 2-5 为几款主流喷墨打印机。

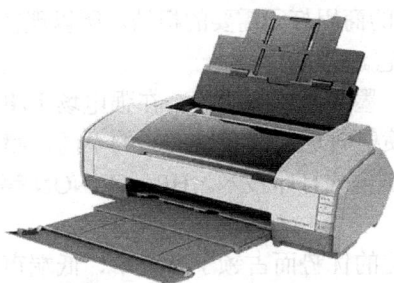

图 2-3　EPSON STYLUS Photo 1390　　　图 2-4　CANON PIXMA ix4000

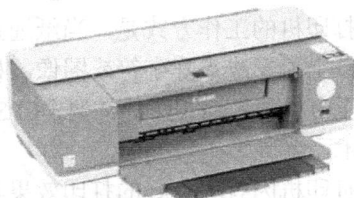

图 2-5　HP Photosmart Pro B8800

激光打印机代表厂商有：惠普（HP）、施乐（XEROX）、利盟（LEXMARK）、联想（LENOVO）、爱普生（EPSON）、佳能（CANON）、三星（SAMSUNG）等。图 2-6 为惠普的一款激光打印机。

热转换打印机代表厂商主要有泰克（Tektronix，其彩色打印机部门现已归属施乐公司）、柯达（Kodak）等。图 2-7 为富士施乐彩色打印机。

图 2-6　HP Color LaserJet CP2025n　　　图 2-7　Xerox DocuPrint C2255

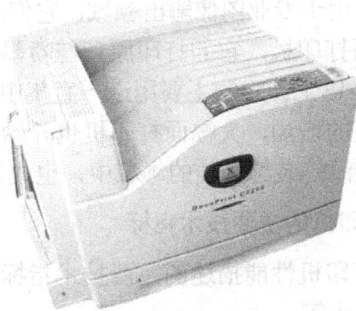

针式打印机由许多细小的、垂直排列的"针（Pin）"组成，任何一根针都可以单独地点击纸面，形成一个墨点。这些针在打印时共同做一定距离的平行移动，从而形成一个由点组成的矩形方阵，因此，针式打印机也称为点阵式打印机。

针式打印机的市场基本上是爱普生的天下，其他厂家有 STAR、富士通等。针式打印机在打印机历史上曾经占有重要的地位，从 9 针到 24 针，再到今天基本走出打印机历史的舞台，可以说针式打印机已有几十年的历史了。针式打印机之所以在很长的一段时间内能长时间流行不衰，这与它低廉的价格、极低的打印成本和它的易用性是分不开的。但是，它很低的打印质量、很大的工作噪声是它无法适应高质量、高速度的商用打印需要的根结，所以现在只有在银行、超市等用于存折、票单打印的地方才可以看见它。

喷墨打印机的工作方式是，当纸通过喷头时，墨水通过细喷嘴，在强电场下将墨水高速地喷射到纸上，形成点阵字符或图像。根据墨水喷射时选用的激励方式的不同，喷墨打印机又可分为压电式和气泡式两种类型。EPSON 采用压电式打印技术。HP、CANON 等采用气泡式喷墨技术。

喷墨打印机因有着良好的打印效果与较低价位的优势而占领了广大中、低端市场。此外喷墨打印机还具有更为灵活的纸张处理能力，在打印介质的选择上，喷墨打印机也具有一定的优势：既可以打印信封、信纸等普通介质，还可以打印各种胶片、照片纸、卷纸、T 恤转印纸等特殊介质。

激光打印机分为黑白和彩色两种。激光打印机除了具有高质量文字及图形、图像打印效果外，为了更好地适应信息技术发展的需求，新型产品中均增加了办公自动化所需要的网络功能，为办公室联网打印起到了推动作用。激光打印机是利用电子成像技术进行打印的。当调制激光束在感光鼓上沿轴向进行扫描时，按点阵组字的原理，使鼓面感光，构成负电荷阴影。当鼓面经过带正电的墨粉时，感光部分就吸附上墨粉，然后将墨粉转印到纸上，纸上的墨粉经加热熔化形成永久性的字符和图形。激光打印机工作速度快、文字分辨率高，作为输出设备主要用于平面设计、广告创意、服装设计等。激光打印机打印的文字及图像非常清楚，针式打印机和喷墨打印机无法与之比拟。

除了以上几种最为常见的打印机外，还有热转换打印机和大幅面打印机等几种应用于专业领域的机型。

热转换打印机使用特殊的覆盖有固体蜡染料的胶片，依次加热，将彩色物熔化在打印介质上，从而形成记录。热转换打印机可分为热（染料）升华打印机、固体喷蜡打印机、热蜡打印机，这些打印机具有输出质量高，图像清晰艳丽，可以使用很多种打印介质等特点，因此主要被应用于专业图像输出领域，它们的价格通常都较高。

大幅面打印机，它的打印原理与喷墨打印机基本相同，但打印幅宽一般都能达到 24 英寸（61cm）以上。它的主要用途一直集中在工程与建筑领域。但随着其墨水耐久性的提高和图形解析度的增加，大幅面打印机也开始被越来越多地应用于广告制作、大幅摄影、艺术写真和室内装潢等装饰宣传的领域中，也成为打印机家族中重要的一员。

2. 打印机的主要技术指标

有关打印机性能描述的主要技术指标包括：分辨率、打印速度、打印幅面、接口类型、缓冲区的大小等。

（1）分辨率（dpi）。打印机分辨率又称为输出分辨率，是指在打印输出时横向和纵向两个方向上每英寸最多能够打印的点数，通常以"点/英寸"即 dpi（dot per inch）表示。而所谓最高分辨率就是指打印机所能打印的最大分辨率，也就是所说的打印输出的极限分辨率。平时所说的打印机分辨率一般指打印机的最大分辨率，目前一般激光打印机的分辨率在 600×600 以上，一般喷墨打印机的分辨率在 1200×600 以上。

打印机分辨率是衡量打印机打印质量的重要指标，它决定了打印机打印图像时所能表现的精细程度，它的高低对输出质量有重要的影响，因此在一定程度上来说，打印机分辨率也就决定了该打印机的输出质量。分辨率越高，其可显示的像素个数也就越多，可呈现出更多的信息和更好、更清晰的图像。

打印机分辨率一般包括纵向和横向两个方向，它的具体数值大小决定了打印效果的好坏，一般情况下激光打印机在纵向和横向两个方向上的输出分辨率几乎是相同的，但是也可以人为来进行调整控制；而喷墨打印机在纵向和横向两个方向上的输出分辨率相差很大，一般情况下我们所说的喷墨打印机分辨率就是指横向喷墨表现力，如 2400×1200，其中 2400 表示打印幅面上横向方向输出的点数，1200 则表示纵向方向输出的点数。分辨率不仅与显示打印幅面的尺寸有关，还要受打印点距和打印尺寸等因素的影响，打印尺寸相同，点距越小，分辨率越高。

毋庸置疑，打印机分辨率越高，输出的效果就越精密。但是，并不是每种打印需求都需要最高精度的打印。对于文本打印而言，600 dpi 已经达到相当出色的线条质量。但在现代办公中，打印文档的类型日益多样化，图像、照片、CAD、GIS 等需要高精度打印的内容越来越多，在这个时候，除了打印负荷量和打印速度外，用户必须仔细考虑打印机的打印质量能否满足自己的需求。对于照片打印而言，更高的分辨率意味着更加丰富的色彩层次和更平滑的中间色调过渡，经常需要 1200 dpi 以上的分辨率才可以实现。

（2）打印速度。打印速度是指打印机每分钟打印输出的纸张页数，单位用 PPM（Pages Per Minute）表示。打印速度指的是在使用 A4 幅面打印纸打印，各色墨粉覆盖率为 5%情况下引擎的打印速度。PPM 标准通常是用来衡量非击打式打印机输出速度的重要标准，而该标准可以分为两种类型，一种类型是指打印机可以达到的最高打印速度，另外一种类型就是打印机在持续工作时的平均输出速度。不同款式的打印机在其说明书上所标明的 PPM 值可能所表示的含义不一样。

目前喷墨打印机的黑白打印速度和彩色打印速度通常都在 10 PPM 以上，一些高速的机型甚至可以实现黑白文本每分钟 20 页、彩色文本每分钟 15 页以上的打印速度。

在激光打印机市场上，按照打印输出速度可将激光打印机分成三类：印刷速度小于 20 PPM 的为低速，20～80 PPM 的为中速，大于 80 PPM 的为高速。普通产品的打印速度可以达到 35 PPM。

对于黑白激光打印机来说，打印速度与打印内容的覆盖率没有关系，而且标称打印速度也是基于其标准质量模式的，在标称打印速度下的打印质量完全可以满足用户需求。而对于彩色激光打印机来说，打印图像和文本时打印机的打印速度有很大不同，所以厂商在标注产品的技术指标时会用黑白和彩色两种打印速度进行标注。除了以上因素外，激光打印机的最终打印速度还可能受到其他一些因素的影响，如激光打印机的预热时间、接口传输速度、激光打印机的内存大小、控制语言、激光打印机驱动程序和计算机 CPU 性能等，都可以影响激光打印机的打印速度。

（3）打印幅面。打印幅面顾名思义也就是打印机可打印输出的面积。一般有 A0（1189 mm×841 mm）、A1（841 mm×594 mm）、A2（594 mm×420 mm）、A3（420 mm×297 mm）、A4（297 mm×210 mm）、B0（1456 mm×1030 mm）、B1（1030 mm×728 mm）、B2（728 mm×515 mm）、B3（515 mm×364 mm）、B4（364 mm×257 mm）、B5（257 mm× 182 mm）

等几种。

目前，喷墨打印机的打印幅面主要有为 A4、B5 等，激光打印机的打印幅面主要为 A3、A4、A5 等。

打印机的打印幅面越大，打印的范围越大。打印幅面的大小也是衡量打印机性能的重要指标，目前适合工作组用户和部门级用户的打印机大都是 A4 幅面或 A3 幅面产品。而在处理条幅打印或数码影像打印任务时，有可能使用到 A0 幅面的打印机。特别是那些有着专业输出要求的打印用户，如工程晒图、广告设计等，都需要考虑使用 A2 或者更大幅面的打印机。

（4）接口类型。接口类型指的是打印机与计算机之间采用的接口类型，通过这项指标也可以间接反映出打印机输出速度的快慢。目前市场上打印机产品的主要接口类型包括并行接口、USB 接口和 IEEE 1394 接口。USB 接口依靠其支持热插拔和输出速度快的特性，在打印机接口类型中已广泛采用，部分主流的打印机兼具并行接口与 USB 接口两种打印接口，而一些高端打印机则增加了 IEEE 1394 接口。

另外，采用先进的无线/无电缆连接的红外打印机、蓝牙打印机也已经陆续推出。

（5）缓冲区的大小。打印机的缓冲区指打印机内的存储器，相当于计算机的内存，单位为 KB 或 MB。缓冲区越大，一次输入数据就越多，打印机处理打印的内容就越多，因此，与计算机的通信次数就可以减少，主机效率就越高。目前喷墨打印机的缓冲区大小在 32～64 KB 之间，激光打印机在 2～8 MB 之间，有的可扩充到 64 MB。

2.2.3　激光打印机的结构和工作原理

激光打印机是一种光电机一体、高度自动化的计算机输出设备。其结构比前面介绍的针式打印机和喷墨打印机都要复杂得多。

1.　激光打印机的结构

激光打印机主要由激光器、激光扫描系统、以墨粉与感光鼓为主的墨粉盒、字符发生器、电子照相转印机构和电路部分组成。

（1）机械部分。

① 墨粉盒。一些品牌的激光打印机采用感光鼓和墨粉一体化结构（如 HP），激光打印机的重要部件如墨粉、感光鼓、显影轧辊、显影磁铁、初级电晕放电极、清扫器等，都装在墨粉盒内。而另外一些品牌的激光打印机其感光鼓和墨粉是分离的，如联想公司的部分型号。当墨粉用完后，可以将整个墨粉盒卸下来更换。其中，感光鼓是一个关键部件，一般是用铝合金制成的一个圆筒，鼓面上涂敷一层感光材料。

② 纸张传送机构。激光打印机的纸张传送机构和复印机相似，包括纸盘、卷纸辊机械组件和离合器。纸张由一系列轧辊送进机器内，轧辊有的有动力驱动，有的没有。打印开始时，纸张的前沿送进轧辊。

（2）激光扫描系统。激光扫描系统是对激光器产生的激光束进行调制，控制其扫描、偏转的机构，由光调制器、扫描器、光偏转器、同步器和高频驱动电路等组成。

① 激光器。激光器是激光扫描系统的光源，它具有方向性好、单色性强、相干性高和能量集中、便于调制和偏转的优点。

② 光调制器。正像电视台需要将图像和声音信号调制到无线电波上才能在电视机中解调出图像和声音信号一样，激光束要完成图文信息的影像任务也需用图文信息进行调制。光

调制器是为完成这个任务而设计的。

　　③ 扫描器。要使经调制后的激光光束在感光鼓上产生文字和图像，需要完成横向（沿打印纸行的方向）和纵向两个方向的运动。纵向运动可以依靠感光鼓的旋转来完成，光束的横向运动则是由扫描器来完成的，如图 2-8 所示。

　　按工作方式来分，扫描器有声光式、电光式、检流计式和转镜式等。由于转镜式扫描器具有扫描角度大、分辨率高、光能损耗小和结构简单等优点，因而广泛用于激光打印机中。

　　（3）电路部分。激光打印机的电路部分包括控制电路和电源系统。控制电路就是一个完整的被扩展的微型计算机系统。电源系统为激光打印机中的各种电气、电子电路提供电能。

2. 激光打印机的工作原理

　　激光打印机是将激光扫描技术和电子照相技术相结合的印字输出设备。其中电子照相是围绕着感光鼓循环反复地进行的。它可以概括为：充电—扫描曝光—显影—转印到纸上—热定影输出—消电—清扫余墨粉—光照—再充电的循环过程。图 2-9 为激光打印机的工作原理示意图。

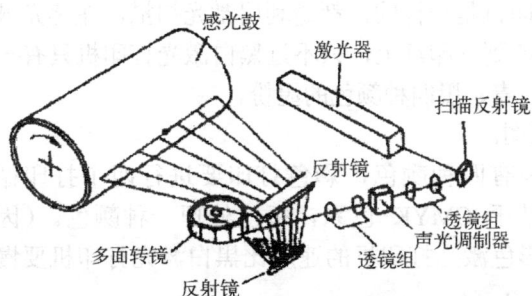

图 2-8　光学系统

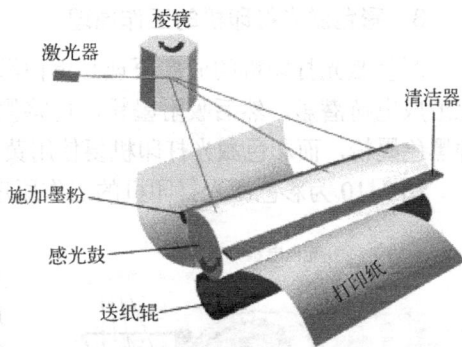

图 2-9　激光打印机的工作原理示意图

各过程的主要原理如下。

　　（1）充电。要使感光鼓能按照图文信息吸附上墨粉，首先必须给它充电。这一任务由充电电极担任。电极实际是一根与感光鼓轴线平行的钨丝，其上带有 5～7 kV 直流高压。当感光鼓表面与钨丝非常接近时，周围的空气被电离产生电晕放电。于是感光鼓上就带上了电荷。电压的正负由钨丝所带电压决定。当光导材料为 SeTe 合金时则充正电。感光鼓旋转一周后整个表面就均会被充电。

　　（2）曝光。我们知道，硒碲合金属于 P 型光导体，其表面比较容易失电子而带上正电。当感光鼓表面经过钨丝电极时，其表面被充上正电，光导层与底基的界面感应出负电。

　　当激光光束中有光部分照到感光鼓表面的某个区域时，称为曝光。经曝光后的地方电阻率大幅度下降，表面的正电荷与界面的负电荷中和而消失。由于硒碲合金颗粒之间的良好绝缘性能，未经光照的表面正电荷仍保持不变，于是形成了一层静电潜像。

　　（3）显影。磁刷显影器，它的作用是将上述静电潜像变成可见图像。

　　显影器中装有铁粉和墨粉。经摩擦后铁粉带正电，墨粉带负电，铁粉被墨粉所包围。吸附了墨粉的铁粉又被永久磁铁的磁性所吸，形成类似于毛刷似的一层铁粉和墨粉的混合物。当感光鼓表面从这层磁刷下经过时，墨粉因带负电就被吸到感光鼓表面仍保持着正电的部分，形成了可见的墨粉图像。搅拌器的作用是使铁粉和墨粉摩擦带电。

（4）转印。将感光鼓上的墨粉图像转到普通纸上称为转印。

当带正电的墨粉随着感光鼓转到打印纸附近时，在纸的后面放置的电极（电晕）放正电。由于电压很高（500～1000 V），静电吸引力使纸紧贴在光导板上，带负电荷的墨粉就被吸附到纸的表面上来了。

由于这种转印方式与纸的绝缘程度有关，当纸张因天气而受潮时，墨粉会因纸张表面的漏电而不能完全和紧密地吸附在上面，这是这种方法的缺点。

（5）定影。将吸附在纸上的墨粉永久地固定在纸上的过程叫定影。

吸附在纸上的墨粉实际上是由热塑性的树脂和墨粉混炼而成的微小颗粒。当吸附了墨粉的纸经过两个温度较高而又间隙不大的金属滚筒之夹缝时，墨粉中的树脂熔化而与墨粉一起被紧紧地压附在纸上，从而形成永久的图像，同时也完成了激光打印的整个过程。

墨粉的熔化温度约 100℃，热辊的温度与纸张通过的速度有关，通常在 150～180℃之间。

感光鼓经过清扫余墨粉和光照清除剩余电荷再进入下一轮循环。

3. 彩色激光打印机的工作原理

彩色激光打印机的成像原理和黑白激光打印机是一样的，都是利用激光扫描，在感光鼓上形成电荷潜影，然后吸附墨粉，再将墨粉转印到打印纸上，只不过黑白激光打印机只有一种黑色墨粉，而彩色激光打印机要使用黄、品、青、黑四种颜色的墨粉。

图 2-10 为彩色激光打印机的工作原理示意图。

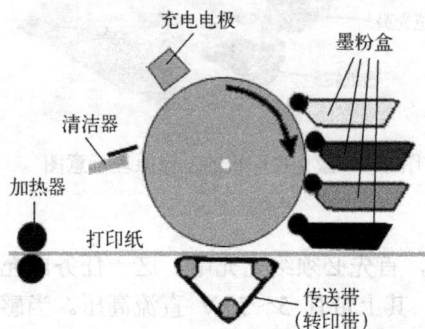

图 2-10　彩色激光打印机的工作原理示意图

因有四种颜色，彩色打印要进行四个打印循环，基于 CMYK 色系，每次处理一种颜色。（因此，彩色激光打印机的速度比黑白激光打印机要慢很多）。

这四个打印循环有两种处理方法，一种是利用转印胶带，每处理一种颜色，将墨粉从感光鼓转到转印带上，然后清洁感光鼓再处理下一种颜色，最后在转印带上形成彩色图像，再一次性地转印到纸张上，经加热固着；还有一种方法就是某些惠普彩色激光打印机所使用的方法，处理完一种色彩，墨粉就吸附在感光鼓上，接着处理下一种色彩，最后一次性地转印到打印纸上（惠普使用独特技术避免吸附在感光鼓上的墨粉影响后来的激光扫描）。

2.2.4　扫描仪的发展历史、分类和主要技术指标

1. 扫描仪的发展历史和分类

扫描仪是一种捕获影像的装置，可将影像转换为计算机可以显示、编辑、储存和输出的数字格式。扫描仪的应用范围很广泛，例如，将美术图形和照片扫描结合到文件中；将印刷文字扫描输入到文字处理软件中，避免再重新打字；将传真文件扫描输入到数据库软件或文

字处理软件中储存；以及在多媒体中加入影像等。扫描仪成为继键盘、鼠标之后的第三种重要的输入设备。

扫描仪是 19 世纪 80 年代中期才出现的光机电一体化产品，它由扫描头、控制电路和机械部件组成。采取逐行扫描，得到的数字信号以点阵的形式保存，再使用文件编辑软件将它编辑成标准格式的文本储存在磁盘上。1984 年，世界上第一台桌面型黑白扫描仪在中国台湾全友（MICROTEK）诞生，之后，市场上先后涌现出了大批扫描仪品牌，其中不乏惠普、爱普生、CANON、清华紫光、明基等。如今扫描仪已经广泛应用于出版、印刷等专业领域及办公、家庭娱乐等各行各业，成为仅次于打印机的一大计算机外设产品。

从诞生到现在，扫描仪产品种类纷繁复杂，下面简单地介绍一些常见的类型。

条码扫描仪，又称为条码阅读器、笔式扫描仪。主要用于条码的扫描识别，不能用来扫描文字和图像，如图 2-11 所示。

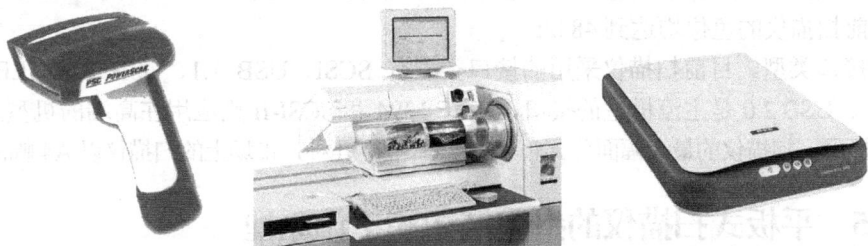

图 2-11　条码扫描仪、鼓式扫描仪和平板式扫描仪

鼓式扫描仪，又称为滚筒式扫描仪。鼓式扫描仪是专业印刷排版领域应用最广泛的产品，它使用的感光器件是光电倍增管。这种电子管扫描仪，性能远远高于 CCD 类扫描仪，如图 2-11 所示。

平板式扫描仪，又称平台式扫描仪、台式扫描仪。这种扫描仪诞生于 1984 年，是目前办公用扫描仪的主流产品。扫描幅面一般为 A4 或 A3，如图 2-11 所示。

实物扫描仪，其结构原理类似于数码相机，它拥有支架和扫描平台，分辨率远远高于市场上常见的数码相机，只能拍摄静态物体，扫描一幅图像所花费的时间与传统扫描仪相当。

3D 扫描仪的结构原理也与传统的扫描仪完全不同，生成的文件是能够精确描述物体三维结构的一系列坐标数据，输入 3D MAX 中即可完整地还原出物体的 3D 模型，无彩色和黑白之分。

从技术层面来说，扫描仪市场的发展趋势是 4800 dpi 甚至更高，扫描元件的技术更为成熟，图像处理编辑软件及文字识别软件也将更为完善。扫描仪不再仅仅是图形、图像的输入工具，它真正地成为了电子化办公的有机组成部分。随之而来的是，扫描仪在金融、证券、政府等领域普遍应用，为人们消除了纸制文档束缚，发挥的作用越来越大。

2．扫描仪的主要技术指标

（1）光学分辨率。光学分辨率是指扫描仪的光学系统可以采集的实际信息量，也就是扫描仪的 CCD 感光元件的实际分辨率。光学分辨率是扫描仪产品最为关键的性能指标，是影响扫描效果的清晰程度的最重要因素之一。

例如，某最大扫描范围为 220 mm×300 mm（适合于 A4 纸 216 mm×297 mm）的扫描

仪，可扫描的最大宽度为 8.5 英寸（220 mm），它的 CCD 含有 20 400 个单元，其光学分辨率为 20 400 点/8.5 英寸=2400 dpi。目前常见的光学分辨率有 2400×1200、4800×2400、6400×3200、9600×4800 等。

（2）最大分辨率。最大分辨率又叫做内插分辨率，它是在相邻像素之间插入颜色或者灰度的平均值，从而增加像素数的办法。通过内插算法可以增加像素数，但不能增加真正的图像细节。

（3）色彩分辨率。色彩分辨率又叫做色彩深度、色位或色阶，是表示扫描仪分辨色彩或灰度细腻程度的指标，它的单位是 bit（位）。色位确切的含义是用多少个位来表示扫描得到的一个像素。例如，1 bit 只能表示黑白像素，因为计算机中的数字使用二进制，所以 1 bit 只能表示两个值 0 和 1，它们分别代表黑与白。8 bit 可以表示 256 个灰度级。24 bit 可以表示 16 777 216 种色彩，其中红（R）、绿（G）、蓝（B）各个通道分别占用 8 bit，它们各有 2^8=256 个等级，24 bit 以上的色彩为真彩。然后又从 36 bit 到 42 bit，再到 48 bit，发展相当迅速。目前扫描仪的色位均达到 48 bit。

（4）接口类型。目前扫描仪采用的接口类型有 SCSI、USB 1.1、USB 2.0、IEEE 1394、SCSI-II 等。USB 2.0 是主流机型的接口，IEEE 1394 和 SCSI-II 则应用在高端的机型上。

（5）幅面。扫描仪的最大幅面分 A4、A3、A1、A0 几种，市场上的扫描仪以 A4 幅面为主。

2.2.5　平板式扫描仪的组成结构和工作原理

1. 平板式扫描仪的组成结构

平板式扫描仪包括三大部分：步进电机和导轨——机械传动部分；扫描头——光学成像部分；主板——控制和转换电路部分。因为扫描仪是光机电一体化的产品，只有这几部分相互配合，才能将反映图像特征的光信号转换为计算机可接受的电信号。

图2-12　扫描仪工作原理示意图之一

（1）机械传动部分。机械传动机构由步进电机、传动齿轮、传动皮带组成。扫描头由圆形支撑滑杆支撑，卡在传动皮带上，由传动皮带带动沿支撑滑杆移动。

专业级扫描仪采用精密的导螺杆移动扫描头，能获得更高的纵向扫描分辨率和更为稳定的图像。机械传动机构步进电机的步进精度决定了扫描仪的纵向扫描精度（分辨率），由于步进电机很容易控制，大多数厂商取垂直分辨率为水平分辨率的两倍生产扫描仪。

（2）光学成像部分。光学成像部分包括有光源、光路、镜头和感光元件。图 2-12 所示为扫描仪工作原理示意图之一。

① 光源。扫描仪通过读取反射或透射的光线来获取图像信息，光源品质的好坏，将严重影响到最终扫描结果。扫描仪基本上都使用低压辉光放电管，低压辉光放电管无灯丝、寿命长、发光稳定，可以获得很高的扫描质量。

②　镜头。镜头的功能是将光线会聚于感光元件 CCD 上，以产生清晰的、不失真的图像。镜头是影响图像质量的极为精密的重要光学部件。大多普及型扫描仪使用单定焦镜头获取图像，要将 A4（210 mm）幅面的图形信息会聚于 CCD 上要求镜头有较大的张角，如镜头质量不好，扫描图像的边缘会产生像差和色散，导致图像边缘变形和色彩失真。为改善图像质量，高档扫描仪使用多组镜头分别对不同区域的图形取样，以减小像差和色散，产生均匀清晰的图像。有些高档扫描仪采用可调焦距镜头以适应不同面积扫描对象，在扫描较小面积的图像时，通过调焦获得较高的分辨率。

③　感光元件。感光元件是扫描图像的拾取设备，相当于人的眼球，其重要性不言而喻。目前市场上主流平板式扫描仪基本上都使用 CCD 感光元件。 CCD 的优势主要在于：成像质量高；在物体表面进行成像，具有一定的景深，能够扫描凹凸不平的物体；温度系数比较低，对于一般的工作，周围环境温度的变化可以忽略不计。CCD 的缺陷主要有：各感光单元的信号产生干扰，降低了扫描仪的实际清晰度；由于采用了反射镜、透镜，会产生图像色彩偏差和像差，需要通过软件进行校正；抗震能力较差；扫描仪体积不可能做得很小。

（3）控制和转换电路部分。控制和转换电路部分包含控制机械部分运动的控制电路及A/D 转换电路部分。

模数（A/D）转换器接收感光元件 CCD 传来的模拟电信号，将它转换成为二进制数字信号（每一位二进制数即对应一个像素的数据）后，再送图像处理器处理。

模数转换器的数据宽度决定了扫描仪的色彩位数和灰度级。例如，24 位色彩的扫描仪，红（R）、绿（G）、蓝（B）各个通道分别采用 8 位的 A/D 转换器转换图像信号，可将每一种颜色的图像分为 2^8 共 256 个等级，形成 2^{24} 种色彩，这也是常说的 24 位真彩色。

机械部分的运动完全受主板的控制。扫描仪的主板以一块集成芯片为主，其作用是对周边元件实行电源控制（如步进电机在扫描时，相对于扫描物的运动等）。另外，A/D 变换器也集成在此芯片内。在主板上还集成着 BIOS 芯片、扫描仪 I/O 控制芯片和 Cache 等芯片。BIOS 芯片的主要功能是在扫描仪启动时进行自检，同时还记录了扫描仪的版本信息。I/O 控制芯片提供了连接界面和连接通道。Cache 则是用来暂存图像数据的，如果把图像数据直接传输到计算机里，那么就会发生数据丢失和影像失真等情况。因此，先把图像数据暂存在 Cache 里，然后再传输到计算机，这样便减小了上述情况发生的可能性。

2. 平板式扫描仪的工作原理

开始扫描时，机内光源发出均匀光线照亮玻璃面板上的原稿，产生表示图像特征的反射光（反射稿）或透射光（透射稿）。反射光穿过一个很窄的缝隙，形成沿 x 方向的光带，经过一组反光镜，由光学透镜聚焦并进入分光镜。经过棱镜和红、绿、蓝三色滤色镜得到 R、G、B 三条彩色光带。R、G、B 三条彩色光带分别照到各自的 CCD 上，CCD 将 R、G、B 光带转变为相应的模拟电子信号。此信号又被 A/D 转换器转变为数字电子信号。

扫描仪每扫描一行就得到原稿 x 方向一行的图像信息，随着沿 y 方向的移动，直至原稿全部被扫描。经由扫描仪得到的图像数据被暂存在缓冲器中，然后按照先后顺序把图像数据传输到计算机并存储起来。

当扫描头完成对原稿的相对运动，将图稿全部扫描一遍，一幅完整的图像数字信息就输入到计算机中去了，然后由相关程序进行处理，再现图像到屏幕上。

简言之，扫描仪的基本工作原理就是利用光电元件将检测到的光信号转换成电信号，再将电信号通过模数转换器转化为数字信号传输到计算机中。图 2-13 所示为扫描仪工作原理示意图之二。

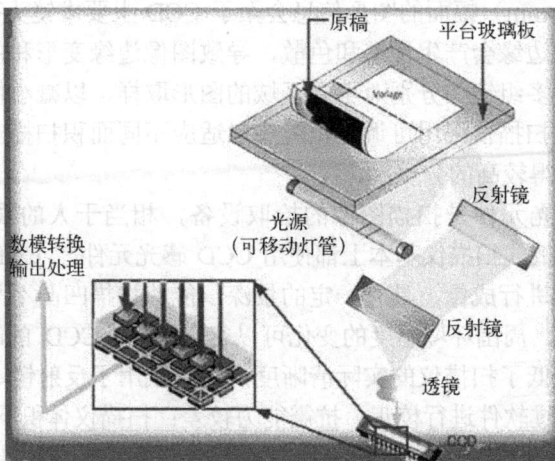

图 2-13　扫描仪工作原理示意图之二

2.2.6　数码相机的发展、分类、结构及主要技术指标

1．数码相机的发展历史

数码相机最早出现于 20 世纪 80 年代中期，不过当时由于成本过高，关键元器件的制作成本高居不下，核心技术尚不成熟，拍摄效果与传统相机相比有较大差距，直到 90 年代初也只在新闻界和部分专业图像制作领域小范围内使用。随着技术的不断成熟，关键元器件的制作技术终于有了较大的突破。例如，光电传感器的密度和感光能力的提高，高像素处理芯片的产生，液晶显示屏价格的下降等，使得数码相机的价格也随之下降，随着众多国际名厂的介入，使得数码相机的品质、拍摄的质量也大幅度提高，拍摄效果已经能与传统高档照相机相媲美了。图 2-14 和图 2-15 所示为两款流行的数码相机。

图 2-14　SONY DSC-RX100 III

图 2-15　CANON 750D

2．数码相机的分类

随着数码相机技术的不断完善和发展，不同技术特点、功能需求的数码相机不断涌现。目前数码相机的分类很多，如果按图像传感器来分，可分为 CCD 数码相机和 CMOS

数码相机。

（1）CCD 数码相机。CCD 数码相机是指数码相机使用 CCD 图像传感器来记录图像。CCD 本身不能分辨各种颜色的光，要用不同颜色的滤色片配合使用，因此 CCD 数码相机有以下两种工作方式。

① 利用透镜和分光镜将光图像信号分成 R、G、B 三种颜色，并分别作用在三片 CCD 上，这三种颜色的光经 CCD 转换为仿真电信号，然后经 A/D 转换器转换为数字信号，再经 DSP 数字信号处理器处理后存储到存储器中。

② 在每个像素点的位置上有三个分别加上 R、G、B 三种颜色滤色片的 CCD，经过透镜后的光图像信号被分别作用在不同的传感器上，并将它们转换为仿真电信号，然后经 A/D 转换器转换为数字信号，再经 DSP 数字信号处理器处理后存储到内存中。

（2）CMOS 数码相机。CMOS 数码相机是指数码相机使用 CMOS 图像传感器来记录图像。其工作方式与 CCD 数码相机相似，目前属低档相机，主要应用在手机的拍照功能上。

（3）CCD 图像传感器与 CMOS 图像传感器比较。图 2-16 和图 2-17 所示分别为典型的 CCD 图像传感器和 CMOS 图像传感器。

图 2-16　典型的 CCD 图像传感器　　　图 2-17　典型的 CMOS 图像传感器

CCD 和 CMOS 采用类似的色彩还原原理，但是目前 CMOS 图像传感器在解析力和色彩上还不如 CCD 图像传感器，图像有噪声，准确捕捉动态图像的能力还不强，因此，CCD 技术占据了数码摄影半壁江山。

不过 CMOS 技术也有 CCD 难以比拟的优势，普通 CCD 必须使用 3 个以上的电源电压，而 CMOS 在单一电源下就可以运作，因而 CMOS 耗电量更小。与 CCD 产品相比，CMOS 是标准工艺制程，易与 A/D 转换电路、数字信号处理器 DSP 电路等集成在一起，可利用现有的半导体制造流水线，不需额外投资设备，且品质可随半导体技术的提升而进步。CMOS 传感器的最大优势是售价比 CCD 便宜近 1/3。

CCD 图像传感器只能单一地锁存到成千上万的采样点上的光线的状态，CMOS 则可以完成其他的许多功能，如 A/D 转换、负载信号处理、白平衡处理及相机控制（白平衡调整就是通过图像调整，使在各种光线条件下拍的照片色彩与人眼看到的景物色彩一样）。

3. 数码相机的结构

数码相机的构成器件有：镜头、光电转换器件（COMS/CCD）、模数转换器（A/D）、微处理器（MPU）、内置储存器、液晶屏幕（LCD）、可移动储存器、接口（计算机/电视机接口）、锂电池等。

光电转换器也就是数码相机的"底片"，只不过它是可以重复使用的，而传统相机的底片则只能使用一次。模数转换器是一个对光电转化器信号进行转换的装置。微处理器就是数码相机的心脏，它将数模转换器的信号经过再一次处理就变成了特定的图像格式。储存系统就是数码相机的"胶卷筒"，将拍摄所得的照片储存于此。数码相机的构成机理如图2-18所示。

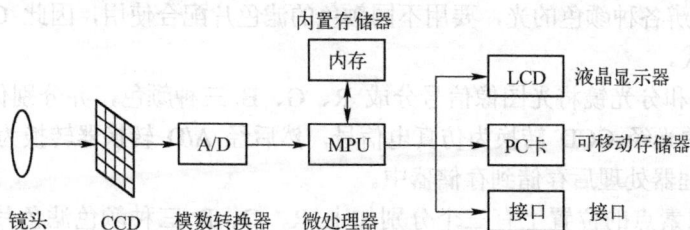

图2-18 数码相机的构成机理

4. 数码相机的主要技术指标

（1）CCD像素数。数码相机中的关键部件CCD传感器所能获得的像素数是最主要的参数。

2009年主流数码相机的CCD像素数都已经在千万以上。拍摄获得的像素按横向（宽）、纵向（高）排列，每个方向排列的像素数也就是图像的尺寸，常见的拍摄图像尺寸有640×480、1600×1200、2400×1800、3040×2016、3500×2336、4000×3000、4752×3168 像素等，部分相机甚至有更高的分辨率。分辨率越高，意味着可反映的图像越细腻，不过图像所耗用的存储空间也就越大。

（2）焦距。焦距是指景物落在感光介质上正好能得到清晰的图像的距离。焦距越长，镜头的可视范围角度（视角）就越小，景物越大也越近，类似于望远镜的效果；焦距越短，镜头的可视范围越大，景物越小，相应地拍摄范围也就越广，如范围广但层次感较差的广角镜头。

数码相机的焦距通常在 30～120 mm 之间，更好的照相机会超出此范围。当然，焦距的范围越大，相机的灵活性越大。镜头焦距与可视范围的对应关系如图2-19所示。

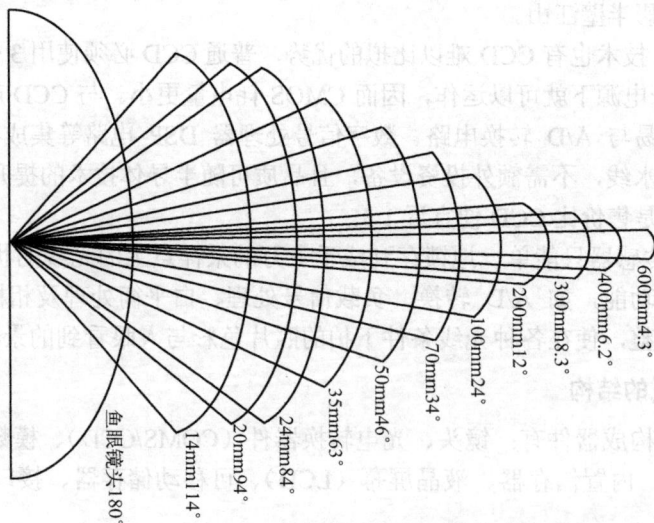

图2-19 镜头焦距与可视范围的对应关系

可变焦距的数码相机可以对它的焦距进行控制，以便适于拍摄近物或远景。数码相机的变焦可分为光学变焦和数字变焦，光学变焦是指照相机物理上能达到的变焦倍数，通常有 2 倍、3 倍、4 倍、5 倍等，也有一些数码相机拥有 10 倍以上的光学变焦效果。光学变焦也有用 mm 表示的，如 35～140 mm 等。数字变焦是指通过计算来改变图像的大小，将图像放大到原来的若干倍。虽然数字变焦也可以更好地拍摄要突出的景物（如人像），但效果是不能与真正的光学变焦相比的。

变焦相机允许更大范围地选择清晰位置，这样就可以准确地反映摄影者的意图，令图像主体有选择地体现。

（3）光圈。光圈用来控制通过镜头的光线量的多少，一般用 F 或 f 来表示。完整的光圈值系列如下：$f1$，$f1.4$，$f2$，$f2.8$，$f4$，$f5.6$，$f8$，$f11$，$f16$，$f22$，$f32$，$f44$，$f64$。光圈 f 值越小，在同一单位时间内的进光量便越多，而且上一级的进光量刚好是下一级的两倍。例如，光圈从 $f8$ 调整到 $f5.6$，进光量便多一倍，我们也说光圈开大了一级。对于消费型数码相机而言，光圈 f 值常常介于 $f2.8$～$f16$ 之间。此外许多数码相机在调整光圈时，可以做 1/3 级的调整。镜头的光圈越大，越容易在光线黑暗的情况下拍摄到满意的图像。光圈大小是通过镜头内部光圈控制叶片的开合以控制进光量来实现的，数码相机光圈控制叶片和光圈值大小如图 2-20 和图 2-21 所示。

图 2-20 镜头内部光圈控制叶片结构

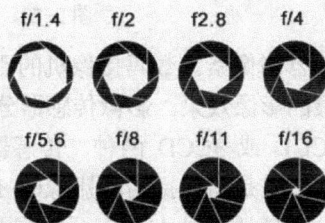

图 2-21 镜头光圈值 f

（4）颜色矫正和白平衡调整。为了使图像的色彩、亮度达到某种平衡，通常数码相机都内设有颜色矫正功能。其中，最重要的参照就是景物中的白色，因此白平衡效果的好坏是衡量一台数码相机的重要参数。白平衡方式有 3 种，自动、手动（往往有多种方式可选）和自定义。具有较佳颜色修正功能的数码相机应该是能适应各种环境光源，而不至于拍摄出偏黄或偏红的图像。

（5）存储介质。通常数字相机大多采用闪存卡来保存图像。存储介质主要有以下几种。

CF 卡：CF 卡是 1994 年 SANDISK 公司首先推出的。这种存储介质采用闪存技术，可永久性保存信息，无需电源。速度快，重量轻，而且体积也只有火柴盒大小。

XD 卡：（eXtreme Digital，极速卡），是由奥林巴斯、富士和东芝公司联合开发与持有的。奥林巴斯和富士看到 SM 卡已经跟不上潮流和技术了，于是联手推出了更为纤巧的、技术更先进的 XD 卡。

MMC 卡：就是 MultiMediaCard——多媒体卡，这是由美国 SANDISK 公司和德国西门子公司共同开发的一种多功能存储卡，可用于携带电话、数码相机、数码摄像机、MP3 等多种数码产品。它具有小型轻量的特点，并且耐冲击，可反复进行读写记录 30 万次。

SD 卡：就是 Secure Digital Card——安全数码卡，是由日本松下公司、东芝公司和美国 SANDISK 公司共同开发研制的，具有大容量、高性能、安全等多种特点。它比 MMC 卡多了一个进行数据著作权保护的暗号认证功能（SDMI 规格），同时与 MMC 卡兼容，而且 SD 卡的插口大多支持 MMC 卡。

索尼记忆棒：索尼记忆棒是 SONY 公司 1997 年 7 月与 Casio、Fujitsu、Olympus、Sanyo 和 Sharp 共同开发出的一种超微体积、集成化电路的数字存储介质。

2.2.7 数码摄像机及主要技术指标

数码摄像机（DV）的主要品牌有 SONY、佳能、三星、松下、JVC 等（如图 2-22 所示）。数码摄像机的主要技术指标有传感器与像素、镜头与变焦、液晶显示屏幕、存储介质等。

(a) 索尼 HDR-XR500E　　　　(b) 三星 SMX-K44　　　　(c) 佳能 HFS10

图 2-22　数码摄像机的主要品牌

（1）传感器与像素。数码摄像机的影像传感器是 DV 成像的核心元器件，它的好坏将直接影响到拍摄的影像效果。影像传感器分为 CMOS 传感器和 CCD 传感器两种类型，CCD 传感器又有单 CCD 或 3CCD 两种。传感器像素一般都是指总像素，而真正决定 DV 画质的是动态有效像素，它是指拍摄活动影像时 DV 具有的像素值。DV 的拍摄效果除了取决于动态有效像素外，传感器尺寸大小也至关重要。传感器感光面积越大，可获得更多光通量，在弱光环境下拍摄效果才能更出色。目前主流家用产品都已达到了千万像素以上，而专业 DV 总像素则在 1000 万、2000 万像素以上。

（2）镜头与变焦。镜头就好比数码摄像机的眼睛。优秀的镜头是成像质量的保证。卡尔蔡司镜头、莱卡镜头的成像品质全球知名。数码摄像机的镜头都具备变焦功能，比较常见的多采用 10～20 倍光学变焦镜头，但也有一些产品采用 40 乃至 60 倍光学变焦镜头。大变焦比的光学镜头，可以将以往远处无法看清的景物清晰地在眼前放大、重现。一般数码摄像机都还具备电子变焦功能，但在开启电子变焦的情况下，画质将会受到比较大的影响，所以没有太多的实际意义。

（3）液晶显示屏幕。液晶显示屏幕担负取景、回放及菜单操作等工作。目前，比较主流的数码摄像机屏幕，都达到了 2.5 英寸以上，屏幕的尺寸越大，无论是在取景还是回放、菜单操作上，都可以获得更好的效果。目前数码摄像的液晶显示屏逐渐开始出现了一些 3.5 英寸的产品。屏幕具备了触摸功能，菜单操作都可在屏幕上直观地进行。

（4）存储介质。数码摄像机的存储介质，可分为磁带、DVD 光盘、硬盘和闪存卡四大类。硬盘和闪存卡数码摄像机，将所拍摄的影像以数字视频格式存储在硬盘或闪存卡上，省略掉了以往磁带数码摄像机需要采集、转换格式的步骤，在与计算机连接后，就可直接刻录 DVD 光盘。

2.3 项目实施

2.3.1 任务一：微型计算机的软/硬件安装

1. 实施要求

（1）熟悉台式计算机的硬件组成，能熟练地组装台式计算机硬件系统。

微课：微型计算机的软/硬件安装

（2）熟悉计算机系统所需的系统软件和应用软件，并能熟练地安装。

2. 实施步骤

台式计算机的安装，包括硬件系统和软件系统的安装两个方面。

（1）硬件系统安装。

在安装前，必须先准备好电源，然后预备一把十字螺丝刀，就可以按照下述的步骤有条不紊地进行计算机的安装了。

① 安装 CPU 和散热风扇。图 2-23 所示是采用 LGA 1150 接口的英特尔 i7 处理器。无论是入门级处理器，还是中高端处理器，目前市场上主流 Intel CPU 其接口均为 LGA 封闭结构触点式设计，安装方式完全一致。

图 2-24 是主板上的 LGA 1150 处理器的插座。在安装 CPU 之前，要先打开插座，方法是：向下微压固定 CPU 的压杆，同时往外推

图 2-23 采用 LGA 1150 接口的英特尔 i7 处理器

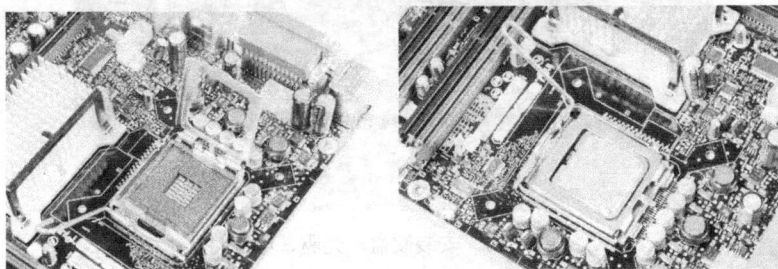

压杆，使其脱离固定卡扣；压杆脱离卡扣后，便可以顺利地将压杆拉起；接下来，将固定处理器的盖子与压杆反方向提起。仔细观察，在 CPU 处理器的一角上有一个三角形的标识，另外仔细观察主板上的 CPU 插座，同样会发现一个三角形的标识。在安装时，处理器上印有三角形标识的那个角要与主板上印有三角形标识的那个角对齐，然后慢慢地将处理器轻压到位；将 CPU 安放到位以后，盖好扣盖，并反方向微用力扣下处理器的压杆。至此，CPU 便被稳稳地安装到主板上了，跟着将散热风扇安装上去。

图 2-24 LGA 1150 处理器的插座

② 安装内存条，如图 2-25 所示。主板目前均提供双通道功能，将两条规格相同的内存条插入到相同颜色的插槽中，即打开了双通道功能。安装内存条时，先用手将内存插槽两端的扣具打开，然后将内存条平行放入内存插槽中，用两拇指按住内存条两端轻微向下压，听到"啪"的一声响后，即说明内存条安装到位。

图 2-25　安装内存条

③ 将主板安装固定到机箱中，如图 2-26 所示。大部分主板板型为 ATX 或 MATX 结构，因此机箱的设计一般都符合这种标准。在安装主板之前，先将机箱提供的主板垫脚螺母安放到机箱主板托架的对应位置上。双手平行托住主板，将主板放入机箱中，确定机箱安放到位，拧紧螺丝，固定好主板。

图 2-26　安装主板

④ 安装硬盘、光驱、电源，如图 2-27 所示。对于普通的机箱，只需要将硬盘、光驱、电源放入机箱对应的位置（托架）上，拧紧螺丝使其固定即可，方法比较简单，不做具体介绍。

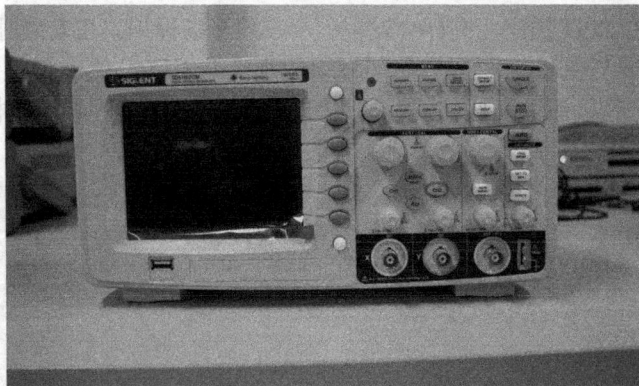

图 2-27　安装硬盘、光驱、电源

⑤ 安装显卡，并接好各种线缆。用手轻握显卡两端，垂直对准主板上的显卡插槽，向下轻压到位后，再用螺丝固定即完成了显卡的安装过程。安装完显卡之后，剩下的工作就是安装

所有的线缆接口了，最后对机箱内的各种线缆进行简单的整理，以提供良好的散热空间。

⑥ 输出设备的安装，即显示器的安装。重新检查各个接线，准备进行测试。给机器加电，若显示器能够正常显示，表明安装正确，此时进入 BIOS 进行系统初始设置。至此，硬件的安装就已经基本完成了。

（2）软件系统安装。

由于安装系统不同，安装光盘不同，软件系统的安装方法有些差别。以安装 Windows 7 系统为例，大体过程如下。

① 启动计算机，按 Delete 键，进入主板 BIOS 设置界面。在 BIOS 中设置光驱启动。按回车键保存、退出 BIOS 设置，计算机自动重新启动。

② 重新启动后，计算机从 Windows 7 光盘进行引导，并显示安装向导界面，光盘引导启动安装程序开始启动操作系统安装，按提示操作进入安装配置界面，如图 2-28 所示。

图 2-28　光盘引导启动后 Windows 7 安装开始

至此，一台计算机就安装完毕了。

2.3.2　任务二：喷墨打印机的使用与维护

1. 实施要求

（1）了解喷墨打印机的使用规则，能进行基本操作。

（2）熟悉喷墨打印机的组成，能对打印头进行维护保养，能拆解打印机，进行打印头喷嘴清洗。

视频：喷墨打印机的使用与维护

2. 实施步骤

（1）喷墨打印机的基本操作。

① 确保使用环境清洁。使用环境灰尘太多，容易导致字车导轴润滑不好，使打印头的运动受阻，引起打印位置不准确或撞击机械框架，造成死机。有时，这种死机会因打印头未回到初始位置，而进行清洗打印头操作，造成墨水不必要的浪费。解决这个问题的根本方法是经常将导轴上的灰尘擦掉，并对字车导轴润滑。

② 在刚开启喷墨打印机电源开关后，电源指示灯或联机指示灯将会闪烁，这表示喷墨打印机正在预热。在此期间，用户不要进行任何操作，待预热完毕后指示灯不再闪烁时用户方可操作。

③ 选用质量较好的打印纸。喷墨打印机对纸张的要求比较严，如果纸的质量太差，不但打印效果差，而且会影响打印头的寿命。在装纸器上不要上纸太多，以免造成一次进纸数张，损坏进纸装置。喷墨打印机可以打印透明胶片和信封。在打印透明胶片时，必须单张送入打印，而且打印好的透明胶片要及时从纸托盘中取出，并要等它完全干燥后方可保存。在打印信封时，一定要按打印机说明书中规定的尺寸进行操作。

④ 正确设置打印纸张幅面。若使用的纸张比设置值小，则有可能打印到打印平台上而弄脏了下一张打印纸。如果出现打印平台弄脏的情况，要及时用柔布擦拭干净，以免影响打印效果。

⑤ 正确选择及使用打印墨水。液态墨水或固体墨只有在让电阻丝产生的热量加热或熔化后才能实现打印，劣质的墨水汽化（或液化）所需的热量不会正好是电阻丝产生的热量。墨水是有有效期的，从墨水盒中取出的墨水应立即装在打印机上，放置太久会影响打印质量。

⑥ 不得随便拆卸墨盒。为保证打印质量，墨盒不要随便拆卸，更不要打开墨盒，这样可能损坏打印头，影响打印质量。

⑦ 墨盒未使用完时，最好不要取下，以免造成墨水浪费或打印机对墨水的计量失误。

⑧ 部分打印机在初始位置时处于机械锁定，如果用手移动打印头，将不能使之离开初始位置，此时不要人为移动打印头来更换墨盒，以免引起故障。

⑨ 换墨盒时一定要按照操作手册中的步骤进行，特别注意要在电源打开的状态下进行上述操作。因为重新更换墨盒后，打印机将对墨水输送系统进行充墨，而这一过程在关机状态下将无法进行，就会使打印机无法检测到重新安装上的墨盒。特别要防止在关机状态下自行拿下旧墨盒，更换上新的墨盒。这种操作对打印机来说是无效的。

（2）打印头的维护。

打印头是打印机的关键部件，因此，需要定期对打印头进行维护保养。

① 检查打印头喷嘴。如果发现打印的图像出现模糊或打印的图像丢失墨点，可以通过清洗打印头喷嘴来解决这些问题。检测方法如下。

● 确认 A4 或信纸尺寸打印纸已经装入送纸器，且打印机处于关机状态。

● 按住进纸/退纸键⏏（如图 2-29 中①所示）的同时按下电源键⏻（如图 2-29 中②所示）打开打印机，然后同时松开两键。打印机将打印出一张包含打印机只读存储器版本信息、墨水记数码及喷嘴检查图案的操作检查页，图 2-30 所示的是打印输出的样张。如果操作检查页打印得不理想，如线条的某些部分丢失，说明打印机有问题，原因可能是喷嘴堵墨或打印头失准。

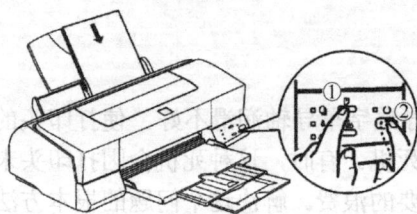

好的样例

打印头需要清洗

线条丢失

图 2-29　打开打印机　　　　　　　　　　图 2-30　打印输出的样张

② 清洗打印头。清洗方法如下：

● 确认电源指示灯 ⏻ 亮而且指示灯 🖤和🖤不亮。

● 按住清洗键约 3 s（如图 2-31 所示）。打印机开始清洗打印头并且电源指示灯开始闪烁。打印头清洗大约 30 s 完成。

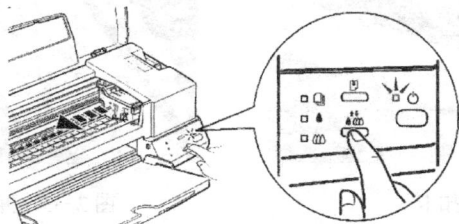

图 2-31　清洗打印头

● 当电源指示灯 ⏻ 停止闪烁时，打印一张喷嘴检查图案来确认打印头是否已清洗干净并使清洗周期复位。

③ 校准打印头。如果发现打印的垂直线不准，可以通过配套的"打印头校准"应用软件来解决。

喷墨打印机的打印头的墨水容易发生干涸甚至喷孔被堵塞。在采用清洗打印头程序操作处理无效的情况下，只能将打印头拆下来进行人工处理。本书以 EPSON 公司的 C4X 系列为例进行操作。

（3）拆解打印机。

① 准备工作：将前出纸托推入机体，把进纸架取下，用透明胶条将透明顶盖与白色机壳粘好。将上机壳（白色）与蓝色底座接合部的蓝色胶条撕开，注意只需将接缝露出即可，不要撕掉，因为在恢复打印机时还将使用它。

② 打开内扣卡：此时将看到打印机背面有两个明显的内扣卡，用小平口改锥将它们推开，然后顺着露出的缝隙将两个卡子中间的一个卡子也推开，这样一来，打印机背面的卡子全部揭开。要注意保留住露出的缝隙，以便于后面的操作（注意图 2-32 中所标的 1、2、3 处，小心操作）。

③ 用小平口改锥顺着缝隙向打印机正面滑动，会在打印机左、右两面和正面碰到共四个内扣卡，用同样的方法将它们打开。这样，打印机上盖与底座就分开了。

④ 将进纸口的可以活动的纸卡捏住，向左面（面对打印机）移动，直到凹口处。此时，向上提起上盖即可将它轻松取下了。

（4）拆解打印头。

拆下打印机的上盖后，仔细观察打印头的右侧（面对打印机），会发现一个卡子，用一只手轻抓住打印头前仓，另一只手用小平口改锥轻撬那个卡子，这时候会感觉到打印头前仓右侧向外移动了一点。

将打印头连接电缆、墨盒监控芯片电缆从插座处拔出（图 2-33 中 1、2 处），将打印头连接电缆从电路板卡槽中慢慢地拔出，这时还可以在白色的电缆下面看到打印头左侧的另一个卡子（图 2-33 中 3 处），同样用小平口改锥轻撬卡子，这时就可以用手将打印头前仓与后仓分开，而此时打印头也已经可以从轨道上取下来了。

图2-32　打开内扣卡

图2-33　拆解打印头

（5）打印头喷嘴清洗。

准备工作：C4X 系列打印头喷嘴所在的后仓中还包括喷嘴驱动电路板，所以就需要做好保护驱动电路板的工作，用平常所用的保鲜膜将此仓后半部包好。

① 浸泡。准备一只小平盘，将喷头平放在盘中，然后往盘中注入蒸馏水，深度以刚刚将喷嘴部分浸没为准。注意不要将水溅到电缆插头和驱动电路板上，首次浸泡时间为 1 小时左右。

② 喷嘴注压冲洗。用一段一次性输液器的塑料管，一头插在 5 mL 的注射器上，另一头插在需要冲洗的喷嘴进墨孔上，将注射器中的蒸馏水压入喷嘴，注意压力不要太大，以免水压挤坏喷头内部的防水隔离胶。这一过程需要反复进行多次，直到看到每一个出墨孔都喷出纤细的水柱为止。这样，堵塞的喷嘴就完成清洗了。

③ 为了将清洗完成的打印头正确安装回打印机，请按以下步骤进行。

首先，撕掉保鲜膜，将喷头前、后仓水平对准，通过底部的导柱和导轨组合二者，但不要将左、右两端的卡子卡牢，否则就无法装到字车轨道上。

其次，将墨盒监控 IC 的电缆插入插座，再将喷头装到打印机轨道上，用小平口改锥将塑胶齿条装到字车电机的齿轮上，但注意不要将齿条或齿轮损坏并注意齿条与打印头的相对位置。

完成这些后，向里推喷头仓，会听到"咔、咔"两声，说明喷头已经安装到位。用手左右推动喷头，如果移动自如，说明打印机恢复完成。再将另一头的驱动电缆插回到驱动电路板插座中，如喷头不能移动自如则需要重新进行操作，检查无误后，将喷头电缆仔细插回电缆卡槽内。

最后，安装好墨盒，通电试机并把打印机上盖与底座接合，粘好蓝色胶条，将打印机恢复原样。

2.3.3　任务三：激光打印机的使用与维护

这里以 HP LaserJet 6L 打印机为例讲解。

1．实施要求

（1）能熟练连接激光打印机，能熟练安装更换感光鼓。

（2）熟悉激光打印机的组成，能进行激光打印机的日常维护。

微课：激光打印机的使用与维护

2．实施步骤

（1）安装感光鼓。

① 用双手向着自己的方向拉打印机盖，将其打开，如图 2-34 所示。

② 轻轻地前后晃动感光鼓使墨粉在盒内均匀地分布，如图 2-35 所示。

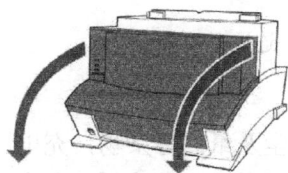

图 2-34　打开打印机盖

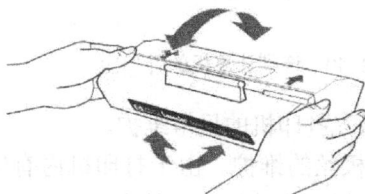

图 2-35　晃动感光鼓

③ 抓住感光鼓边上明亮的密封条的末端使劲撕掉整个密封条。撕下密封条后，密封条应是感光鼓长度的两倍，即 490 mm（19.3 英寸），如图 2-36 所示。

④ 握住感光鼓的把手（使箭头面向打印机）并向下滑动，将其放回到打印机。将感光鼓两端滑进打印机的黑色塑料槽内，并使劲推它使其到位，然后关上打印机盖，如图 2-37所示。

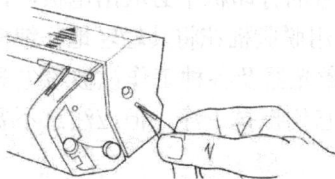

图 2-36　撕下密封条

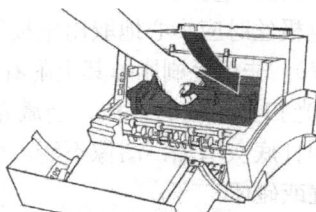

图 2-37　将感光鼓放回打印机

（2）连接打印机电缆和电源线。

① 连接并行电缆到打印机，如图 2-38 所示。

② 用打印机的两个线夹牢牢扣住电缆端口。牢固的电缆连接有助于防止计算机和打印机之间的通信出现问题，如图 2-39 所示。

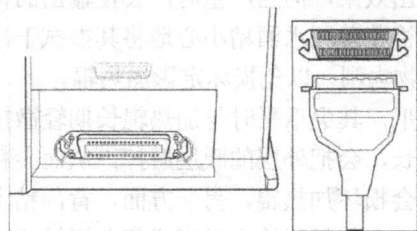

图 2-38　连接并行电缆

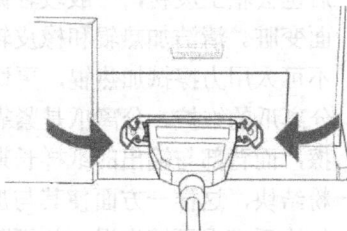

图 2-39　用线夹扣牢电缆端口

③ 将电缆另一端连到计算机的并口上，并拧紧附属螺丝固定好电缆，如图 2-40 所示。

④ 在打印机和接地的电源板或墙壁插座之间连接电源线，如图 2-41 所示。

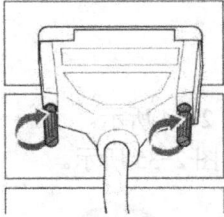

图 2-40　连到计算机的并口上　　　　　　图 2-41　连接电源线

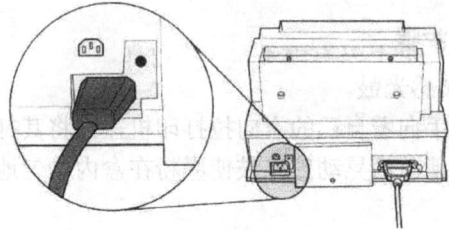

（3）激光打印机的日常维护。

① 电极丝的维护。由于打印机内有残余的墨粉、灰尘及纸屑等杂物，充电、转印、分离和消电电极丝将被污染，使电压下降，而影响正常工作性能。一般来说，若充电、转印电极丝沾上了废粉、纸灰等，会使打印出来的印件墨色不够，甚至很淡。这主要是由于充电电极丝脏污后对感光鼓充电不足，因此它在感光鼓上产生的潜影的电压不够而吸墨粉不足；转印电极丝被污染而使电压不够，则当纸走过时使纸张与感光鼓的接触不够紧密，而使转印到纸上的墨粉不够，因此会使输出的纸样墨色太淡。此外，转印电极丝（槽）污染严重时还会使输出的纸样背面脏污，因为纸样输出时要经过转印电极丝槽。而分离电极丝污染则会使纸张分离不畅而产生卡纸等故障，消电电极丝污染则会使感光鼓上的残余墨粉清扫不干净，使输出的纸样底灰严重。

维护电极丝时应小心地取出电极丝组件（一些型号的打印机不必取出电极丝，可直接在机子上清理），先用毛刷刷掉其上附着的异物，之后再用脱脂棉花将其轻轻地仔细擦拭干净。

② 激光扫描系统的维护。当激光扫描系统中的激光器及各种工作镜被粉尘等污染后，将造成打印件底灰增加，图像不清。可用脱脂棉花将它们擦拭干净，但应注意不要改变它们的原有位置或碰坏。

③ 定影器部分的维护。定影器部分的维护主要有定影加热辊（包括橡皮辊）、分离爪、热敏电阻和热敏开关。

● 定影加热辊的维护。定影加热辊在长期使用后将可能粘上一层墨粉，一般来说，加热辊表面应当是非常干净的，若有脏污就会影响打印效果。使打印出来的样稿出现黑块、黑条，以及将图文的墨粉粘带到别处，这表示加热辊表面已被划伤。若较轻微，清洁后可使用，若严重，则只有更换加热辊了。与加热辊相配对的橡皮辊，长期使用后也会粘上废粉，一般较轻微时不会影响输出效果，但当严重时，会使输出的样稿背面变脏。清洁加热辊和橡皮辊时，可用脱脂棉花蘸无水酒精小心地将其擦拭干净，但不可太用力擦拭加热辊，更切忌用刀片及利物去刮，以免损坏定影加热辊。

● 分离爪的维护。分离爪是紧靠着加热辊的小爪，其尖爪平时与加热辊长期轻微接触摩擦，而背部与输出的纸样长期摩擦，时间一长，会把外层的膜层磨掉，从而会粘上废粉结块，这样一方面使其与加热辊加大摩擦会损坏加热辊，另一方面，背部粘上废粉结块后变得不够光滑，从而阻止纸张的输送，会使纸张输出时变成弯曲褶皱状，影响质量，接着使用还会出现纸张无法输出而卡在此处。因此，如发现输出纸张有褶皱时应注意清洁分离爪。方法是小心地将分离爪取下，仔细擦掉粘在上面的废粉结块，并细心地将背部磨光滑，尖爪处一般不要磨，若要磨，则一定要小心操作。擦拭干净后即可小心地重新装上（装上时可将各个分离爪调换使用，以使各处的磨损相近）。

- 热敏电阻和热敏开关的维护。热敏电阻和热敏开关都是与加热辊靠近的部件。使用较长时间（输出量较大）的打印机，由于热敏电阻外壳（外包装壳）上会粘上废粉及一些脏物，影响它对温度的感应，使其对加热辊的感温发生变化，从而使加热辊的表面温度加大，这首先会影响加热辊的寿命，加速橡皮辊的老化和分离爪等部件的磨损，加大预热等时间，从而使定影灯管的使用寿命减小。其次，温度太高会使纸张发生卷曲而影响输出，造成卡纸，有时甚至会使硫酸纸、铜版纸等起泡而不能使用。情况严重时甚至会使加热辊烧坏。

维护的方法是要小心地拆下定影器，取下热敏电阻和热敏开关，用棉花蘸些酒精将其外壳的脏物擦拭干净，操作时一定要小心，不要将其外壳损坏。然后小心地将其装回，装上时一定要注意热敏电阻与加热辊的距离，以免感温太高损坏部件。一般来说，要将热敏电阻尽量地接触靠紧加热辊，热敏开关可适当空开一些距离。

④ 光电传感器的维护。光电传感器被污染，会导致打印机检测失灵。如手动送纸传感器被污染后，打印机控制系统检测不到有、无纸张的信号，手动送纸功能便失效。因此应该用脱脂棉花把相关的各传感器表面擦拭干净，使它们保持洁净，始终具备一定的传感灵敏度。

⑤ 感光鼓的维护。

- 小心地拆下感光鼓组件，用脱脂棉花将表面擦拭干净，但不能用力，以防将感光鼓表层划坏。
- 用脱脂棉花蘸感光鼓专用清洁剂擦拭感光鼓表面。擦拭时应采取螺旋画圈式的方法，擦亮后立即用脱脂棉花把清洁剂擦干净。
- 用装有滑石粉的纱布在感光鼓表面上轻轻地拍一层滑石粉，即可装回使用。
- 平常在更换墨粉时要注意把废粉收集仓中的废粉清理干净，以免影响输出效果。因为废粉堆积太多时，首先会出现"漏粉"现象，即在输出的样稿上（一般是纵向上）出现不规则的黑点、黑块，如若不加以排除而继续使用，过一段时间在"漏粉"处会出现严重底灰（并有纵向划痕）。产生这种故障的原因是起先废粉堆积过满，使再产生的废粉无法进入废粉仓，而废粉仓中的废粉也会不断"挤"出来而产生"漏粉"现象；接着，由于废粉中包含着纸灰、纤维等脏物，较粗糙，与感光鼓长时间摩擦，而且越来越紧，压力越来越大，最终将感光鼓表面的感光膜磨掉了，感光鼓就损坏了。于是输出的纸样底灰严重，由于它们一直是纵向摩擦，因此在底灰中可见到纵向划痕。所以，在发现输出"漏粉"时就马上清理废粉仓。

最后应注意，感光鼓清洁要尽量避光。

⑥ 输纸导向板的维护。输纸导向板位于墨粉盒的下方，其作用是使纸张通过墨粉盒传输到定影组件。进行清洁时，用软布略蘸清水将输纸导向板的表面擦拭干净，以确保打印件洁净。

⑦ 其他传输部件的维护。其他传输部件有搓纸轮、传动齿轮、输出传动轮等一些传动、输纸部件。这些部件不要特殊的维护，平常只要保持清洁就可以了。对于搓纸轮，如若发现搓纸效果不好（即搓不进纸张）时，可检查所用纸张是否纸粉或砂粉太多，尽量不要使用这种质量不好的纸，此外，可用棉花蘸些酒精擦拭搓纸轮，即可解决上述问题。如若搓纸轮老化严重，可用细砂纸横向磨搓纸轮，亦可解决问题，当然，老化的搓纸轮最终还是要更换的。其他传动橡皮轮的维护一般也同搓纸轮。

2.3.4　任务四：数码相机的使用与维护

视频：数码相机的使用与维护

1．实施要求

（1）能熟练设置和使用数码相机。

（2）能进行数码相机的日常维护。

2．实施步骤

（1）数码相机的使用。

和传统相机一样，要拍摄一张数码照片是非常简单的一件事，只需按下快门，"咔嚓"一声即可完成。但要拍出一张好的照片，往往需要满足良好的光照、正确的曝光、最合适的分辨率、良好的取景及准确的调焦等条件。根据数码相机的特点，要拍好数码照片，创作出满意的数码图像作品，应注意以下几个方面的问题。

① 拍摄前注意设定好相机的参数。大多数数码相机都在设置菜单中提供多种设定值。包括图像分辨率、聚焦方式、光圈、快门等项目，其中最常用的是图像分辨率。多数相机都有一个默认的设置，如果有一段时间未使用相机，重新开机时，默认设置会自动生效。因此，每次拍摄之前，特别是更换电池之后，必须重新检查一次相机的设置菜单，确认图像分辨率、光圈等的设置，否则，极有可能拍出的照片达不到预期的效果。图 2-42 所示为索尼 DSC-RX100 数码相机的按键说明；图 2-43 和图 2-44 所示为佳能单反数码相机 750D 及主要按键功能说明。

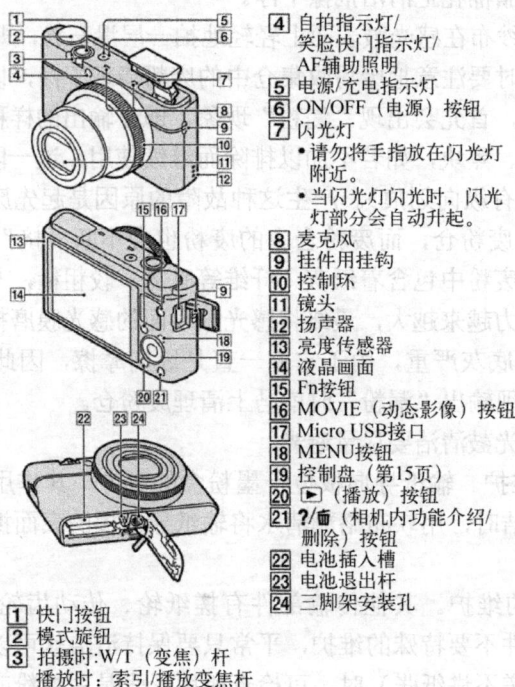

4	自拍指示灯/笑脸快门指示灯/AF辅助照明
5	电源/充电指示灯
6	ON/OFF（电源）按钮
7	闪光灯
	• 请勿将手指放在闪光灯附近。
	• 当闪光灯闪光时，闪光灯部分会自动升起。
8	麦克风
9	挂件用挂钩
10	控制环
11	镜头
12	扬声器
13	亮度传感器
14	液晶画面
15	Fn按钮
16	MOVIE（动态影像）按钮
17	Micro USB接口
18	MENU按钮
19	控制盘（第15页）
20	►（播放）按钮
21	?/🗑（相机内功能介绍/删除）按钮
22	电池插入槽
23	电池退出杆
24	三脚架安装孔

1 快门按钮
2 模式旋钮
3 拍摄时:W/T（变焦）杆
　播放时:索引/播放变焦杆

图 2-42　索尼 DSC-RX100 数码相机的按键说明

（a）　　　　　　　　　　　　（b）

图 2-43　佳能单反数码相机 750D

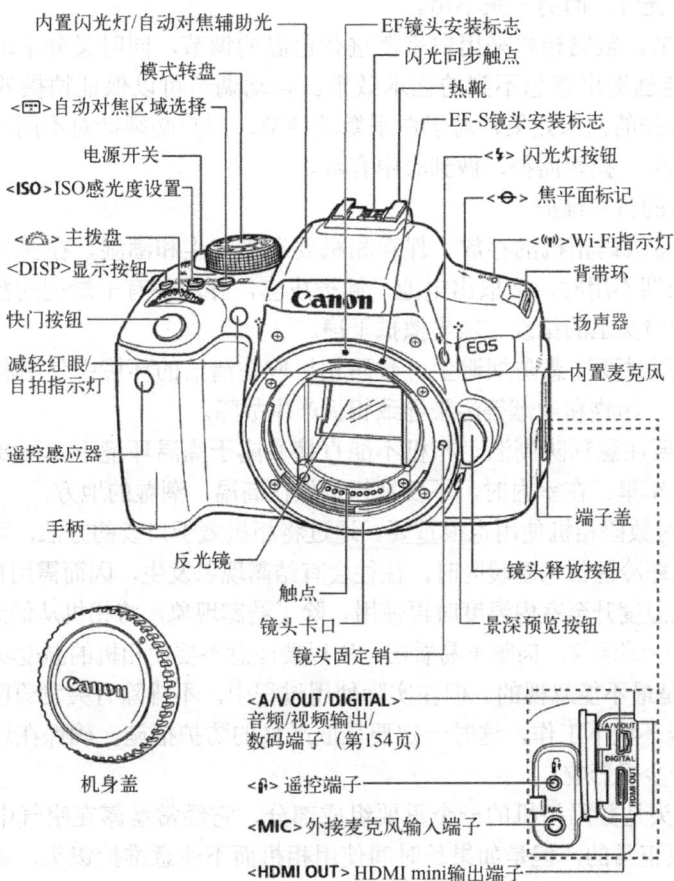

图 2-44　佳能单反数码相机 750D 主要功能说明

② 正确运用光照条件。在拍照之前，要找到尽可能好的光照条件。目前，完全或部分云遮的日光对于数码相机来说是最好的光源。数码相机是完全依赖于光线的。在数码相机照片范围内的光照太强，就会产生带状效果，没有大量细致的调整工作是很难改正的。另外，由于 CCD 有一定的感光阈值，如果光线较暗，达不到要求的起码照度，数字照片就会受到严重损坏。即使是光照稍小一些，也能明显地减小照片的清晰度。由于受到闪光灯的有效距

离限制，即使使用了闪光灯，对于数码相机来说，阴影地带或傍晚时的光照条件仍可能光照不足。

③ 慎用闪光灯。数码相机有内置的闪光灯，通常有四挡设置：闪光、不闪光、防红眼闪光和自动闪光。最后一挡是由相机来确定是否需要额外的光线。在许多情况下，闪光灯可能会破坏一幅完美的照片或者会制造出以后难以清除的错误。

对于数码相机来说，大多数自动闪光都是在多云天气下发生的。将闪光灯关闭，然后增加曝光量，可以得到更好的效果。闪光灯不像曝光量那么好控制，闪光灯射出的光线容易被附近的物体反射回来，在照片上形成不均匀的耀斑。因此，当在多云的天气或是黄昏时拍照（或是其他不理想的照明条件）时，请尽量关闭闪光灯。闪光灯射出的红外线会影响图像，因为图像是由 CCD 芯片进行处理的。在室内拍摄时，应该提供足够的照明，以便得到不用闪光灯的照片，或是看看没有闪光灯的照片是否满意。为了看出差别，可拍摄同一对象的两张照片，一张使用闪光灯，而另一张不用。

④ 色温的调节。数码相机采用白平衡进行色温的调节，同时又分手动和自动，手动调节具有灵活性，能创造出意想不到的艺术效果。自动调节可以保证拍摄的效果不会偏差很大，但难以创造特殊的艺术效果，对于白平衡的调节，用户必须针对不同的摄影环境、不同的数码相机自己试验、摸索而得，做到心中有数。

（2）数码相机的日常维护。

① 首先要注意数码相机的存放。保存相机要远离灰尘和潮湿，在保存前，要先取出电池。当数码相机长期不用时，应取出电池，卸掉皮套，存放在有干燥剂的盒子里。存放前应先把皮套、机身和镜头上的指纹、灰尘擦拭干净。

② 其次在使用时要注意防烟避尘。数码相机应在清洁的环境中使用和保存，这样可以减少因外界的灰尘、污物和油烟等污染导致相机产生故障。

③ 数码相机要注意预防高温。相机不能直接暴露于高温环境下，不要将相机遗忘在被太阳晒得炙热的汽车里。在室内时，不要把相机放在高温、潮湿的地方。

④ 预防寒冷对数码相机使用也很重要。通过将相机藏于口袋的方法，可以让相机保持适宜温度。将相机从寒冷区带入温暖区时，往往会有结露现象发生，因而需用报纸或塑料袋将相机包好，直至相机温度升至室内温度时再使用。除了结露现象，将相机从低温处带到高温处还会使相机出现一些压缩现象，肉眼不易看出，所以要注意不要使相机的温度骤然变化。

⑤ 防水防潮是最不能忽视的。但在实际使用过程中，不排除有突发原因或者其他方面的因素，必须在潮湿环境下工作，这时一定要采取严格的防护措施，确保在这种恶劣的环境下相机不受伤害或者少受影响。

⑥ 镜头。镜头是数码相机的一个重要组成部分，它经常暴露在空气中，因此镜头上落上一些灰尘也是很正常的，但是如果长时间使用相机而不注意维护镜头，那么镜头上的灰尘将越聚越多，这样会大大降低数码相机的工作性能。例如，镜头上的灰尘会严重降低图像质量，出现斑点或减弱图像对比度等。另外，在使用过程中，手碰到镜头而在镜头上留下指纹，也是不可避免的，这些指纹同样也会使取景的效果下降。

只有在非常必要时才对镜头进行清洗。镜头上有一丁点儿的尘土并不会影响图像质量。清洗时，用软刷和吹气球清除尘埃。而指印对镜头的色料涂层非常有害，应尽快清除。

在不使用时，最好盖上镜头盖，以减少清洗的次数。清洗镜头时，先使用软刷和吹气球去除尘埃颗粒，然后再使用镜头清洗布。滴一小滴镜头清洗液在试纸上（注意不要将清洗液直接滴在镜头上），并用专用棉纸反复擦拭镜头表面，然后用一块干净的棉纱布擦净镜头，直至镜头干爽为止。

⑦ 液晶显示屏。液晶显示屏是数码相机的重要的特色部件，不但价格很贵，而且容易受到损伤，因此在使用过程中需要特别注意保护。

在使用、存放中，要注意不让液晶显示屏表面受重物挤压，显示屏表面脏了，只能用干净的软布轻轻擦拭，一般不能用有机溶剂清洗。有些彩色液晶显示屏显示的亮度会随着温度的下降而降低，这属于正常现象，不必维修。

2.3.5 任务五：平板式扫描仪的使用与维护

1. 实施要求

（1）熟悉扫描仪的设定方法，能熟练使用扫描仪进行图元扫描。

（2）能熟练进行扫描仪的日常维护。

2. 实施步骤

（1）平板式扫描仪的使用。

① 将扫描仪和计算机主机通过数据线连接，将扫描仪插上电源，如图 2-45 所示。

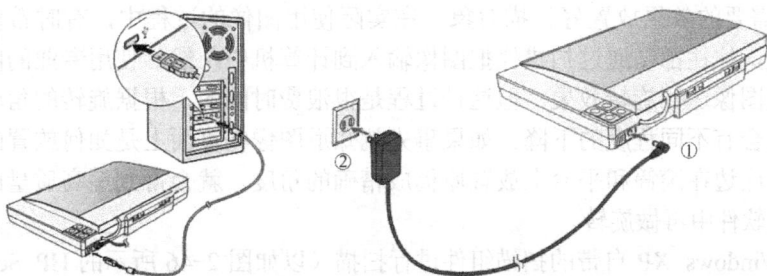

图 2-45 连接扫描仪和计算机主机

② 预热。扫描仪需要几分钟时间的预热。若想获得更好的效果，应在开始扫描的 30 min 前就打开扫描仪的电源。有些扫描仪在没有达到正确的温度时，能自动提醒，并且执行预热程序，直到完全准备好为止。

③ 擦除污点和指纹。千万不要使用面巾纸，因为面巾纸是由纸浆做成的，能非常细微地划伤平台扫描仪上的玻璃片或滚筒扫描仪上的滚筒，或在胶片和印刷品上留下痕迹。可以用一次性使用的特制棉布擦净玻璃，轻轻地擦除摄影材料上的灰尘。留在胶片上的指纹是不能直接擦除的，有时候可以从摄影器材商店购买一种清洁液，但绝对不能用水。

④ 整平要扫描的材料。扫描一些没有卷曲的正方形材料要比稍后使用软件修整更容易些，结果也更好一些。若使用软件修整会降低图像的清晰度和质量。

⑤ 确定合适的扫描方式。使用扫描仪可以扫描图像、文字及照片等，不同的扫描对象有其不同的扫描方式。打开扫描仪的驱动界面，就可看到程序提供了三种扫描选项，其中"黑白"方式适用于白纸黑字的原稿，扫描仪会用 1 位数据来表示黑与白两种像素，这样会节省磁盘空间；"灰度"则适用于既有图片又有文字的图文混排稿样，该类型兼顾文字和具有多个灰度等级的图片，"照片"适用于扫描彩色照片，它要对红、绿、蓝三个通道进行多等级的

采样和存储。在扫描之前，一定要先根据被扫描的对象，选择一种合适的扫描方式，才有可能获得较高的扫描效果。

⑥ 优化扫描分辨率。扫描分辨率越高得到的图像越清晰，但是考虑到如果超过输出设备的分辨率，再清晰的图像也不可能打印出来，仅仅是多占用了磁盘空间，没有实际的价值。因此，选择适当的扫描分辨率就很有必要。例如，准备使用 600 dpi 分辨率的打印机输出结果，以 600 dpi 扫描。如果可能，在扫描后按比例缩小大幅图像。例如，以 600 dpi 扫描一张 4 英寸 ×4 英寸的图像，在组版程序中将它减为 2 英寸×2 英寸，则它的分辨率就是 1200 dpi。

⑦ 设置好扫描参数。扫描仪在预扫描图像时，都是按照系统默认的扫描参数值进行扫描的，对于不同的扫描对象及不同的扫描方式，效果可能是不一样的。所以，为了能获得较高的图像扫描质量，可以用人工的方式来调整参数。例如，当灰阶和彩色图像的亮度太亮或太暗时，可通过拖动亮度滑动条上的滑块，改变亮度。如果亮度太高，会使图像看上去发白；亮度太低，则太黑。应该在拖动亮度滑块时，使图像的亮度适中。对于其他参数，可以按照同样的调整方法来进行局部修改，直到视觉效果满意为止。总之，一幅好的扫描图像不必再在图像处理软件中进行更多的调整，即可满足打印输出要求，而且最接近印刷质量。

⑧ 设置好文件的大小。无论被扫描的对象是文字、图像还是照片，通过扫描仪输出后都是图像，而图像尺寸的大小直接关系到文件容量的大小，因此我们在扫描时应该设置好文件尺寸的大小。

⑨ 根据需要的效果放置好扫描对象。在实际使用图像的过程中，有时希望能够获得倾斜效果的图像，往往都是通过扫描仪把图像输入到计算机中，然后使用专业的图像软件来进行旋转，以使图像达到旋转效果，但这种过程是很浪费时间的，根据旋转的角度大小不同，图像的质量也会有不同程度的下降。如果事先就知道图像在页面上是如何放置的，那么使用量角器和原稿底边在滚筒和平台上放置原稿成精确的角度，就会得到最高质量的图像，而不必在图像处理软件中再做旋转。

（2）用 Windows XP 自带的扫描组件进行扫描（以如图 2-46 所示的 HP Scanjet 4070 为例介绍使用方法）。

① 单击计算机左下角的"开始"菜单，依次单击"控制面板"→"扫描仪和照相机"，找到 HP Scanjet 4070 的图标。

② 双击 HP Scanjet 4070 的图标，打开"欢迎使用扫描仪和照相机向导"界面。单击"下一步"按钮，如图 2-47 所示。

图 2-46　HP Scanjet 4070

图 2-47　"欢迎使用扫描仪和照相机向导"界面

③ 进入预览界面，然后单击窗口右下角的"预览"按钮就能看到扫描后的效果，如图 2-48 所示。

这时可进行自定义设置，可以设置扫描分辨率、亮度和对比度，如图 2-49 所示。

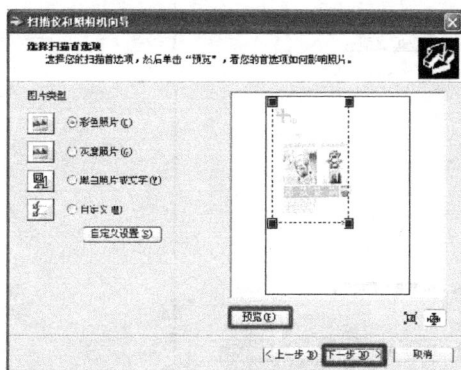

图 2-48 预览和选择图片类型

图 2-49 自定义设置

④ 预览后，可根据需要修改默认的文件名称，修改图片格式和选择存放路径。全部操作完成以后请单击"下一步"按钮，如图 2-50 所示。

可选择的图片格式类型如图 2-51 所示。

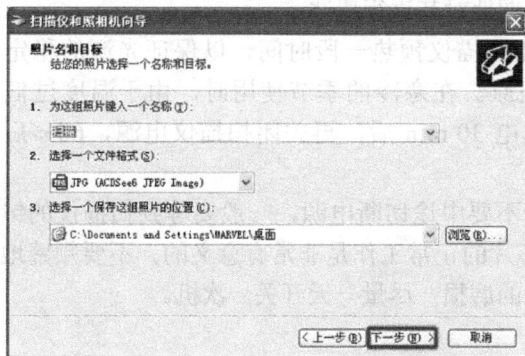

图 2-50 选择文件名称、图片格式和保存位置

图 2-51 图片格式类型

⑤ 单击"下一步"按钮后扫描仪就会开始预热，然后开始扫描。图像处理的速度和计算机的硬件配置有关。

⑥ 扫描完成后，系统会提示如何处理您的照片，默认选择是"什么都不做，我已处理完这些照片"，单击"下一步"按钮。

⑦ 最后单击"完成"按钮结束扫描操作，如图 2-52 所示，操作完成。

（3）平板式扫描仪的维护。

① 保护好光学部件。扫描仪中的光电转换设置非常精致，光学镜头或反射镜头的位置对扫描的质量有很大的影响。因此，在工作的过程中不要随便地改动这些光学装置的位置，同时要尽量避免扫描仪的振动或者倾斜。遇到扫描仪出现故障时，不要擅自拆修，一定要送到厂家或者指定的维修站去；另外大部分扫描仪，都带有安全锁，在运送扫描仪时，一定要把扫描仪背面的安全锁锁上，以避免改变光学配件的位置。

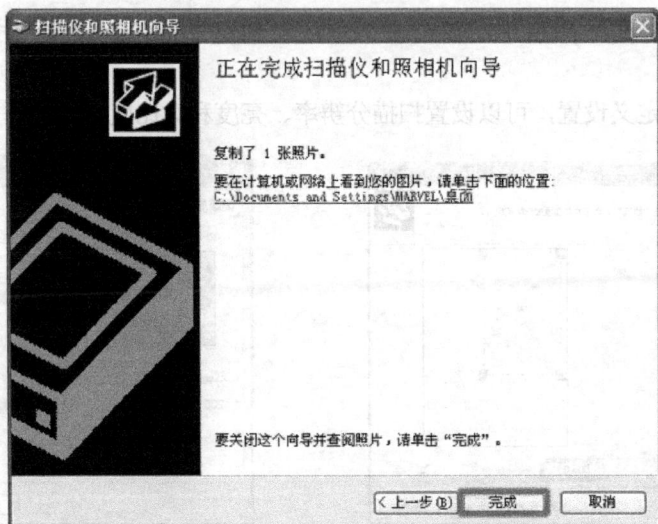

图 2-52　操作完成

②　定期进行清洁。扫描仪是一种比较精致的设备，扫描仪中的玻璃平板以及反光镜片、镜头，如果落上灰尘或者其他一些杂质，会使扫描仪的反射光线变弱，从而影响图片的扫描质量。为此，要在无尘或者灰尘尽量少的环境下使用扫描仪，用完以后，要用防尘罩把扫描仪遮盖起来。当长时间不使用时，还要定期地对其进行清洁。

③　预热。使用 CCD 扫描仪时，最好让扫描仪预热一段时间，以保证光源的稳定性和达到正常的色温，从而得到最好的图像还原。在寒冷的季节使用时，由于温度过低，扫描仪的灯管处于保护状态，这时请持续通电 30 min 后，再关闭扫描仪电源，60 s 后再接通。

④　不要频繁开关机。扫描仪在工作时请不要中途切断电源，一般要等到扫描仪的镜组完全归位后，再切断电源，这对扫描仪电路芯片的正常工作是非常有意义的。不要频繁地开关扫描仪，这样会加剧灯管的老化和伺服系统的磨损，尽量一天开关一次机。

2.4　拓　展　知　识

2.4.1　喷墨打印机常见故障现象及处理方法

（1）故障现象：墨盒不出墨水或断线。

①　墨盒封条是否已完全撕掉。

②　检查墨盒出墨口放置位置。从打印机内取出墨盒，重新放置。

③　清洗打印头。断线位置改变，是喷头墨囊里有空气进入，清洗 1～2 次即可。断线位置不变，是喷嘴堵塞或出墨孔有气泡，需清洗或停机一段时间再试。

（2）故障现象：打印文本不清晰。

①　检查打印机的设置，节省出墨方式有可能会造成字迹不清晰。

②　客户是否使用了伪劣的纸张。

（3）故障现象：打印数量少。

① 原装打印数量标准一般以覆盖率为 5%时计算，客户往往不按照 5%的概念计算，而是按照打印文本文件时覆盖率在 50%左右，实际打印张数为 40～50 张，如遇到覆盖率在 95%以上时，实际打印张数应在 20 张以内。

② 经常反复地清洗打印头实际上是在强行抽取墨水。以 EPSON S020093 为例，清洗数量超过 15 次以上基本消耗 50%以上的墨水。

（4）故障现象：换新墨盒仍显示墨尽或打印数页后即显示墨尽。

① 墨盒匣未压到位或墨盒匣内传感弹片没回位。需要重新安装墨盒或用手帮助弹片复位。

② 如仍不能解决，极有可能是打印机的电子记忆部分出故障，则需要删除打印机驱动程序，重新安装驱动程序。

③ 未按规定程序更换墨盒。请按打印机说明书规定程序更换墨盒。

（5）故障现象：自检不断线担打印图片严重偏色。

与墨盒质量无关，重新安装打印驱动程序或进行杀毒。

（6）故障现象：打印文稿上有团团墨迹似漏墨。

与墨盒质量无关，清洗打印头刮板即可。

（7）故障现象：发现打印暗淡，除此以外，图像本身打印正确。

该现象通常归结为纸张选择问题，或不适当的打印机配置问题。

① 检查打印机设置。首先检查打印机驱动程序设置。如果选择了"经济"或"快速"质量选项，那么打印机将在打印过程中节省墨水，以获得最快的打印速度和更长的使用时间。请选择"正常"或"最佳"质量选项。

② 检查纸张，很多粗糙纸容易"吸收"墨水，从而使图像暗淡或不清晰。特殊的涂层红色纸张和透明胶片也经常容易造成图像暗淡或不清晰的现象。请为打印机装入正确的纸张类型，或确认为打印机选定的纸张类型与实际安装的纸张类型匹配。

（8）故障现象：打印头来回移动，但并不打印，或者间歇地打印。

① 检查打印头。可能只是因为喷墨打印头用尽了墨水。请试用新墨水打印。

② 检查打印头电缆。如果问题仍然存在，请检查驱动电路和打印头之间的电缆连接。打印头或打印头电缆的接触不良可以导致打印头的操作高度不稳定。请关闭打印机，断开打印机连接，然后用万用表依次检查电缆接线。可以断开电缆的一端以防止错误地读取信号，如果打印头电缆断线，更换即可解决问题。

（9）故障现象：在安装墨盒后，彩色打印机无法初始化。电源灯可能不停地闪烁，或者听见三声或更多的蜂鸣音。墨盒可能无法移动，或仍然停留在滑架的中间。

① 重新安装墨盒。在这样的情况下，问题几乎在于墨盒没有正确地安放到位，或者与电触点接触不良。

② 清洗电触点。如果问题仍然存在，那么墨盒后面的电触点可能没有与滑架上的触点正确连接，请使用软干的抹布（或稍微浸润丙醇的棉签）轻轻地擦拭电触点，然后重新安放墨盒。

（10）故障现象：喷嘴检测正常，但打印始终断线。

打印并观测喷嘴检测图案，可以发现图案有些紊乱，这是由于打印头偏歪造成的。调用应用工具中的打印头校准工具一次或数次，直至确保打印头已校准。

（11）故障现象：漏墨。

新墨盒一上机，墨即从喷墨孔大量漏出，污染打印机，且易烧主机板，此情况属墨盒质量问题，应立即更换墨盒。

2.4.2 激光打印机常见故障现象及处理方法

（1）故障现象：卡纸。

① 检查用纸尺寸是否合适，纸张太厚、太薄，纸张潮湿或卷曲，都会产生卡纸现象。

② 检查激光打印机分离爪是否磨损需要更换。

（2）故障现象：页面一片黑。

① 感光鼓可能安装不当。

② 感光鼓可能出现故障并需要更换。

（3）故障现象：在印出的纸样上出现黑点或黑道，并且换纸后仍出现在同一位置上。

该故障原因是感光鼓有损伤。

（4）故障现象：打印效果浅或看到一块竖向对齐的白色条纹。

① 经济方式可能是打开的，通过打印驱动程序关闭经济方式。

② 感光鼓墨粉不足。

③ 打印纸不符合规格要求（如可能太潮湿或太粗糙）。

（5）故障现象：在纸张正面和背面出现无规则的污点。

打印机内部的滚轴变脏。

（6）故障现象：印出的纸样上出现横向条纹，而且换纸后还在同一位置上出现。

需要更换刮板。

（7）故障现象：印出的纸样上出现纵向条纹，换纸后还在同一位置上出现。

供粉仓盒上的磁辊有损坏，需要更换。

（8）故障现象：一台惠普 HP LaserJet 1010 激光打印机使用一段时间后，联机打印时，进纸正常，但打印无字迹。

分析与检修：先从计算机及其外设（如打印线缆、打印机连接卡口、电源插座等）硬件部分入手检查是否正常；若无异常，则可初步排除计算机及其外设硬件故障，故可确定是 HP 激光打印机本身故障所致。打印字迹全无，可依照下列步骤逐一加以排除。

① 先更换新的墨粉盒看故障是否消失。更换时应先检查墨粉密封条是否拉出、墨粉是否已经用完。如若密封条没有拉出或墨粉已用完，就会造成字迹全无现象；但若是墨粉盒内墨粉用完的故障，则其故障现象是输出样张先是纵向中间部分逐渐变淡，红色显示灯不停闪烁告警，提示机内墨粉盒中墨粉即将用完。打印字迹全无的现象非常罕见，且在图像变淡后须经过较长一段时间，故基本排除墨粉盒内无墨粉的原因。

② 接着检查 HP 激光打印机感光鼓是否故障。仔细检查发现感光鼓表面上有文字的墨粉痕迹，故判定打印机显影部件无故障，问题出在字迹从感光鼓向纸上转移阶段。

③ 最后检查转印电极组件上的电极丝，发现电极丝并未熔断脱落，但在电极丝的前后左右附着有大量的黑色漏粉，从而判定故障出自大量的带电漏粉致使电极丝无法发生正常的电晕放电，或发生电晕放电电压过低，无法将带负电的显影墨粉吸附到纸上，从而造成打印纸上无字迹现象。

　　解决办法是用一小团洁净棉花蘸取少量甲基乙基酮，在关机状态下轻轻擦拭，清除转印电极组件上电极丝周围的墨粉。清理完毕后，再用一小团棉花蘸取少量无水酒精重新擦拭一遍，等酒精挥发干净后，重新安装到位。开机使用，打印文字正常，故障排除。

　　（9）故障现象：一台 CANON LBP3200 型激光打印机开机后，正常运行。当进入"自检/预热"状态时，红色电源指示灯亮，而绿色"Read/Wait"指示灯不亮，打印机不能正常工作。间隔一段时间后重新开机，一切显示正常，打印机又能正常工作。

　　分析与检修：

　　① 首先检查进纸盒、感光鼓这些机械部件是否安装到位；若安装正常，则排除因它们引起的故障。

　　② 然后检测打印机自检程序是否正常。关闭打印机，等待 15 s 后再重新开机，按住"POWER"（电源）键直至听到蜂鸣器响一声再松开，开始打印演示页。若需停止打印演示页，则按下"RESUME"（恢复）键即可。自检正常。

　　③ 根据故障现象，绿色"Read/Wait"指示灯时好时坏，打印机时而正常工作时而又不能正常工作，故排除其电路控制主板故障。

　　据此，初步判定系激光打印机预热过程故障所致。我们知道，激光打印机的预热过程是在定影部件上完成的，只有达到一定的温度时才能使打印机正常工作，因此故障可能出现在定影部件上。小心地用双手将定影部件从激光打印机中取出，去掉其两侧的塑料盖板，打开前面的挡板，发现由于激光打印机使用时间较长，加之又不注意清洁维护，热敏电阻（温度传感器）上附着有大量的纸屑、灰尘、墨粉和烧焦的废弃物。原来是这些东西严重地妨碍了热敏电阻的温控效应所致。

　　用一小团洁净的脱脂棉球蘸取少量无水酒精，轻轻擦拭掉附着在热敏电阻上的纸屑、灰尘、墨粉及其废弃物，再用吹风机置于"微热"挡轻轻吹干，按原样逐一装回定影组件上。最后将定影部件安装在打印机上即可。重新开机后，打印机工作正常，故障排除。

　　（10）故障现象：联想 LJ6P 激光打印机在墨粉还未完全用完时，即频繁进行更换墨粉报警。

　　分析：如果此时更换墨粉盒，就会有大量的墨粉被浪费。联想 LJ6P 激光打印机检测墨粉是否用完是采用光电传感器来实现的，它根据墨粉的位置进行检测。只要对光电传感器进行屏蔽，就可以消除报警情况。

　　检修方法：拆开机盖，取出感光鼓，在墨粉盒附近找到光电传感器，将其感光端用黑色胶带封住即可不出现报警，在打印图文过浅或不能打印时，再更换墨粉盒。

　　（11）故障现象：联想 LJ4318S 型激光打印机打印页面均出现全白现象。

　　分析：检查充电器正常，在打印时断电，拆下感光鼓，发现无图像，怀疑感光鼓组件有问题，试更换感光鼓，故障无改善。检查高压发生器、转印电晕器，发现转印电晕器沉积墨粉过多，使高压发生器漏电，充电器无高压，引起故障的发生。

　　检修方法：将转印电晕器沉积的墨粉清除干净后试机，故障排除。

　　（12）故障现象：联想 LJ4208S 型激光打印机打印的纸样左边或右边变黑。

　　分析：引起这种故障的可能原因有以下几种：①光束扫描到正常范围以外；②感光鼓上方的反射镜位置改变；③墨粉盒失效；④墨粉盒内的墨粉集中在盒内的某一边。

对上述相关原因进行逐步检查，发现激光束扫描到正常范围以外。

检修方法：适当调整多面转镜，使激光束扫描至感光鼓的正常范围后，故障排除。

2.4.3 彩色激光打印机的使用与维护

1. 实施要求

（1）能熟练连接 Xerox DocuPrint C225 彩色激光打印机，能熟练安装更换感光鼓。

（2）熟悉彩色激光打印机的组成，能进行彩色激光打印机的日常维护。

2. 实施步骤

（1）安装感光鼓。

① 确认打印机未执行任何操作后，打开前盖，如图 2-53 所示。

② 旋转左前侧的手柄将其解锁，如图 2-54 所示。

③ 打开感光鼓盖，如图 2-55 所示。

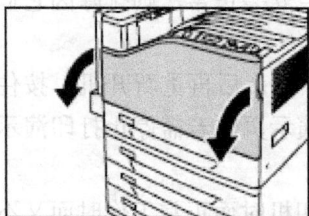

图 2-53 打开前盖

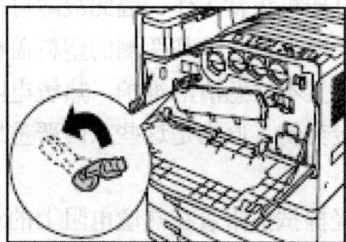

图 2-54 解锁

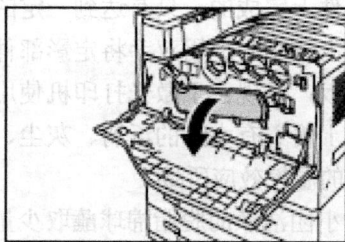

图 2-55 打开感光鼓盖

④ 握住显示屏消息中所示的感光鼓手柄，小心地将感光鼓拉出，如图 2-56 所示。

⑤ 将用过的感光鼓插入新感光鼓附带的塑料袋中。安装好新感光鼓后，将旧感光鼓放到装新感光鼓的盒中。

⑥ 将新感光鼓两端的突起（有保护膜）插入打印机的两个孔中，如图 2-57 所示。

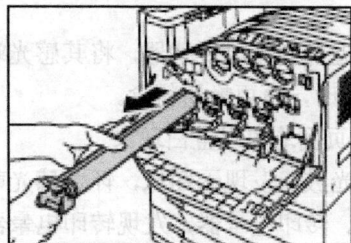

图 2-56 拉出感光鼓

图 2-57 感光鼓两端插入孔中

⑦ 在突起插入孔中的情况下，从感光鼓上端抽出黑色的保护膜，如图 2-58 所示。

⑧ 朝打印机方向滑动橙色旋钮，这样就会将保护膜中的感光鼓推入打印机中，如图 2-59 所示。

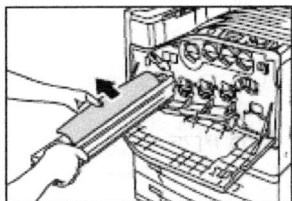

图 2-58　抽出保护膜

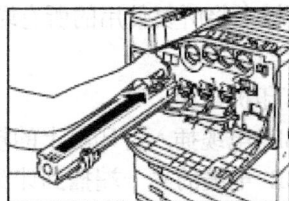

图 2-59　滑动橙色旋钮

⑨ 取下保护膜，按压感光鼓，使其牢固就位，如图 2-60 所示。

⑩ 关闭感光鼓盖，如图 2-61 所示。

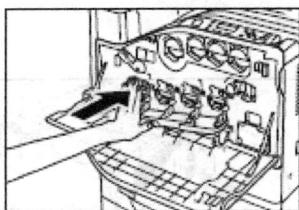

图 2-60　按压感光鼓

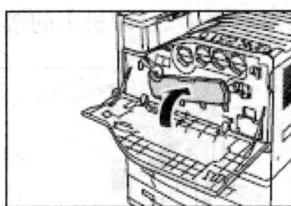

图 2-61　关闭感光鼓盖

⑪ 向右旋转手柄将其锁定，如图 2-62 所示。

⑫ 关闭前盖，如图 2-63 所示。

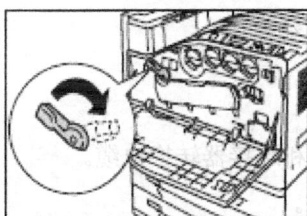

图 2-62　向右旋转手柄

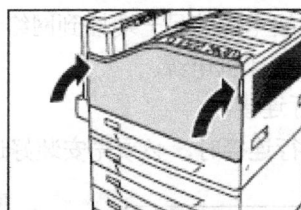

图 2-63　关闭前盖

（2）打印机环境设定。

本打印机可用作本地打印机和网络打印机。当用作本地打印机时，打印机直接连接到计算机。将打印机连接到网络上则可用作网络打印机，如图 2-64 所示。

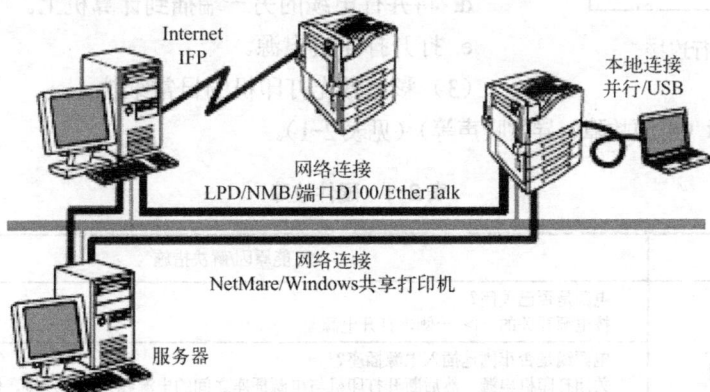

图 2-64　连接打印机

在控制面板上将所要使用的所有端口设置为[启动]。

① USB连接。

a. 关闭打印机电源。

b. 将USB电缆插入打印机上的接口连接器，如图2-65所示。

c. 将USB电缆的另一端插到计算机上。

d. 打开打印机电源。

② 网络连接。

使用支持100BASE-TX或10BASE-T的直线型网络电缆。

a. 关闭打印机电源。

b. 将网络电缆插入打印机上的接口连接器，如图2-66所示。

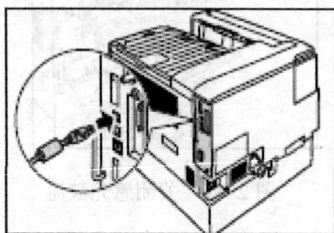

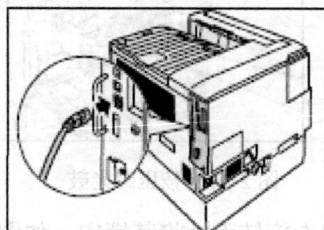

图2-65　USB连接　　　　　　　　图2-66　网络连接

c. 将网络电缆的另一端插到网络设备上，如网络集线器。

d. 打开打印机电源。

③ 并行连接。

使用并行连接时，必须先安装好选装的并行端口卡和连接器转换电缆。

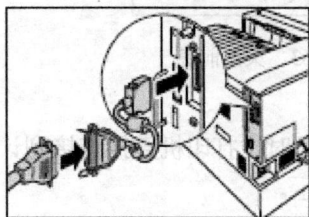

a. 关闭打印机电源。

b. 将选装的并行端口卡所附带的连接器转换电缆插入打印机的接口连接器，如图2-67所示。

c. 将连接器转换电缆的另一端连接到并行电缆的连接器上。随后，用连接器两侧的金属夹将其固定在连接器上。

d. 将并行电缆的另一端插到计算机上。

e. 打开打印机电源。

图2-67　并行连接

（3）彩色激光打印机的日常维护。

① 硬件故障（电源故障、异常噪声等）（见表2-1）。

表2-1　硬件故障

故障现象	可能原因/解决措施
打印机没有接通	电源是否已关闭？ 按电源开关的 <I> 一侧，打开电源
	电源线是否牢固地插入电源插座？ 关闭打印机电源，然后断开打印机与电源插座之间的电源线并重新连接。然后打开打印机电源
	打印机插入的电源插座是否提供正确的电压？ 将打印机连接到提供正确的额定电压或电流的电源插座上。请勿与其他设备共用电源插座

续表

故障现象	可能原因/解决措施
显示屏空白	打印机可能处于节能模式。按控制面板上的 < 节电 > 键退出节能模式。如果这样做未解决问题，请检查电源线是否牢固地插入到电源插座，然后重新启动打印机
打印机发出异常噪声	打印机是否安装在水平面上？ 将打印机安装到一坚固的水平面上
	纸盘是否推入到位？ 将纸盘牢固地推入打印机
	打印机中是否有异物？ 关闭电源，清除异物
打印机中水汽凝结	在控制面板上将睡眠模式的触发时间设定为一小时以上，然后让打印机处于非睡眠状态。大约一小时后，凝结的水汽由于打印机内部产生的热而挥发
打印机未切换到睡眠模式	是否在控制面板上禁用了睡眠模式？ 使用控制面板启用睡眠模式

② 打印故障（见表 2-2）。

表 2-2　打印故障

故障现象	可能原因/解决措施
<错误/故障>灯闪烁	控制面板上是否显示有错误消息？ 请按照消息中的指示清除错误
已发出打印指令，但<打印就绪> 灯未亮起或闪烁	接口电缆是否已牢固插入？ 关闭电源，检查接口电缆是否牢固插入
	打印机是处于脱机状态还是处于菜单状态？ 如果打印机处于脱机状态，请按 < 联机 > 键将其置于联机状态。如果显示菜单画面，请按 < 菜单 > 键退出菜单画面
	协议设置是否正确？ 确认所用端口是否已启用。同时，利用 CentreWare Internet Services 确认协议设定是否配置正确
	计算机的操作环境是否配置正确？ 检查装有打印机驱动程序的计算机的操作环境
<打印就绪>灯亮起或闪烁，但是打印机不打印	打印缓冲器中仍有数据，请取消或强制印出作业。 按<联机>键使打印机脱机后，按<打印中止>键取消打印作业或按<确定>键强制印出作业。取消或强制印出作业后，再次按<联机>键使打印机变为联机状态
打印机不打印	如果您的计算机通过并行电缆连接到打印机，该计算机是否支持双向通信？ 默认情况下将启用打印机双向通信。如果您的计算机不支持双向通信，打印机将不打印作业。如果是这种情况，请在控制面板上设置禁用双向通信，然后重新打印
	如果打印机连接到网络，则打印机的 IP 地址是否设置正确？ 或者数据接收控制设定是否设置正确？ 检查上述设定，必要时请对其重新配置
	单个打印作业的打印数据量可能超过了缓冲器容量。这可能发生在为缓冲器设定选择了内存后台处理的情况下。 如果单个打印文件超出了内存容量，请将打印文件分割为若干小于内存容量的作业。 如果有多个数据文件要打印，请减少一次打印的文件数

故 障 现 象	可能原因/解决措施
打印速度慢	缓冲器容量可能太小。如果是打印高分辨率文档，请使用控制面板上的 [内存设定] 来减小未用项目的内存容量，从而增大打印页面缓冲器的容量。
	增大缓冲器容量可提高打印速度。请按打印数据的大小调整缓冲器容量。
	此外，建议禁用未用的端口并为其他用途分配相应的内存
	是否在打印机驱动程序的 [图像选项] 标签上为 [打印模式] 设定选择了 [高质量]？
	将 [打印模式] 设定更改为 [标准] 可提高打印速度
	取决于 TrueType® 字体的打印方式，打印速度可能会较慢。请在打印机驱动程序 [具体设定] 标签上的 [指定字体] 下更改打印方式
在使用并行/USB 接口时，尽管没有打印作业，仍显示 [正在打印]	是否在打开打印机电源后才开启电脑？ 按 <打印中止> 键中止打印
页面上部出现图像缺失。打印未从页面上合适的位置开始	纸张导杆是否调节正确？适当调节纸张导杆。检查打印机驱动程序上的页边距设置是否正确

③ 送纸故障（见表 2-3）。

表 2-3 送纸故障

故 障 现 象	可能原因/解决措施
没有正确送纸 发生卡纸 同时送入多张纸 送纸时偏斜 输出起皱	纸张放置是否正确？ 重新正确放置纸张。在放置标签纸、透明胶片或信封之前，请将其散开以保证相互隔开
	纸张是否潮湿？ 放置新纸张。
	纸张是否适合打印机？ 放置合适的纸张，纸张可能因类型或环境条件仍然起皱
	纸盘是否推入到位？ 将纸盘牢固地推入打印机
	打印机是否安装在水平面上？ 将打印机安装到一坚固的水平面上
	纸张导杆是否调节正确？ 适当调节纸张导杆
	新添的纸张是否放在了纸盘中纸张的上面？ 向仍有纸张的纸盘中添纸可导致此类故障。散开纸盘存放的纸张，然后重新将其放入纸盘。仅在纸盘中的纸张用尽时才向纸盘添加纸张
打印机未正确地从纸盘 1~4 中选择	纸张导杆是否调节正确？ 如果纸张导杆定位不正确，则打印机可能不会正确地检测出所放置纸张的尺寸。适当调节纸张导杆
	检查打印机驱动程序和控制面板上的纸张尺寸和纸张类型设定是否配置正确
打印机未从旁路纸盘送纸	在打印机驱动程序的[纸张/输出]标签上是否为[纸盘]选择了[自动选择纸张]？ 旁路纸盘不可以被打印机自动选择

2.5 小 结

本项目需要掌握微型计算机及外设（喷墨打印机、激光打印机、平板式扫描仪）的软硬件组成与工作原理、结构和技术指标，能进行台式 PC 及外设的软/硬件安装，并进行维护；了解办公数码设备（数码相机及数码摄像机）的结构和技术指标，能正确使用办公数码设备并进行维护。

习题与思考

一、选择题

1. 以下的外部设备中，哪一种是输入设备？（　　　）

　　A. 硬盘驱动器　　B. 打印机　　　　　　C. 磁带机　　　　　D. 键盘

2. 下面几种打印机中，打印质量最好的是（　　　）。

　　A. 针式打印机　　B. 点阵打印机　　　　C. 喷墨打印机　　　D. 激光打印机

3. 打印机接口卡及自检正常而不能联机的故障可能是（　　　）问题。

　　A. 驱动程序　　　　　　　　　　　　　　B. 机械机构

　　C. 接头或连线　　　　　　　　　　　　　D. 打印头

4. 打印机和 PC 之间是通过一根电缆连接的，其中与 PC 连接的一端有（　　　）针。

　　A. 40　　　　　　　B. 36　　　　　　　　C. 30　　　　　　　D. 25

5. 激光打印机工作过程中，将静电潜像变成可见图像的过程叫（　　　）。

　　A. 充电　　　　　　B. 显影　　　　　　　C. 定影　　　　　　D. 转印

6. 打印机不能自检的故障可能是（　　　）问题。

　　A. 色带失效　　　　B. 控制电路　　　　　C. 电源　　　　　　D. 无纸

7. 以下的外部设备中，哪一种是输出设备？（　　　）

　　A. 硬盘驱动器　　B. 打印机　　　　　　C. 磁带机　　　　　D. 键盘

8. 打印机仅不能打印汉字的故障可能是（　　　）问题。

　　A. 打印机接口　　　　　　　　　　　　　B. 打印机连线

　　C. 打印机机械部分　　　　　　　　　　　D. 驱动程序没有安装

9. 打印机和 PC 之间是通过一根电缆连接的，其中与打印机连接的一端有（　　　）针。

　　A. 40　　　　　　　B. 36　　　　　　　　C. 30　　　　　　　D. 25

10. 激光打印机工作过程中，把打印纸上的墨粉图像加以固定的过程叫（　　　）。

　　A. 充电　　　　　　B. 显影　　　　　　　C. 定影　　　　　　D. 转印

11. 针式打印机字符深浅不匀的故障可能是（　　　）问题。

　　A. 色带失效　　　　　　　　　　　　　　B. 控制电路

　　C. 打印机连线　　　　　　　　　　　　　D. 接口卡

12. 进行打印机自检的方法是：在电源判断情况下，用手按着（　　　）按钮，并打开电源。

　　A. 换页　　　　　　B. 换行　　　　　　　C. 联机　　　　　　D. 进纸

13. 喷墨打印机与针式打印机相比，最突出的优点是（　　　）。

　　A. 分辨率高　　　　　　　　　　　　　　B. 噪声低

　　C. 易于实现彩色化　　　　　　　　　　　D. 价格便宜

14. 以下打印机中，（　　　）打印机能一次打印几份复件。

　　A. 激光　　　　　　B. 喷墨　　　　　　　C. 针式　　　　　　D. 热转印

15. 以下的打印机中，（　　　）不是击打式打印机。

　　A. 9 针打印机　　　　　　　　　　　　　B. 24 针打印机

　　C. 激光打印机　　　　　　　　　　　　　D. 菊花轮打印机

二、简答题

1. 微型计算机有哪些组成部分？如何安装一台微机？

2. 如何进行微机的软硬件维护？

3. 打印机分为哪几类？各有哪些主流品牌产品？

4. 打印机的主要技术指标有哪些？

5. 简述针式打印机的结构、使用和日常维护方法。

6. 喷墨打印机由哪几部分基本结构组成？如何进行喷墨打印机的日常维护？

7. 激光打印机由哪几部分基本结构组成？激光打印机是如何进行工作的？如何进行激光打印机的维护？

8. 数码相机的主要技术指标有哪些？

9. 数码相机有哪些构成器件？如何进行数码相机的日常维护？

10. 如何进行数码摄像机的日常维护？

11. 扫描仪由哪几部分基本结构组成？简述扫描仪的工作原理。

12. 如何进行扫描仪的维护？

项目 3
传真机的使用与 OA 系统的现代通信技术

3.1 项 目 分 析

主要内容

现代化办公与商务往来中，通信设备被广泛使用，它为信息的传递提供了方便、快捷的通信方式，既节省时间，又可提高办事效率。传真通信是使用传真机，借助公用通信网或其他通信线路传送图片、文字等信息，并在接收方获得与发送方原件相同的副本（拷贝）的一种通信方式。本项目主要介绍市场上应用较为广泛的文件传真机的基本原理、重要参数、使用与维护方法，并对 OA 系统中的现代通信技术作了知识拓展。通过本章的学习，应能熟练掌握三类热敏传真机（以松下 KX-FT876CN 传真机为例）的使用。

学习目标

1. 知识目标
（1）理解（三类）传真机的工作原理、构成及有关概念；
（2）掌握传真机的使用方法和日常维护技能。
（3）能够了解传真机的发展和分类，正确理解传真机的工作原理、基本构成。
（4）了解 OA 系统中的现代通信技术。
2. 技能目标
（1）能够熟练使用（三类）传真机完成收发传真操作，并掌握日常维护的基本技能；
（2）能够识别（三类）传真机的一般故障、了解其产生原因及解决方法。
（3）能够利用（三类）传真机进行复印操作。

3.2 相 关 知 识

3.2.1 传真机的发展、分类及标准

1. 传真通信的发展概述

传真通信就是使用传真机，借助公用通信网或其他通信线路传送图片、文字等信息，

并在接收方获得与发送方原件相同的副本（拷贝）的一种通信方式。利用了扫描和光电变换技术，经传输电路将文字、图表、照片等由发送端传送到接收端，并在接收端以记录的形式重现。

早在 1843 年，英国物理学家亚历山大·贝恩根据钟摆原理发明了传真。1850 年英国的弗·贝克韦尔开始采用"滚筒和丝杆"装置代替亚历山大·贝恩的钟摆方式，使传真技术前进了一大步。1865 年，伊朗人阿巴卡捷里根据贝恩和贝克韦尔提出的原理，制造出了实用的传真机，并在法国的巴黎、里昂和马赛等城市之间进行了传真通信实验。20 世纪 70 年代，传真通信迅速得到普及，世界各国相继在公用电话交换网上开放传真业务。传真技术从模拟发展到数字，固体化电子扫描取代了机械式扫描，由低速传输向高速传输转变。20 世纪 80 年代，传真机还在办公室自动化系统和电子邮政等方面担任了重要角色，并向着综合处理的终端过渡。

到目前为止，传真机已经历了两次更新换代。在 20 世纪 70 年代以前，主要是使用一类机，70 年代曾使用二类机，从 80 年代到目前广泛使用的是三类机。由于三类传真机采用了超大规模集成电路、先进的数字信号处理技术和计算机控制技术，使之具有功能齐全、传送速度快、体积小、重量轻、功耗低、可靠性高等优点，并已逐渐成为传真通信中的主要机种。本项目中主要介绍三类传真机的使用。

2. 传真机的分类

传真机的英文简称是"FAX"，传真机分类种类较多，分类方法也各不相同。目前较常见的分类方法如下。

（1）按 CCITT（国际电报电话咨询委员会）制定的国际标准分类，包括：

① 一类机（G1），在电话线路上传送一页 A4（210 mm×296 mm）文件需时 6 min；

② 二类机（G2），在电话线路上传送一页 A4 文件，需时 3 min；

③ 三类机（G3），在电话线路上传送一页 A4 文件，需时 1 min；

④ 四类机（G4），高速文件传真机，可 3 s 传送一页 A4 文件。

（2）按传真打印方式分类，包括：

① 热敏纸传真机（也称感热纸传真机或卷筒纸传真机）。热敏纸传真机发展的历史最长，使用范围最广，技术相对成熟，但功能单一。其记录方式是使用热敏打印头在特殊纸张上以加热打印的方式接收文件及资料。若传真资料需要长期保存，还须另外复印一次。热敏纸传真机比较适合传真量比较大但不需要扫描和打印功能的用户。

② 热转印式传真机。热转印式传真机的打印记录原理与针式打印机的原理相类似，用热敏打印头通过感热色带将文档打印到普通纸上。

③ 激光式传真机（也称激光一体机）。激光式传真机是利用墨粉附着在普通纸上而成像的传真机，其打印记录原理与激光打印机相似。主要是利用机体内控制激光束的感光鼓，通过控制激光束的开启与关闭，从而在感光鼓产生带电荷的图像区，墨粉会受到电荷的吸引而附着在纸上，形成文字或图像。

④ 喷墨式传真机（也称为喷墨一体机）。喷墨式传真机的打印原理与喷墨打印机相似，是由步进电机带动喷墨头左右移动，把从喷墨头中喷出的墨水依序喷布在普通纸上以完成打印工作。

目前市场上最常见的就是热敏纸传真机、喷墨/激光一体机。但随着喷墨/激光一体机技术发展的不断成熟，具有扫描、打印、复印到传真等多功能的传真机，是与计算机配合使用的极佳选择，其强大的功能也不断在现代化的办公应用中得到广泛应用。

3. 三类传真机的标准

CCITT 有关三类传真机的国际标准是 1980 年 5 月通过的。我国国家标准局于 1982 年 2 月也颁布了文号为 GB 3382—1982 的"话路三类传真机在电话网中的互通技术标准"，该国家标准等效 CCITT 的 T.4 建议的内容和 T.30 建议中有关三类传真机传输规程的内容。

根据 CCITT 关于三类传真机的有关建议和我国 GB 3382—1982 的国家标准，三类传真机的基本标准如下。

（1）扫描轨迹。

三类传真机采用平面扫描方式，其扫描方向从左到右，且发送机与接收机都以相同方向在原稿（或记录稿）上进行扫描。

（2）扫描线长。

按 CCITT 规定，三类传真机标准的扫描线长度为 216 mm，这是根据北美地区公文用纸规格（8.5 英寸宽）决定的，平面扫描方式如图 3-1 所示。

（3）扫描线密度。

扫描线密度又称扫描分辨率，对水平和垂直两个方向分

图 3-1　平面扫描方式

别进行定义。水平扫描（主扫描）分辨率国际标准规定每毫米为 8 个像素点，表示为 8 点/毫米。

标准扫描线上（216 mm）将有 1728 个像素点。而垂直扫描（副扫描）分辨率分为标准、精细和超精细三个等级。国际标准规定垂直扫描分辨率为每毫米 3.85 线（表示为 3.85 line/mm），而精细和超精细级为供选择的高扫描线密度，精细级为每毫米 7.7 线（表示为 7.7 line/mm），超精细级为每毫米 15.4 线（表示为 15.4 line/mm）。当选择高密度的扫描线时，传真文本的清晰度将得到提高，但图文传送的时间将相应增加。

（4）编码方案。

为了提高传真机的传输效率，减小传真信号的冗余度，就要对传真信号进行数字编码。国际上规定三类传真机采用的编码方案有两种，一种为一维改进型霍夫曼码（简称 MH 码）方案，这是三类传真机必备的编码；另一种是二维改进型相对像素地址指定码（简称 MR 码）方案。

（5）全编码扫描线的最小传输时间。

对于三类传真机来说，要求在 1 分钟以内传送一页 A4 原稿。当垂直分辨率选定后，一页（A4）原稿的扫描线总数也就确定了，若要保证在规定的时间内传送完所有的全编码扫描线，就必须规定每条全编码扫描线的最小传输时间。

国际规定三类传真机标准扫描线的最小传输时间为 20 ms，另外规定可选用的时间有 5 ms、10 ms、40 ms 及 5 s 等，若大于 5 s 时，机器将无法正常工作。

（6）调制与解调。

三类传真机属于数字传真机，为了利用公用电话网进行传真通信，必须采用调制解调器。国际规定三类传真机的一切联络控制信号，都采用通信速率为 300 b/s 的调制解调器（见

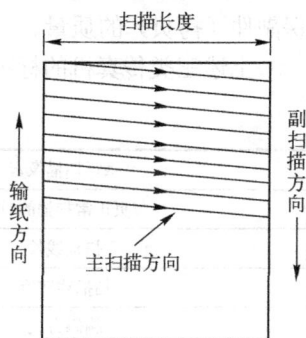

V.21 建议）传送。而传送数字图文信号的调制解调器（MODEM）有两种类型：一种是三类传真机必备的标准调制解调器（见 V.27 ter 建议），通信速率为 2400 b/s 或 4800 b/s，它适用于普通公用电话交换网；另一种提供选择使用的高速调制解调器（见 V.29 建议），它采用的通信速率为 7200 b/s 或 9600 b/s，主要用于租用线路和高质量的公用电话交换线路。

（7）发送机输出功率与接收机输入功率。

按标准规定，发送机的发送功率电平应在–15～0 dBm 之间连续可调，这是由于传真机用户安装地址不同，所以必须按线路规定将其输出电平调整到合适的数值上。而按标准规定接收机的输入功率电平应在 0～43 dBm 之间连续可调，以保证接收机各部件的正常工作，确保副件（拷贝）的质量。

上述三类传真机的标准值见表 3-1。

表 3-1　三类传真机的标准值

每行扫描像素	1728 个
每页正常扫描的时间	1 min
扫描线长	216 mm
扫描线密度	3.85 line/mm　（标准分辨率）
编码方式	标准：一维改进型霍夫曼码（MH）
调制解调器	标准：2400/4800 b/s（V.27ter）或 7200/9600 b/s（V.27ter）

3.2.2　传真通信的基本原理及传真机的结构

1. 传真通信的基本原理

目前较常见的是三类传真机，故下面以三类传真机为例说明传真通信的基本原理。传真通信系统和其他通信系统一样，由发送、接收及通信线路三部分组成。传真通信的基本原理如图 3-2 所示。

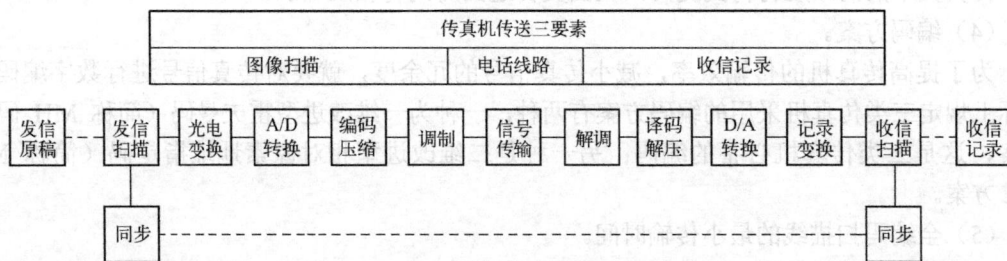

图 3-2　传真通信的基本原理

传真通信包含扫描、光电变换、信号传输、记录和同步同相五个基本过程。

在发送端，将欲发送的图像经发信扫描依次分解成许多微小的单元（称像元或像素，用光电变换器件把它们变换成相应的电信号，经信号处理后通过信道串行地传送出去。在接收端，将接收下来的电信号进行反变换，恢复成原始传真信号，送至记录器，使之变换成光、电或热等不同形式的能量，通过收信扫描把这些随时间变化的一维电信号按照和发信扫描相同的顺序记录在记录纸上，最后组成与原图（原稿）相似的二维图像（复制稿）。

为获得满意的而不是被分裂、歪斜甚而不可辨认的复制稿，必须保证收发两端同步同相。

扫描技术——从滚筒扫描发展为平面扫描，简化了操作。从机械扫描发展到采用固体图像传感器和热感记录头的电子扫描，使传真扫描速度更快，可靠性更高。

光电变换——该技术采用线状的电荷耦合器件（CCD）或接触式图像传感器（CIS）代替光电管或光电倍增管，不仅可以完成光电变换功能，还能同时实现平面扫描，所需的工作电压比光电管或光电倍增管低，使电源简化，机器小型化。

记录——此技术应用最广的是热感记录方式。特别适合采用固体扫描技术和数字信号处理技术，具有体积小、结构简单、费用低等优点，大大优于诸如静电记录、电解记录等记录方式，适用于文件传真三类机的记录方法。采用激光扫描、静电转印或热敏转印普通纸的记录方式，是传真通信发展的方向。

传输——采用先进的模拟传输和数字传输，缩短了传输时间，提高了传输质量。先进的模拟传输主要是波形变换和压缩频带的残余边带传输（AM-PM-VSB）方式，有效地压缩了传输频带。数字传输是利用图像的统计特性，实现数据压缩编码，减少传真信源的冗余度。

同步同相——主要是使收发扫描位置相互正确地对应，即发送原稿上的像元位置与记录纸上的像元位置旋转同步和相位同步。同步主要有两种：旋转同步和相位同步。旋转同步保证发送扫描速度和接收扫描速度一致；相位同步保证发送原稿左端扫描开始点的一致性。同步就是要求收发两端扫描的速度一致，否则会导致传真图像产生畸变。

2. 传真机的基本结构

尽管不同型号的三类传真机的功能和具体电路有所不同，但基本构成大致相同，如图 3-3 所示。

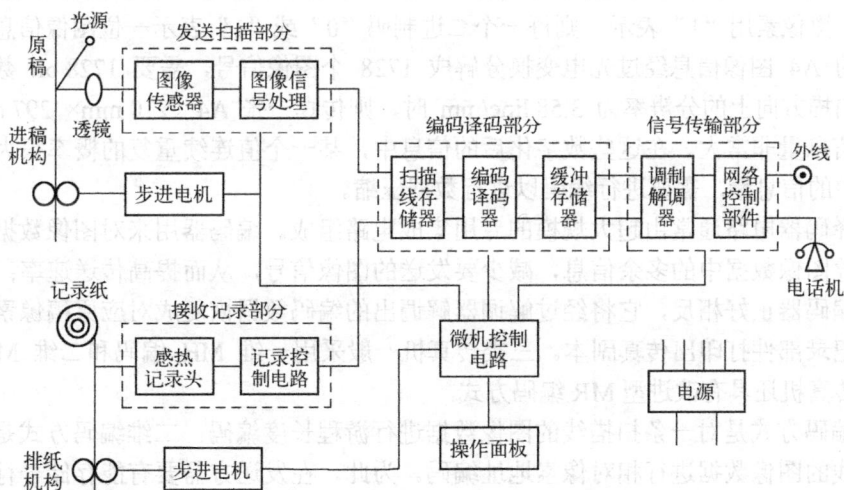

图 3-3　三类传真机的基本构成框图

从图 3-3 中可见，三类传真机大致可分为发送扫描、接收记录、编码译码和信号传输部分。此外，还有微机控制电路、操作面板、电源及机械传动系统等。下面根据三类传真机的基本构成框图分别介绍各部分的组成和功能。

（1）发送扫描部分。

在图像的传输过程中，图像的分解与合成是一个重要环节。图像的分解是指在发送端将图像信号划分成像素的过程，图像的合成则是指在接收端将图像信号组合还原成一幅与原稿同样的图像的过程。图像的分解与合成是一对相反的过程，是图像传输的开始和最后处理的过程。图像的分解是图像信号拾取功能的一部分，图像的合成是图像记录的一部分。

传真采用逐行扫描的方法，它将图像在垂直方向上分解成逐行排列的扫描线，图像信号拾取时，以一行为单位从左到右逐个拾取对应扫描线的像素信号，每扫描拾取一线后，由传动机构带动原稿换一行，再继续进行下一行的拾取。图像记录时，也以上述方式合成和换行。

图像信号的拾取就是用光电变换器件将分解成微小单元的光电信号转变成相应的电信号。光电转换器件有电荷耦合器件（CCD）和接触式传感器（CIS）。CCD 器件和 CIS 器件都是用半导体材料制成的集成器件。采用 CCD 扫描方式的读取系统除 CCD 器件外，还需要由荧光灯、透镜组成的光学系统。CIS 器件则紧贴原稿，器件长度与原稿幅宽基本相等，故不需要光学系统。CCD 器件和 CIS 器件各有特点，是当前流行的三类机光电转换器件。

图像信号处理电路主要对 CCD 器件读取的图像信号进行处理。它包括模拟处理和数字处理两部分。传真原稿经过发送扫描和光电转换之后，图像信息由光信号转变为电信号，这些信号在幅度和时间上还是连续的模拟信号。为了提高传真信号传输的质量，需要通过 A/D 转换将模拟信号转换为数字信号。传真信号数字化后具有较高的抗干扰能力，从而可以提高传输精度，容易实现保密通信。图像信号处理也是为下一步实现减小信息冗余度的编码压缩做准备。

（2）编码译码部分。

数字化后的文件信息的冗余度很大，还要进一步对信号采用编码的方法进行压缩以提高数据传输速率。

传真信号经过采样及量化后，由模拟信号转变为数字信号。假设图像中的白像素以"0"表示，黑像素用"1"表示，则每一个二进制码"0"或"1"表示一位图像信息。这样，一行标准的 A4 图像信息经过光电变换分解成 1728 个图像信号，需要 1728 bit 数字信号表示，当副扫描方向上的分辨率为 3.58 line/mm 时，则传真一张 A4（210 mm× 297 mm）文件需传输的信息量非常大。在这些数字化后的信息中，某一个值连续重复的概率很大，为减少传真过程中的信息量，需要进行编码以进行数据压缩。

编码译码器电路通常由超大规模的专用集成电路组成。编码器用来对图像数据进行编码压缩，去掉图像数据中的多余信息，减少要发送的图像信号，从而提高传送速率；而译码器的作用与编码器正好相反，它将经过解调器解调出的编码数据恢复成对应原稿像素的图像信号，送给记录部件打印出传真副本。三类传真机一般采用一维 MH 编码和二维 MR 编码方式，有些传真机还具有改进型 MR 编码方式。

一维编码方式是对一条扫描线的图像数据进行游程长度编码；二维编码方式是对相邻的两条扫描线的图像数据进行相对像素地址编码。为此，在发送方需要有能存储一行或数行图像数据的存储器。在接收方，为了将解码后的图像数据提供给记录部件，也需要相应的图像数据存储器。所以，行存储器在编码译码过程中是必需的。

由于原稿上的图文构成不同，因而每一扫描行信息量相差很大，编码后产生的数据量不均匀，有的数据量很小（例如，某一扫描行上为全部白像素或全部黑像素），有的数据量很大（例如，文字密集的待传文稿中某一扫描行）。为此，在编译器和调制解调器之间设置了数据缓冲存储器，用来自动调节这两个部件间的数据流量，使编码电路输出的不均匀数据流能以恒定的传输速率进行传输。

（3）接收记录部分。

接收记录部分主要由热敏打印头和记录控制电路组成。

接收方的传真机对接收的图像编码信号进行译码，恢复原稿图像数据后，即可通过图像记录部件将原稿图像记录在普通或专用记录纸上。图像记录部件也称为记录头，目前三类机多采用热敏打印头来记录传真副本。这种记录头通常由若干个发热单元（热敏电阻）组成。图像数据信号在记录控制电路的作用下，将电能转变为热能，使与发热单元接触的记录纸（热敏记录纸）迅速改变颜色由白变黑。不发热的单元接触的记录纸仍为白色，通过记录头最终将电信号变成对应原稿像素的可视图像。

记录控制电路控制译码后的图像数据，将其分成多段并分别送至记录头的相应记录单元，同时向记录头输出地址信号和驱动脉冲，保证记录头的图像合成。

（1）热敏记录方式。绝大多数三类热敏传真机都是用热敏记录方式来恢复图像得到传真副本的。热敏记录是由热敏记录纸与热敏打印头（或称感热记录头）紧密接触来完成的。当热敏记录纸紧贴着热敏头上热量受控于图像信号的一排微小的发热器件（发热阻体）移动时，纸上对应于各发热电阻的点温度瞬时升高变成黑色，其他部分仍为白色，这样一幅与发送端完全相同的记录图像就逐步形成了，如图 3-4 所示。

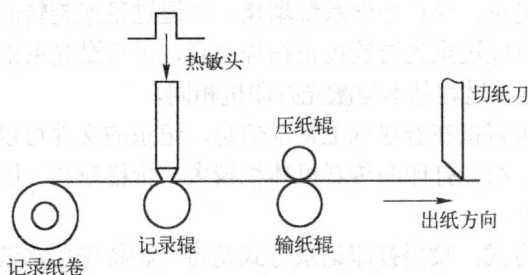

图 3-4　热敏记录结构示意图

热敏打印头由散热装置（陶瓷基板）、热绝缘层、发热电阻体、驱动、集成电路、引线和保护层构成。发热电阻体是其中最重要的部分。

热敏打印头是一个大规模集成电路制成的 1728 或 2048 位的固体记录头。热敏打印头一般由几十个记录单元组成，而每个记录单元中又包含几十个发热器件，每个发热器件对应一条扫描线中的一个像素。一般每毫米有 8 个发热器件，一行有 1728 位（A4）或 2048 位（B4）。热敏打印头是由 32 块集成电路组成的，每块集成电路可记录 64 bit 数据，则发热体总数为 32×64=2048 个。每个发热电阻体的宽度为 105 μm，电阻体之间的距离为 125 μm，每毫米含有 8 个发热电阻体。

热敏记录纸是一种特殊的纸。热敏纸表面涂有染料和显色剂的混合物，常温下接近纸的本色。当与发热物接触，温度为 90～130 ℃时，接触部分立即变为黑色，留下印记。这种记录简便易行，显示的图文反差良好，但不易长期保存，所记录的图像在长期保存或受阳光直射后，容易褪色。

（2）热转印记录方式。热转印记录方式可在普通纸上进行。热转印传真机的打印头与热敏打印头基本相同，所不同的是热转印打印头与普通纸之间有一层黑色的热传导膜（亦称色带），当打印头产生热量时，将热传导膜上与原稿相对应的图文烫印在记录纸上。其原理结构图如图 3-5 所示。

普通纸卷　热传导膜供给纸卷　记录头　热传导膜回收纸卷

压纸卷轴　切纸器　记录副件

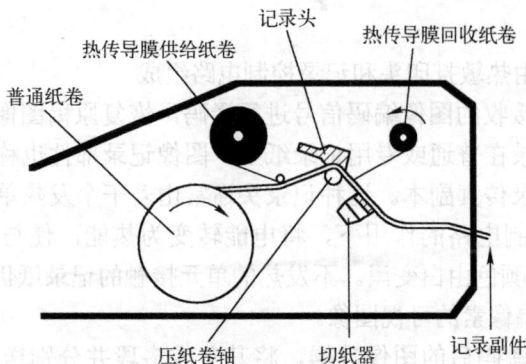

图 3-5　热传真记录原理结构图

热转印记录的副本可与复印机复制出来的文件一样看待，保存不像热敏记录纸那样受光、热等条件限制，但也只能够输出单一的黑白文本。

（3）激光打印记录方式。全过程由充电、曝光、显影、转印、定影和清洁组成。

激光打印采用半导体激光器作激光源，可直接将传真机输出的二进制信息进行高频调制，载有图文信息的激光束，经过光学系统聚焦，并通过稳速旋转的、由多面反射镜组成的旋转扫描器反射出去，再经过聚光透镜校正扫描失真，最后激光束沿着感光鼓的轴线匀速地扫描在感光鼓上，打印记录过程基本与激光打印机相同。

激光打印记录方式可直接在普通纸上记录信息，记录的文件可以长期保存，记录质量也明显优于热敏记录方式。激光打印的传真机体积较大、价格较高，因此激光打印记录方式目前主要用在高档传真机中。

（4）喷墨打印记录方式。喷墨打印记录方式是将一种特殊墨水装在一个表面有许多细微小孔的容器（喷头）内，喷嘴和记录纸之间加上高电压，使墨水从喷嘴中喷出进行记录。喷墨记录的过程基本与喷墨打印机打印过程相同。

喷墨记录方式也可直接在普通纸上记录信息，且打印简单，具有使用方便、易于维护等优点。

（5）其他记录方式。除上述 4 种记录方式外，还有静电记录、发光二极管记录等方式。这些记录方式具有普通纸记录和成本较低的优点。

（6）信号传输部分。

这部分包括调制解调器和网络控制单元。

调制解调器（MODEM）由调制器和解调器组成。调制器的作用是将要发送的图像数字信号调制到载波信号上，以便能在模拟电话线路上传输。解调器的作用是将接收到的已调制图像信号解调成图像数据，以便译码和记录。在三类传真机中使用的是 CCITT V. 21、V. 27 ter 和 V. 29 建议规定的三种调制解调器，其中 V. 21（传输速率为 300 b/s）和 V. 27 ter（传输速率为 2400/4800 b/s）MODEM 为标准配置，V. 29 MODEM 为可选项。

网络控制单元（NCU）是连接通信线路、电话机和调制解调器的接口。该单元的主要功能是实现电话与传真机分时共享一条传输线路（电话交换网线路或专线电话线路）。平时它将通信线路倒向电话机一侧，当需要进行传真通信时，网络控制单元便把通信线路倒向传真机一侧。传真通信结束后，它又把通信线路接到电话机上。另外，网络控制单元还要担负线路状态的维持和信号传输方向的控制等功能。

（7）微机控制电路。

微机控制电路是三类传真机的控制中心，具有对整机进行指挥管理的功能。三类传真机微机控制电路方框图如图 3-6 所示。它由微处理器（CPU）、程序存储器（EPROM）、随机存储器（RAM）、输入/输出接口、地址译码器、总线驱动器及系统总线组成。根据传真机工作过程设计的控制程序被存放在 EPROM 中，CPU 通过执行这些程序，就能完成传真机的各种功能。

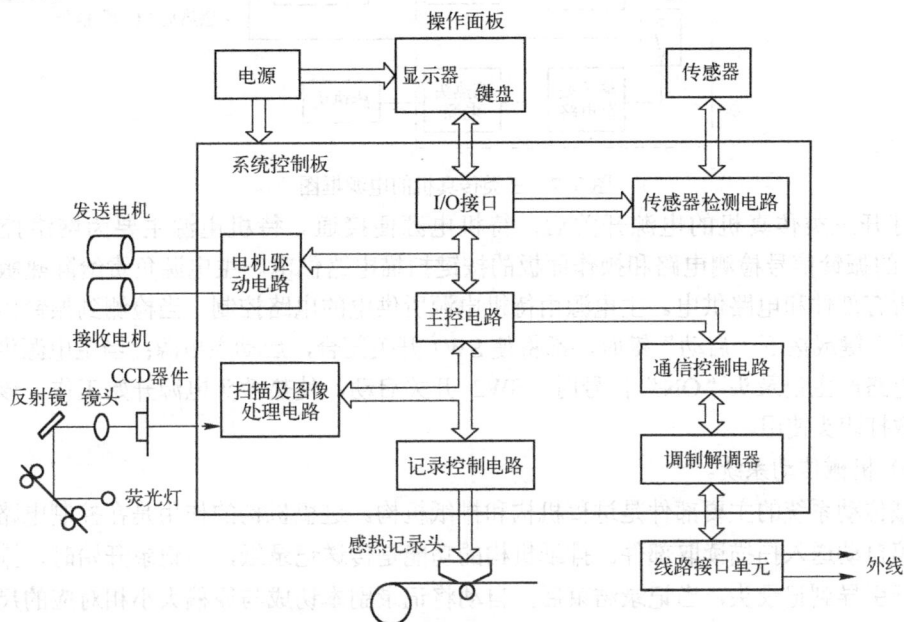

图 3-6　三类传真机微机控制电路方框图

微机控制电路中的随机存储器（RAM）用于存放传真机的工作状态信息、自动拨号的电话号码和图像数据；输入/输出接口作为控制电路与其他电路的接口，进行数据交换，完成 CPU 对各部分的控制，以实现整机的指挥管理。

微机控制电路除控制传真机的工作方式外，还控制机械传动部分。控制电路通过检测各位置传感器的状态，并根据传真机当前的工作状态向步进电机分配步进脉冲，以控制传真机的机械动作。

（8）操作面板。

操作面板包括由各种开关、按键组成的键盘和液晶显示器（LCD）。键盘的数字键、单触拨号键及各种功能键组成矩阵电路，与键盘控制电路的输入接口相接。操作人员通过按键设置机器的工作方式和工作状态，键盘控制电路将键盘操作输入的信号送到 CPU 进行识别，CPU 根据输入的键盘信息实现对整机的控制。

三类传真机的液晶显示器一般为字符方式的显示器，常用的有单行和双行两种。

（9）电源。

三类传真机一般都采用开关电源供电。开关电源具有功耗低、效率高、体积小、重量轻和稳压范围宽等优点。

三类传真机的电源一般分为三部分：主电源、待机电源和热敏头电源，这三部分电源分别供给三类传真机的不同部件使用。图 3-7 为三类传真机的电源框图。

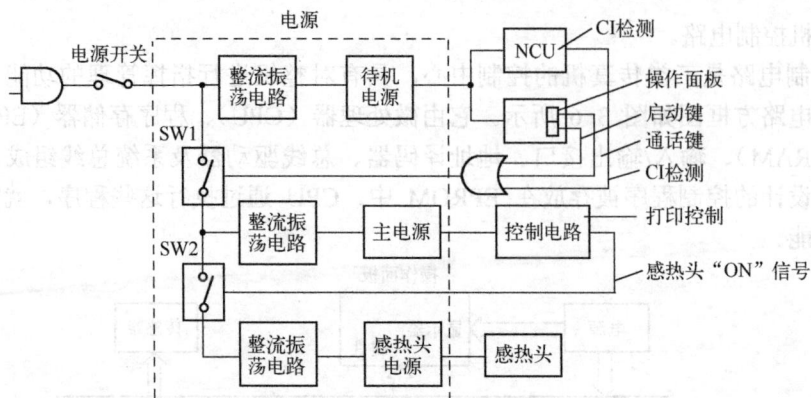

图 3-7　三类传真机的电源框图

当打开三类传真机的电源开关后，待机电源便接通。待机电源主要为网络控制部件（NCU）的振铃信号检测电路和操作面板的按键扫描电路供电。主电源负责给除热敏打印头以外的所有部件和电路供电。主电源由待机电源所供电的电路控制，当检测到振铃信号、按下"通话"键或按下"启动"键时，都将使 SW1 开关闭合，启动主电源；当主电源供电的微机控制电路产生记录头"ON"信号时，SW2 开关启动，使热敏头电源开始工作。该电源主要供热敏打印头使用。

（10）机械传动系统。

机械传动系统的主要部件是进稿机构和排纸机构。进稿机构的作用是在控制电路的控制下把原稿自动送入扫描读取部件。排纸机构的功能是传送记录纸，当记录开始时，排纸机构将记录纸引导到记录头，当记录结束后，自动将记录副本切成与原稿大小相对应的尺寸。另外，还设置了原稿位置传感器和记录纸位置传感器，以便 CPU 控制进稿和排纸。

三类传真机的典型机械结构如图 3-8 所示。它主要可分为两部分，上部分为读取系统单元，下部分为记录系统单元。

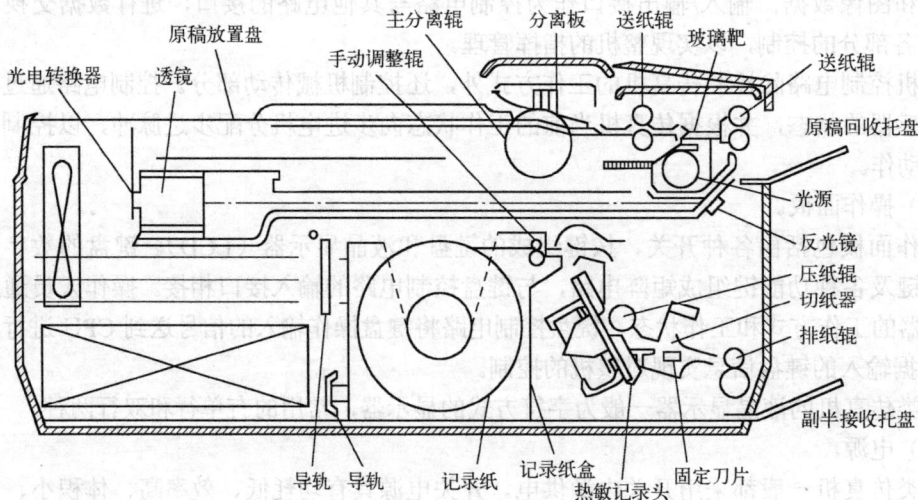

图 3-8　三类传真机的典型机械结构

① 读取系统单元。

读取系统单元有一文件原稿托盘，上面托置文件原稿。自动送纸机构由主分离辊和分离板组成，它们将放置盘内的原稿文件逐张拉出，当原稿经过两个送纸辊间的玻璃靶时，被光源发出的光照射，反射光线强度随文字或图像而变化，反光镜和透镜部分按序将反射光传到光电转换器，光电转换器再将入射光变成电信号，从而使原稿表面的信息被传感器读取，读取后原稿由原稿回收机构排出。

在读取系统单元的两送纸辊间，安有图像拾取位置传感器和图像拾取传感器。原稿在被图像拾取位置传感器判断为已到拾取位置之前是连续导进的，当到达拾取位置时则暂停，然后是一边步进地导进原稿，一边由图像拾取传感器拾取每一条扫描线图像信息。

图像拾取位置传感器一旦检测到原稿的末端，则通信控制器发出一页原稿结束信号。在证实接收后，印出发送结束标志。然后原稿再次靠输纸滚轮连续导进，收集在原稿输出箱内，并由原稿输出传感器检测原稿是否输完。这时，计数器记录发送原稿页数。

原稿导进是否正常，由图像拾取位置传感器、原稿输出传感器及定时器、计数器等配合判断。过了规定的时间或规定的步进电机驱动步进数，只要传感器末端还未检测到原稿，就以导进异常而给予"阻扰"显示。

② 记录系统单元。

记录系统单元是一个记录纸接收机构。记录纸由纸卷放出，并由手动调整辊输送到记录台。热敏记录头装在记录台上，以便将图像数据写在记录纸上。压纸辊传送记录纸，同时使记录纸紧贴热敏打印头。切纸器可切断来自压纸辊的记录纸。排纸辊将切好的记录纸送往回收盘。

在记录扫描的过程中记录纸以记录头每记录一条扫描线就前进一步的方式导进。如果为单页接收，则记录完本页的最后一条扫描线时，再从这一位置开始，继续将记录纸导进到额定的裁纸位置，然后驱动裁纸刀将纸裁断，并立即输出，记录纸的前端再退回到规定位置。如果是连续接收，则每页记录纸的前端不做退回动作，只在页与页之间的规定位置上使用裁纸刀动作。

记录完毕的记录纸，输出到输出箱内，并由输出传感器检测是否输出完毕，同时由计算器累计接收页数。

在切纸器的前面，机器装有记录纸前端位置传感器，在它的后面装有记录纸输出传感器。记录纸的导进是否正常，由记录纸前端位置传感器、记录纸输出传感器、定时器、计数器相配合来判断。过了规定的步进电机驱动步数还未检测到记录纸时，同样以导进异常处理。

现代传真机全部具有传真与复制两种工作方式。以传真方式工作时，传感器读取的图像信息被传送到其他传真机的记录系统上；以复制方式工作时，图像信息被传送到本机的记录系统上。

3.2.3　传真机的功能与规格

下面以松下（Panasonic）KX-FT876CN 三类热敏传真机为例，介绍传真机的功能与规格。

1. 主要功能

（1）支持来电显示。接电话之前就能在双行显示的液晶屏幕上看到来电者的姓名和号码（最多显示 16 个字符）。还能把这些信息打印出来留作记录。

（2）操作简便的导航键。导航键使您查找电话号码时更方便。只需用导航键浏览电话号码表，等想要的号码出现后拿起听筒就能自动拨号。该键还可用来调控系统功能和操作模式以及来电信息显示。

（3）电话簿拨号。KX-FT876CN能存储 100 个电话号码，还有 10 个快速拨号器配上下键供您存储最为常用的号码或紧急联络用的电话号码。

（4）使用数字图像处理技术的 64 级中间色调。64 级中间色调重现技术使您能传真或复印公司文书等各式文件，图像清晰逼真。

（5）复印功能。选用精细模式使复印件清晰又鲜明。

（6）自动送稿装置。该功能适用于发送和复印多页文件。自动连续送稿装置使您能一次发送或复印多达 10 页的稿件。免去费时烦人的单页手动送稿之劳。

（7）无纸接收。当记录纸用完后，本机还能用它内置的存储器记录 28 页文稿。该功能还可用来作多站点发送。

（8）逐次多站点发送（20 站点）。如果要把同样的传真发往多个站点，可通过编程让该机来自动完成。文稿将被存进存储器，然后按照您的程序顺次发往各地。

（9）免提拨号。能通过监听扩音器听到对方的声音而无须摘机。

（10）电子音量调节。根据需要可自由调节振铃（4 级）、话筒（3 级）和监听器（8 级）的音量。

（11）即插即用。在生产时已完成了初期设定。只需插上电源接好话筒，文件传送、电话、复印等基本功能马上生效（带录音电话的机型同样经过了初期设定）。发送传真与打电话没什么不同。只需把原件放进送稿匣、拨打对方号码后按下开始键即可。

（12）自动切纸。收到的传真或复印的文件将被自动切断并叠放整齐。

（13）全数字式应答系统。该机的全数字式应答系统工作起来就像一位私人秘书。当用户外出时，它会为您应答所有电话、录下留言、接收传真。它能以两种方式记录信息，能进行双向通话录音、备忘留言录音、中文语音提示，用户还能在外地使用音频拨号遥控它。

（14）数字式双向免提通话系统。该系统采用的数字压缩技术有助于减少回音、消音和断线等现象发生。

基本功能见表 3-2，高级功能见表 3-3。

表 3-2　基本功能

功能/代码	选　　择
设定日期和时间 [#][0][1]	用拨号键盘输入日期和时间
设定标志 [#][0][2]	用拨号键盘输入标志
设定传真号码 [#][0][3]	用拨号键盘输入传真号码
打印发送报告 [#][0][4]	打印关于传真传送结果的发送报告。 [0] "关"：将不打印发送报告。 [1] "开"：每次传送后都打印发送报告。 [2] "出错"（默认值）：仅在传真发送失败时打印发送报告
改变传真专用方式的振铃设定 [#][0][6]	改变在传真专用方式下本机应答来电前的振铃次数。 可以选择 "1"、"2"（默认值）、"3"、"4"、"5"、"6"、"7"、"8" 或 "9"
设定拨号方式 [#][1][3]	按 [1] 或 [2] 以选择需要的设定。 [1] "脉冲方式"：用于转盘/脉冲拨号服务。 [2] "音频方式"（默认值）：用于音频拨号服务。 按 [菜单] 退出
设定振铃音 [#][1][7]	从 3 种类型中为外部来电选择一种振铃音。可以选择 "振铃 1"（默认值）、"振铃 2" 或 "振铃 3"

表 3-3 高级功能

功能/代码	选　择
设定为自动打印通讯报告 [#][2][2]	[0] "关"（默认值）：本机将不打印通信报告。 [1] "开"：本机将自动打印通信报告
向海外发送文稿 [#][2][3]	如果即使号码正确并且线路已接通也无法发送海外传真，请在发送传真前启动此功能。 此功能通过降低发送速度来提高可靠性。 [0] "关"：关闭此功能。 [1] "下个传真"：此设定仅对下一次传真传送有效。发送之后，本机将恢复以前的设定。 [2] "出错"（默认值）：当上一次传真传送失败并且想重发文稿时。 注释： * 此功能对于多站点发送无效。 *电话费可能会高于平时
定时发送传真 [#][2][5]	[0] "关"（默认值） [1] "开" 发送文稿： 1. 插入文稿。 2. [菜单] ---- [#][2][5] 3. 按 [1] 以选择 "开" ---- [设定] 4. 输入传真号码。---- [设定] 5. 输入传送开始时间。 6. [设定] ---- [菜单]
设定为自动打印来电显示表 [#][2][6]	[0] "关"（默认值）：主机将不会打印来电显示表。 [1] "开"：主机将自动打印来电显示表
设定时间调节 [#][3][3]	使用该功能，当接收到来电者信息时，本机的日期和时间设定将被自动调节。 [1] "自动"：日期和时间设定将被自动调节。 [2] "手动"（默认值）：关闭此功能
接收超大尺寸的文稿 [#][3][6]	在打印时略缩小所接收的传真图像，以便接收的文稿与原稿的长度大致相同。 [0] "关"：关闭此功能。接收的传真图像将以与原稿图像相同的尺寸打印。 [1] "开"（默认值）：接收的传真图像打印出来后比原稿图像略小。 注释： *在打印的文稿上将添加一条窄边，因此如果关闭此功能，接收的文稿将比原稿略长。 * 实际打印百分比可能会因记录纸类型或者发送/接收机器的其他使用环境略有不同。
改变传真启动代码 [#][4][1]	如果想使用电话分机接收传真，请启动此功能并编程启动代码。 [0] "关" [1] "开"（默认值） 1.[菜单] ---- [#][4][1] 2. 按 [1] 以选择 "开"。---- [设定] 3. 使用 0 - 9、[*] 和 [#] 输入代码（2 到 4 位）。 * 默认代码是 ";#9"。 4. [设定] ---- [菜单]
设定存储器接收提示 [#][4][4]	当因出现问题而将收到的文稿存入存储器时，以哔声提醒。 [0] "关"：关闭此功能。 [1] "开"（默认值）：存在接收问题时，将发出哔声通知
设定友好接收 [#][4][6]	当应答来电并且听到传真呼叫音（慢哔声）时，自动接收传真。 [0] "关"：必须按 [传真/开始] 才能接收传真。 [1] "开"（默认值）：不必按 [传真/开始] 即可接收传真
选择语言 [#][4][8]	显示将使用所选择的语言。 [1] "ENGLISH" [2] "中文"（默认值） 1.[菜单]--- [#][4][8]

功能/代码	选　　择
选择语言 [#][4][8]	2. 按 [1] 或 [2] 以选择需要的语言 3. [设定] ---- [菜单] FOR ENGLISH USERS: If you want to change the language setting to English, proceed as follows. 1. [MENU] ---- [#][4][8] 2. Press [1] to select English. 3. [SET] ---- [MENU]
设定自动挂断 [#][4][9]	若在电话/传真方式下用电话分机应答来电，请启动此功能并编程代码。 [0] "关" [1] "开"（默认值） 1. [菜单] ---- [#][4][9] 2. 按 [1] 以选择 "开"。---- [设定] 3. 使用 0-9 和 [*] 输入 2 到 4 位的代码。 L 默认代码是 ";0"。 4. [设定] ---- [菜单]
设定扫描对比度 [#][5][8]	若要发送或复印字迹较淡或较暗的文稿，请在开始传送或复印之前设定此功能。 [1] "标准"（默认值）：用于普通的字迹。 [2] "较浅"：用于较深字迹。 [3] "较深"：用于较淡字迹。 注释： *如果为发送或复印文稿选择 "照片" 清晰度，则此功能不能生效
设定打印对比度 [#][5][9]	调整所接收的或复印的文稿的暗度。 [1] "标准"（默认值）：正常清晰度。 [2] "较深"：更深清晰度
设定误码纠错再发方式 （ECM） [#][6][8]	当传送/接收传真机与 ECM 兼容时，此功能有效。 [0] "关"：关闭此功能。 [1] "开"（默认值）：如果在传真传送/接收过程中发生错误，本机将支持通信
设定重新呼叫/闪断时间 [#][7][2]	重新呼叫/闪断时间与电话交换机或 PBX 有关。可以选择 "900ms"、"700ms"（默认值）、"600ms"、"400ms"、"300ms"、"250ms"、"200ms"、"160ms"、"110ms"、"100ms"、"90ms" 或 "80ms"。 注释： *如果通过 PBX 连接本机，可能需要更改此设定以便 PBX 功能（转接电话等）能正常工作。请咨询 PBX 供应商以取得正确的设定
更改手动接收设定中的接收方式 [#][7][3]	[1] "电话"（默认值）：电话方式。 [2] "电话 / 传真"：电话/传真方式
设定连接音 [#][7][6]	如果在发送传真时经常出现故障，此功能可以使用户听到连接音：传真音、回铃音和忙音。可以根据这些声音确认对方机器的状态。 [0] "关"：关闭此功能。 [1] "开"（默认值）：将听到连接音
改变电话/传真延迟振铃设定 [#][7][8]	如果在电话/传真方式下使用电话分机，应选择在本机应答来电之前所需的电话分机振铃次数。可以选择 "1"、"2"（默认值）、"3"、"4"、"5"、"6"、"7"、"8" 或 "9"。
将高级功能重设成默认设定 [#][8][0]	[0] "否"（默认值） [1] "是" 重设高级功能： 1. [菜单] --- [#][8][0] 2. 按 [1] 以选择 "是"。---[设定]---[设定]---[菜单]

2．主要规格

（1）适用线路：公用交换电话网络。

（2）文稿尺寸：最大宽度 216 mm，最大长度 600 mm。

（3）有效扫描宽度：208 mm。

（4）记录纸尺寸：216 mm×最长 30 m 卷纸。

（5）有效打印宽度：208 mm。

（6）传送时间：约 12 秒/页（ECM-MMR 存储器发送）×2。

（7）扫描密度。

水平为 8 像素/毫米；

垂直为 3.85 line/mm——标准清晰度，7.7 line/mm——精细/照片清晰度，15.4 line/mm——超精细清晰度。

（8）照片清晰度：64 级。

（9）扫描器类型：密接图像传感器。

（10）打印机类型：热敏打印。

（11）数据压缩系统：Modified Huffman（MH）、Modified Read（MR）、Modified Modified Read（MMR）。

（12）调制解调器速度：9600 b/s、7200 b/s、4800 b/s、2400 b/s；自动降速。

（13）操作环境：5～35 ℃，20 %～80 % RH（相对湿度）。

（14）耗电量：待机约 1.5 W；传送约 13 W；接收约 30 W（接收 20%黑色的文稿时）；复印约 35 W（复印 20%黑色的文稿时）；最大 110 W（复印 100%黑色的文稿时）。

（15）电源：220～240 V AC，50/60 Hz，1.2 A。

（16）传真存储器容量：约 28 页的存储器接收容量。（在标准清晰度下以 ITU-T 1 号测试稿为根据，不使用错误修正模式。）

3.2.4 传真机的结构和操作面板

（1）松下（Panasonic）KX-FT876CN 传真机结构，如图 3-9 所示。

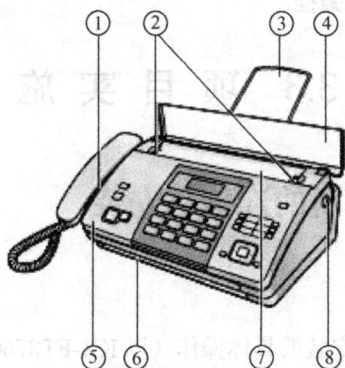

注：① 扬声器；② 文稿引导板；③ 记录纸支架（仅 KX-FT876）；④ 送稿盘；

⑤ 顶盖；⑥ 文稿出口；⑦ 文稿入口；⑧ 顶盖开盖钮。

图 3-9 KX-FT876CN传真机结构

（2）以松下（Panasonic）KX-FT876CN 传真机操作面板为例，如图 3-10 所示，说明各功能键的功能。

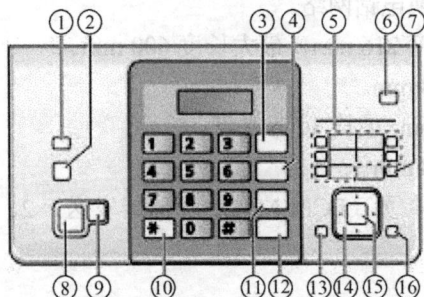

图 3-10　KX-FT876CN 传真机操作面板

①【来电显示】——使用来电显示功能。

②【停止】——停止某项操作或编程、删除字符/数字。按住以删除所有字符/数字。

③【闪断】——使用特殊的电话服务或转接分机通话。

④【重拨/暂停】——重拨上次最后拨过的号码。如果当使用【监听】按钮拨打电话时或者发送传真时占线，本机将自动重拨 2 次或以上该号码。

⑤【组键】——使用一键通功能。

⑥【自动接收】——打开/关闭自动接收设定。

⑦【下一组】——对于一键通功能选择 6～10 组。

⑧【传真/开始】——开始发送或接收传真。

⑨【复印】——复印文稿。

⑩【音频】——当线路是转盘脉冲方式时，在拨号中可暂时将脉冲改为音频。

⑪【话筒静音】——在通话过程中使对方听不到您的声音，再次按此按钮可以继续通话。

⑫【监听】——在不拿起话筒的情况下拨号。

⑬【多站点发送】——向多方传送文稿。

⑭【音量】、【电话簿】——查找存储的项目，调节音量。

⑮【设定】——在编程时存储设定。

⑯【菜单】——开始或结束编程。

3.3　项 目 实 施

3.3.1　任务一：传真机的连接与安装

1. 实施要求

掌握传真机线路连接和组件安装的具体操作（以 KX-FT876CN 传真机为例）。

视频：传真机的连接与安装

2. 实施步骤

（1）传真机的线路连接，如图 3-11 所示。

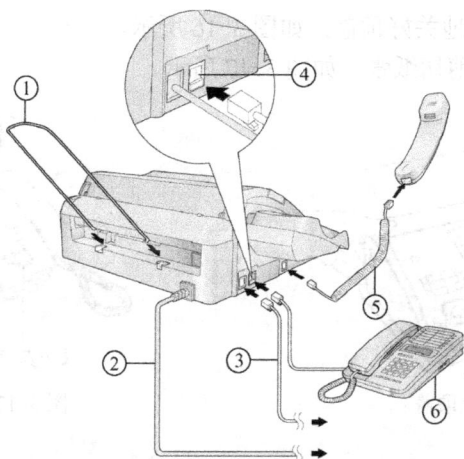

① 记录纸支架；② 电源线连接到电源插座（220～240 V，50/60 Hz）；③ 电话线连接到 [LINE] 插孔和单线电话线路插孔；④ [EXT] 分机接口插孔，如果有制动塞，则将其取下；⑤ 话筒线；⑥ 可连接电话分机。

图 3-11　传真机的线路连接

当连接传真机时，应使电源插座靠近本机并且易于插接，不要延长电话线，并尽可能地使机器远离墙壁防止记录纸卡纸。

（2）传真机安装。

① 按下顶盖开盖钮（①），打开顶盖，如图 3-12 所示。

② 安装记录纸，如图 3-13 所示。

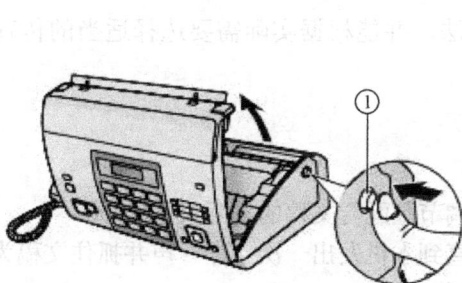

图 3-12　打开传真机顶盖

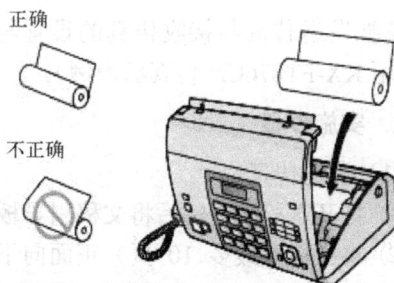

图 3-13　安装记录纸

③ 将纸张前端插入热敏头上部的开口处（①），如图 3-14 所示。

④ 将纸张拉出本机，确保卷纸上没有松弛的地方，如图 3-15 所示。

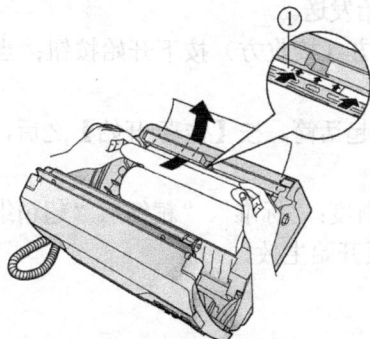

图 3-14　记录纸前端的插入位置

图 3-15　将纸张拉出本机

⑤ 向下按两端，牢固地关好顶盖，如图 3-16 所示。

⑥ 按【传真/开始】剪切纸张，如图 3-17 所示。

图 3-16　关上顶盖　　　　　　　　　图 3-17　剪切切纸

【传真/开始】

⑦ 注意事项。

● 部分传真机需要手动拉纸张撕掉多余的部分。

● 如果纸张是用胶水或胶带固定的，则在安装之前从卷纸的开始处剪去约 15 cm。

● 如果连接了电源线，在每次开、关顶盖时将打印一条信息。如果记录纸在安装时正反颠倒了，将不会打印该信息。应正确安装纸张。

3.3.2　任务二：发送传真与接收传真

1. 实施要求

掌握发送传真与接收传真的设置与操作方法，并能根据实际需要选择适当的传真方式（以松下 KX-FT876CN 传真机为例）。

2. 实施步骤

（1）发送传真。

① 打开送稿盘，然后将文稿引导板的宽度调节至配合文稿的实际尺寸。

② 将文稿（最多 10 页）正面向下插入，直到本机发出一次"哗"声并抓住文稿为止。如果文稿引导板没有调节至配合文稿，需重新调节。

③ 如果需要，请反复按【+】或【−】选择需要的清晰度。

④ 拿起话筒或按【监听】。

⑤ 拨打传真号码。

⑥ 当听到传真音时，可直接按【传真/开始】开始发送。

⑦ 若对方（接收方）口头应答呼叫时，请求对方（接收方）按下开始按钮；当听到传真音时，按【传真/开始】开始发送。

注：如果在步骤 4 中按了【监听】，说话前先拿起话筒。按【传真/开始】之后，可以放回话筒。

⑧ 选择清晰度。根据文稿类型，选择需要的清晰度："标准"、"精细"、"超精细"、"照片"，如果在送纸过程中改变清晰度设定，将从下一页开始生效。

（2）预拨传真号码和打印发送报告。

① 预拨传真号码。

可以在插入文稿之前先拨打传真号码。如果需要参阅文稿以查找对方的传真号码，此功能将非常有用。

　　a. 输入传真号码。

　　b. 插入文稿。

　　c. 按【传真/开始】。

　　② 打印发送报告。

　　发送报告可以为用户提供打印的传真发送结果记录。若要打印发送报告，应确保功能 #04 已启动（参照基本功能）。

　　（3）手动接收传真－关闭自动接收。

　　① 启动电话方式。

　　确保预先将功能#73 设定为"电话"（高级功能表）。反复按【自动接收】，直到显示出 "电话方式"。【自动接收】指示灯熄灭。

　　② 接收电话和传真。

　　拿起话筒应答来电。当需要接收文稿或者听到传真呼叫音（慢哔声）时，按【传真/开始】，将开始接收传真。

　　③ 放回话筒。

　　（4）启动电话/传真方式。

　　确保预先将功能 #73 设定为 "电话/传真"。反复按【自动接收】，直到显示出 "电话/传真方式"。【自动接收】指示灯熄灭。

　　下面介绍如何接收电话和传真。

　　① 将显示"有来电话"，但本机不振铃。

　　② 在应答来电之前，本机将等待两次振铃。

　　注：振铃次数由"电话/传真延迟振铃设定"决定（高级功能表上的功能 #78）。

　　③ 本机将应答来电，并尝试检测传真呼叫音。当检测到传真呼叫音时本机自动接收传真而不振铃；当未检测到传真呼叫音时本机将振铃，用户可以应答来电。

　　注：若要用本机的话筒应答，请拿起话筒然后与对方通话。

　　注：若要使用连接到本机【分机接口】插孔的其他电话应答，请拿起话筒，然后按本机上的【停止】即可与对方通话。

　　若要用与本机连接到同一电话线路的另一部电话应答，请拿起话筒，然后按【*】【0】（默认的自动挂断代码，高级功能表上的功能 #49）与对方通话。

　　注：如果不应答来电，本机将启动传真功能。

　　（5）自动接收传真－打开自动接收。

　　启动传真专用方式：反复按【自动接收】，直到显示出"传真方式"。显示屏上将显示传真专用方式下的振铃次数。如果需要更改振铃次数，请重复按【+】或【-】直到出现所需要的数字，按【设定】。

　　注：【自动接收】指示灯亮。

　　接收传真：当收到来电时，本机将自动应答所有来电，但是仅接收传真文稿。

　　（6）在传送或接收传真之后与对方通话。

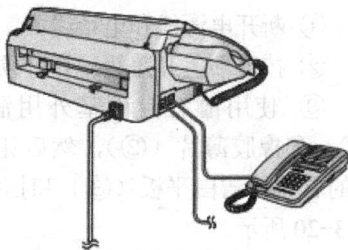

图3-18 设置电话/传真方式

发送或接收传真后可以与对方通话（语音联系功能）。

① 启动语音联系。

a. 发送或接收传真时按 【监听】。

b. 本机将显示 "请等听电话"。对方的传真机将振铃。

c. 当对方应答时，本机将振铃并将显示 "请提话筒"。

d. 拿起话筒开始通话。

② 接收语音联系请求。

a. 如果对方启动语音联系，本机将振铃并且显示"请提话筒"。

b. 在 10 秒内拿起话筒，并开始通话。

3.3.3 任务三：传真机的复印操作

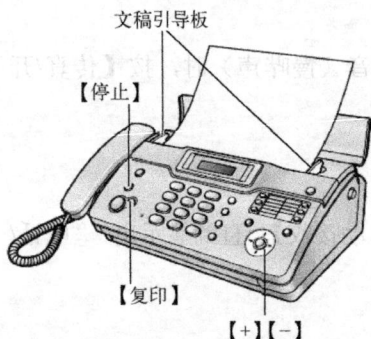

图 3-19 传真机的复印操作

多数传真机都带有复印功能，具体操作步骤如下。

（1）打开送稿盘，然后将文稿引导板（②）的宽度调节至配合文稿的实际尺寸，如图 3-19 所示。

（2）将文稿正面向下插入，直到本机发出一次"哗"声并抓住文稿为止。

（3）如果文稿引导板没有调节至配合文稿，重新调节。

（4）如果需要，请反复按【+】或【−】选择需要的清晰度。

（5）按【复印】开始复印。

3.3.4 任务四：传真机的清洁保养

1. 实施要求

掌握传真机日常的清洁保养操作，包括清洁送稿器、扫描器和热敏打印头（以 KX-FT876CN 传真机为例）。

2. 实施步骤

（1）清洁送稿器/扫描器玻璃。在下列情况下清洁送稿器，一是文稿经常走纸不顺；二是发送或复印时在文稿上出现污迹或黑白线。具体步骤如下。

① 断开电源线和电话线。

② 按下顶盖开盖钮，打开顶盖，如图 3-13 所示。

③ 使用蘸有异丙基外用酒精的布清洁送纸滚筒（①）和橡胶薄片（②），然后让所有部件完全干燥，用干的软布清洁白平板（③）和扫描器玻璃（④），位置如图 3-20 所示。

注意：不要使用纸产品清洁，如纸毛巾或纸巾等。

④ 连接电源线和电话线。

⑤ 向下按两端，牢固地关好顶盖。

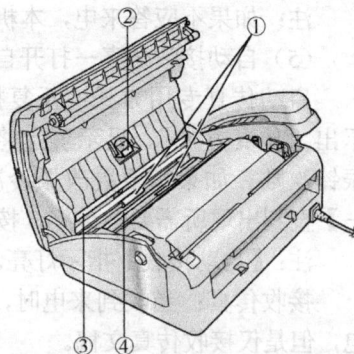

图 3-20 清洁送稿器和扫描器的位置

（2）清洁热敏头。如果在复印/接收的文稿上出现污迹或黑白线，应检查热敏头上是否有灰尘，并清洁上面的灰尘，具体步骤如下。

① 断开电源线和电话线。

② 按下顶盖按钮打开顶盖，小心地取出记录纸，如图 3-21 所示。

③ 使用蘸有异丙基外用酒精的布清洁热敏头，如图 3-22 所示，然后让所有部件完全干燥。

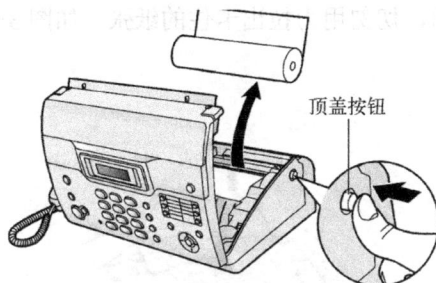

图 3-21 取出记录纸

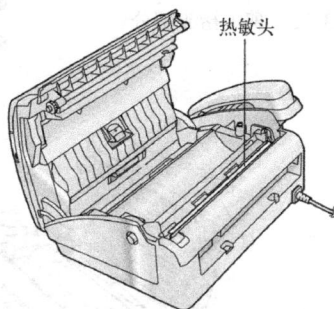

图 3-22 热敏头位置

注意：为防止因静电而导致工作不正常，不要使用干布，也不要直接触摸热敏头。

④ 连接电源线和电话线。

⑤ 安装记录纸，然后向下按两端，牢固地关好顶盖。

3.3.5 任务五：传真机常见故障的判断与检修

1. 实施要求

掌握常见的故障检修判断和解决办法，尤其是卡纸检修。

2. 实施步骤

（1）卡纸的检修方法。

① 记录纸卡纸检修，具体步骤如下。

● 按下顶盖开盖钮，打开顶盖，如图 3-13 所示。

● 将切纸器释放杆（①）向前拉，切纸器将被释放，如图 3-23 所示。

● 取出褶皱记录纸，如图 3-24 所示。

图 3-23 拉动切纸器释放杆

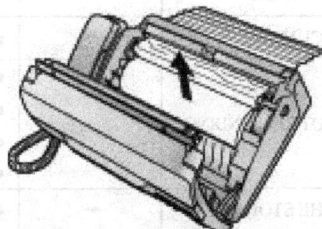

图 3-24 取出褶皱记录纸

视频：传真机常见故障的
判断与检修

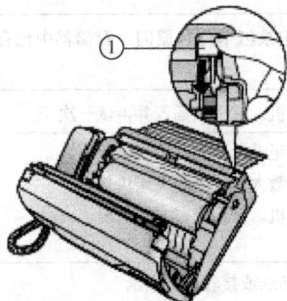

● 剪下褶皱部分，如图 3-25 所示。

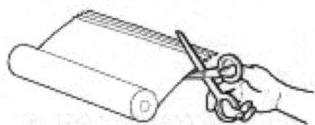

图 3-25　剪下褶皱部分

● 安装记录纸，然后向下按两端，牢固地关好顶盖。

② 文稿卡纸检修，具体步骤如下。

● 按下顶盖按钮（①）打开顶盖，小心地取出卡住的文稿（②），如图 3-26 所示。

● 向下按两端，牢固关好顶盖。

● 在打开盖之前，切勿用力拉出卡住的纸张，如图 3-27 所示。

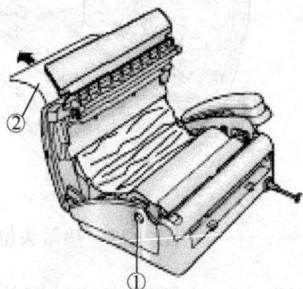

图 3-26　文稿卡纸部位

图 3-27　取出卡纸的错误操作

（2）通过报告出错信息来判断检修。

如果在传真传送或接收过程中发生问题，表 3-4 中的一条信息将打印在发送报告和通信报告上。

表 3-4　信息及其故障原因和解决方法对照表

信　　息	代　码	原因和解决方法
COMMUNICATION ERROR	40-42	● 发生了传送或接收错误。请再试一次或检查对方的情况
	46-72	
	FF	● 发生线路故障。请将电话线连接到另一个插孔，然后再试一次。
	43	● 发生了海外传送错误。请尝试使用海外发送方式
	44	
DOCUMENT JAMMED	—	● 文稿被卡住。清除卡住的文稿
ERROR-NOT YOUR UNIT	54	● 因为对方传真机的故障而发生了传送或接收错误。请检查对方的情况
	59	
	70	
MEMORY FULL	—	● 由于记录纸不够或记录纸卡住等原因，存储器中已存满了收到的文稿。安装纸张
NO DOCUMENT	—	● 文稿没有正确送入本机。请重新插入并再试一次
OTHER FAX NOT RESPONDING	—	● 对方的传真机占线或记录纸用完。请再试一次。 ● 对方传真机的振铃次数太多。手动发送传真。 ● 对方的机器不是传真机。请检查对方的情况。 ● 拨打的号码无效
PRESSED THE STOP KEY	—	● 按了【停止】，传真传送或接收已被取消
OK	—	● 传真传送或接收成功

（3）传真机部分功能不工作的检修。

如果按照说明操作后仍不能解决问题，请重设本机。若要重设本机，请断开电源线，然后再次连接，具体情况分类如下。

① 初始设定问题（见表 3-5）。

表 3-5 初始设定问题及其原因和解决方法

问　题	原因和解决方法
听不到拨号音	● 电话线被连接到本机的【EXT】插孔。连接到【LINE】插孔。 ● 如果使用分离器连接本机，请将其取下，将本机直接连接到墙壁插孔。如果本机工作正常，则检查分离器。 ● 将本机的电话线拔下，然后连接一台工作正常的电话机。如果此电话工作正常，请与维修人员联系以便修理本机。如果此电话不能正常工作，请与电话公司联系。 ● 没有连接电源线或电话线。检查连接。 ● 如果通过计算机调制解调器连接传真机，则将传真机直接连接到电话线插孔
不能打电话	● 电话线路拨号方式设定有错误。请改变设定（#13）
本机不振铃	● 关闭了振铃音量。调节音量

② 一般情况问题（见表 3-6）。

表 3-6 一般出现的问题及其原因和解决方法

问　题	原因和解决方法
对方抱怨他们只能听到传真音但不能通话	● 设定了传真专用方式。请通知对方此号码是传真专用号码。 ● 更改接收方式：电话方式或电话/传真方式
本机会发出"哗"声	● 记录纸已用完。请按【停止】停止，听到"哗"声后安装纸张

③ 发送传真问题（见表 3-7）。

表 3-7 发送传真时常见问题及其原因和解决方法

问　题	原因和解决方法
不能发送文稿	● 电话线被连接到本机的【EXT】插孔。连接到【LINE】插孔。 ● 对方的传真机占线或记录纸用完。请再试一次。 ● 对方没有传真机。请检查对方的情况。 ● 对方传真机未能自动接收传真。手动发送传真
不能发送海外传真	● 请使用海外传送方式（#23） ● 在电话号码结尾加两次暂停或手动拨号
对方反馈其收到的文稿上的文字变形或不清晰	● 另一台线路上的电话没有挂机。放回电话，然后再试一次。 ● 尝试复印文稿。如果复印图像清晰，则说明可能是对方的机器有问题。 ● 使用功能 #58 调节扫描对比度（高级功能）
对方反馈其收到的文稿上有黑线、白线或污迹	● 扫描器玻璃、白平板或滚筒因为粘有涂改液等变脏了。清洁它们。在文稿上的涂改液完全干燥之前，请不要插入文稿

④ 接收传真问题（见表 3-8）。

表 3-8　接收传真时常见问题及其原因和解决方法

问　题	原因和解决方法
不能接收文稿	● 电话线被连接到本机的【EXT】插孔。连接到【LINE】插孔。 ● 由于记录纸不够或记录纸卡住等原因，存储器中已存满了收到的文稿。安装纸张或清除卡住的纸
不能自动接收文稿	● 接收方式被设定为电话方式。更改接收方式：仅传真方式或电话/传真方式。 ● 应答来电的时间太长。减少本机应答来电前的振铃次数
虽然显示"连接中……"，但没有收到传真	● 接收方式设定为仅传真方式，并且来电不是传真。更改接收方式：电话方式或电话/传真方式
本机排出空白纸张	● 记录纸安装不正确。确保纸张明亮面朝下，然后重新安装纸张。 ● 对方没有将文稿正确地放在其传真机上。请检查对方的情况
打印质量差	● 热敏头脏了，清洁它。 ● 调整打印对比度，使用功能键#59。 ● 如果能够正确复印文稿，则说明本机工作正常。对方发送的文稿可能不清晰或对方的传真机有问题。请求他们发送更清晰的文稿或检查他们的传真机
当连接了电话分机时，按【*】【#】【9】不能接收文稿	● 必须预先将遥控传真启动设定为开。 ● 确切地按【*】【#】【9】。 ● 由于记录纸不够或记录纸卡住等原因，存储器中已存满了收到的文稿。安装纸张或清除卡住的纸

⑤ 复印问题（见表 3-9）。

表 3-9　复印时常见问题及其原因和解决方法

问　题	原因和解决方法
本机不能复印	● 在编程过程中不能进行复印。 ● 在通话过程中不能进行复印
在复印的文稿上出现黑线、白线或污迹	● 扫描器玻璃、白平板或滚筒因为粘有涂改液等变脏了。清洁它们。在涂改液完全干燥之前，请不要插入文稿
复印文稿空白	● 记录纸安装不正确。确保纸张明亮面朝下，然后重新安装纸张
复印图像变形	● 将文稿引导板的宽度调节至配合文稿的实际尺寸
打印质量差	● 热敏头脏了。清洁它。 ● 使用功能#59调整打印对比度

3.3.6　任务六：传真机的选购

目前传真机主要有商用机和家用机两类，两者在功能、价格上均有较大差异。若收发传真的数量不大、频率不高，则购买家用机较为合算；否则，则应选择功能比较全面、高速的商用机。选购时要注意以下几点。

1．按记录方式

传真机按记录方式可分为：热敏纸记录方式和普通纸记录方式。

目前采用热敏纸记录方式的传真机较多，热敏纸传真机价格便宜、轻巧、美观、实用，但收到的传真不便长期保存。采用普通纸记录的传真机是发展趋势，适合长期保存，但耗材费用较高。

普通纸传真机分为喷墨普通纸传真机、色带普通纸传真机、激光普通纸传真机三种。喷墨及色带普通纸传真机价格适中、稿件便于保存、功能齐全，但接收的效果及分辨率较差、图像层次感较低。激光普通纸传真机图像接收效果好，并可以与计算机联网、收/发传真速度快、内存量大、价格较高。

2. 传真机速率

常见传真机速率为 33.6～9600 kbps 速率之间，高速传真机可节省大量的通信费用。

3. 清晰度

77 line/mm 扫描密度的传真机，只能传送大字体文件，若发送的传真字体很小，则需选择 154 line/mm 的传真机；而决定传真品质的是半色调的级数，一般文件应为 16 级，数字表格适合 16 级或 32 级，图片或照片应首选 64 级。ITU-T（国际电工委员会）规定了下列标准和可供选择的分辨率。

（1）标准（STANDARD）：8 点/毫米（203 点/英寸）、3.85 线/毫米（98 线/英寸）；

（2）精细（FINE）：8 点/毫米（203 点/英寸）、7.7 线/毫米（196 线/英寸）；

（3）超精细（SUPERFINE）：8 点/毫米（203 点/英寸）、15.4 线/毫米（391 线/英寸）。

超精细功能的传真机在复印或发送时，可避免对细小文字、复杂图像的处理中丢掉某些细节，以造成副本的可读性不强。

4. 扫描方式

传真机的扫描方式可分为电荷耦合扫描（CCD 扫描）和接触式图像扫描（CIS 扫描）。采用 CCD 扫描方式的灰度级一般为 16～64 级，而采用 CIS 扫描方式的灰度级一般为 8～32 级。当对含有图像的稿件进行复印或发送时，CCD 扫描方式优于 CIS 扫描方式，得到的图像更加清晰，层次更加丰富。

5. 传真幅面

大多数传真机传送的都是 A4 幅宽，但很多文件会因幅面的限制而无法传送。如果你经常传送宽幅的文稿，就需要选择 B4 甚至 A3 的传真机。

6. 附加功能

附加功能在一定程度上表现了传真机的档次。在同等价格下，当然最好有存储发送、定时接收、无纸接收、自动重拨、语音答录、自动切纸等附加功能了。

7. 品牌售后服务

无论购买何种品牌，均建议在该品牌代理商、有维修能力的商家购买，以求有可靠的售后服务。购买时，注意产品保修卡、中文说明书、出厂编号、CIB 标志、长城标志、入网标志以及适应中国电压的电源（220 V、50～60 Hz），正规传真机的电源插头应为三向扁插头。

8. 试机检测

当场试机，注意复印件文字是否清晰（国家标准要求 5 号字应可辨认）；辨认具有中间色调功能的传真机时，复印图像信息是否层次丰富、逼真；检查走纸是否正常、切纸是否整齐及振动、噪声大小等，以求购得性能稳定的传真机。

3.4 拓展知识：OA 系统中的现代通信技术

3.4.1 数字用户线路（DSL）技术

1. DSL 技术概论

互联网兴起时，人们通过电话线拨号上网，速度慢，不能满足用户日益增长的需求。

DSL 即数字用户线路，是以电话线为传输介质的传输技术组合。DSL 技术在传递公用电话网络的用户环路上支持对称和非对称传输模式，解决了经常发生在网络服务供应商和最终用户间的"最后一公里"的传输瓶颈问题。由于 DSL 接入方案无须对电话线路进行改造，可以充分利用已经被大量敷设的电话用户环路，大大减少了额外的开销。因此，利用铜缆电话线提供更高速率的因特网接入，更受用户的欢迎，得到了各个方面的重视，在一些国家和地区得到大量应用。

DSL 包括ADSL（Asymmetric Digital Subscriber Line，非对称数字用户线）、RADSL、HDSL和VDSL等。

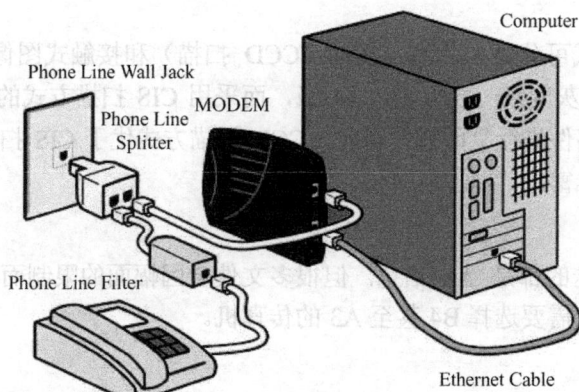

图 3-28　调制解调器

2. 技术优势

专家指出，在 DSL 的速度快过有线电视调制解调器的网络连接中，性能的不同还可能要归结为不同系统的不同架构。线缆调制解调器基于共享式网络，在这种网络环境中，每个在一定的近距离范围内的用户都共享通向同一个线缆路流的路径。而 DSL 系统则不同，每一个用户都有一个专线连接到电话公司的中心机房。

由于覆盖面的问题，有人认为 DSL 的最佳应用领域是商用市场，而 Cable MODEM 主要针对家庭市场。但 DSL 的支持者认为，DSL 照样可以实现家庭办公。这主要因为以下几点。首先，DSL 安装简单。铜线是现成的，本地电话交换公司可以帮用户接入。而在用户家中安装双向 Cable MODEM 则要求附近已经敷设了光纤主干道。其次，DSL 可以保证带宽。Cable MODEM 的带宽需要共享，而且没有服务等级保证。电信公司则可以通过 DSL 线路向每一位客户提供特定的带宽服务。再次，DSL 性能优于电缆。电缆似乎性能更好，但在负载比较重的分支，每位 Cable MODEM 用户享有的带宽会迅速下降。最后，对于构建家庭局域网的场合，如果用户家里拥有一台以上的 PC，可能需要把它们全部连接起来。Cable MODEM 并不具备分地址和局域网功能。而有些 DSL 解决方案可以使用户拥有多条虚拟线路，不必增加连线就能实现打印和文件共享。此外，如果使用 DSL，用户可以建立一个虚拟专用网，完全避开 Internet，并可以拥有一个固定或动态的 IP 地址，而电缆只能提供动态分配地址。

3.4.2 无线网络实现移动 OA

办公自动化设备向高性能、多功能、复合化和系统化发展；办公系统向数字化、智能化、无纸化、综合化发展；多媒体技术在办公自动化领域中将得到进一步发展；网络通信在办公自动化系统中的地位进一步加强，全球网络体系将逐步完善。

无线局域网可以弥补以光纤通信为主的有线网络的不足，适用于无固定场所或有线局域网架设受限制的场合，当然，同样也可以作为有线局域网的备用网络系统。WLAN 目前广泛应用 IEEE802.11 系列标准。其中，工作于 2.4 GHz 频段的 820.11 可支持 11 Mbps 的共享接入速率；而 802.11a 采用 5 GHz 频段，速率高达 54 Mbps，它比 802.11b 快 5 倍，并和 820.11b 兼容，给人们的生活工作带来了很大的方便与快捷。

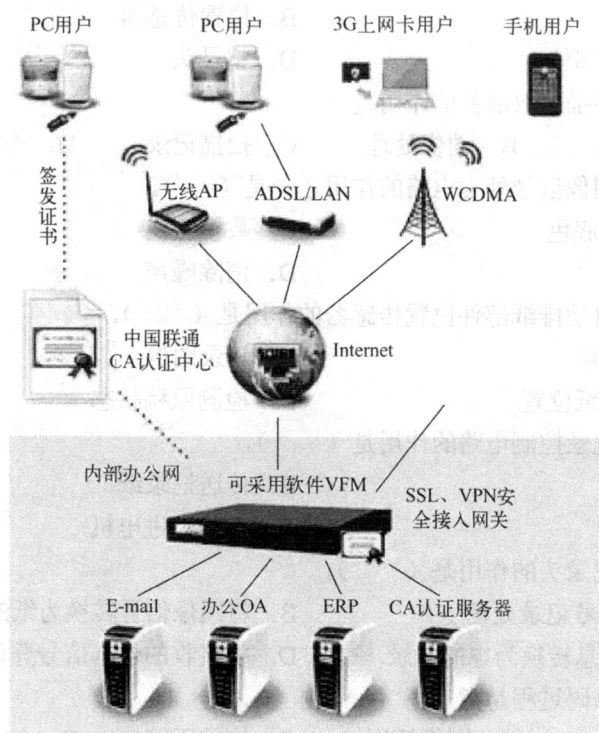

图 3-29 无线网络实现移动 OA

3.5 小 结

本项目讲授了传真机的基本概念、原理和构成、操作和维护等知识。每个子任务均配以说明图，让读者可以一步步地按照说明进行操作。另外，在知识扩展部分介绍了 OA 系统中现代通信的新技术，使读者可以延伸学习。

传真机经过十几年的快速发展，早已成为人们普遍接受并广泛使用的信息沟通工具。但传真机在给人们的工作生活带来便利的同时，其弊端也日益凸显：费耗材、费纸张、易卡纸、易故障、有噪声等成为困扰用户的问题。随着绿色环保概念的不断加深和无纸化办公的快速推行，传真的数码化和网络化已成为必然趋势。越来越多的用户开始把目光聚集在更具特色的一体机上，一体机正逐渐掠夺传真机的市场。

习题与思考

一、选择题

1. 三类传真机自动进稿部件由（　　）控制。
   - A. 步进电机
   - B. 位置传感器
   - C. 扫描拾取部件
   - D. 记录头

2. 三类传真机扫描拾取部件的作用是（　　）。
   - A. 分页送稿
   - B. 图像处理
   - C. 扫描记录
   - D. 逐行光电转换

3. 三类传真机图像信号处理电路的作用之一是（　　）。
   - A. 调节原稿底色
   - B. 数模变换
   - C. 光电转换
   - D. 消除噪声

4. 三类传真机自动排纸部件位置传感器的作用是（　　）。
   - A. 传送记录纸
   - B. 记录图像
   - C. 检测记录纸位置
   - D. 检测原稿状态

5. 三类传真机记录控制电路的作用是（　　）。
   - A. 传送原稿
   - B. 传送记录纸
   - C. 记录分段
   - D. 驱动步进电机

6. 三类传真机记录头的作用是（　　）。
   - A. 将图像信号记录处理
   - B. 将图像信号转换为纸的信息
   - C. 将原稿信息转换为电的记录
   - D. 将接收的传真信号登记

7. 三类传真机编码过程是指（　　）。
   - A. 图像压缩
   - B. 图像解压
   - C. 信号压缩
   - D. 信号解压

8. 三类传真机调制电路的作用是（　　）。
   - A. 图像信号编码
   - B. 图像信号解码

C. 图像数据加载　　　　　　　　D. 图像数据卸载

9. 三类传真机原稿沿水平方向的扫描称为（　　）。

　　A. 副扫描　　　　B. 主扫描　　　　C. 场扫描　　　　D. 帧扫描

10. 四类传真机主要用于（　　）和设备进行通信。

　　A. 公用数据网　　　　　　　　B. 公用电话网

　　C. 电报网　　　　　　　　　　D. 局部网

11. CCD 器件又称为（　　）。

　　A. 电荷耦合光敏器件　　　　　B. 电荷光敏器件

　　C. 光电耦合器件　　　　　　　D. 热敏器件

12. 常用的三类传真机使用的纸是（　　）。

　　A. 普通纸　　　　B. 蜡纸　　　　C. 感热纸　　　　D. 激光纸

13. 能使通信的双方具备在同一时刻发送与接收数据的能力，即在同一条通信线路上数据可以同时双向传输的信道称为（　　）。

　　A. 单工信道　　　　　　　　　B. 半单工信道

　　C. 全双工信道　　　　　　　　D. 半双工信道

14. 三类传真机自动进稿部件的作用是（　　）。

　　A. 传送原稿　　　B. 逐行扫描　　　C. 光电转换　　　D. 控制整机

15. 三类传真机原稿位置传感器的作用是（　　）。

　　A. 监控原稿的导进情况　　　　B. 监控原稿的宽度

　　C. 监控原稿的质量　　　　　　D. 监控原稿的底灰

16. 三类传真机扫描拾取部件中关键器件是（　　）。

　　A. 荧光灯　　　　B. 透镜　　　　C. 折射镜　　　　D. 电荷耦合器件

17. 三类传真机图像信号处理电路的作用之一是（　　）。

　　A. 模数变换　　　B. 数据编码　　　C. 数据译码　　　D. 光电转换

18. 三类传真机自动排纸部件的作用是（　　）。

　　A. 传送原稿　　　　　　　　　B. 传送记录纸

　　C. 扫描记录　　　　　　　　　D. 检测导进情况

19. 三类传真机原稿沿走纸方向的扫描称为（　　）。

　　A. 副扫描　　　　B. 主扫描　　　　C. 行扫描　　　　D. 水平扫描

20. 三类传真机记录头由（　　）电路进行控制。

　　A. 传感器　　　　　　　　　　B. 步进电机

　　C. 扫描拾取部件　　　　　　　D. 记录控制

二、简答题

1. 简述三类传真机的主要功能及特点。

2. 传真通信的基本过程是什么？通信过程中，各部分的主要功能是什么？

3. 安装传真机对环境有哪些要求？要注意什么问题？

4. 一般传真机操作面板上有哪些控制键？其主要功能是什么？

5．简述传真机的3项基本操作步骤。

6．使用传真机应做好哪些日常维护与保养？

7．传真机的定期维护包括哪两部分？各部分怎样维护？

8．传真机的组成原理是什么？

9．传真机的分类及性能有哪些？

10．传真机的选购应注意哪些？

11．如何进行传真机的维护与保养？

项目 **4**

复印机的使用与维护

4.1 项 目 分 析

主要内容

本项目主要介绍光学复印机、数码复印机的工作原理，以及结构组成、技术指标、使用和维护维修方法。使学习者对复印机有一个全面的认识过程。

学习目标

1. 知识目标

（1）复印机的工作原理；

（2）光学复印机与数码一体化复印机的区别；

（3）复印机的基本结构；

（4）复印机的维护及维修方法。

2. 技能目标

（1）能正确使用光学及数码复印机。

（2）能根据复印机的工作原理进行设备的选购与维护。

（3）能根据复印机的工作原理对复印机进行简单的维修。

4.2 相 关 知 识

4.2.1 复印机概述

美国物理学家卡尔逊（C. F. Carlson）和他的助手在 1938 年 10 月 22 日探索静电复制法获得成功。他们利用涂硫的锌板作为感光板，在暗室中用手帕摩擦硫薄膜表面使之带电，然后把写有文字的玻璃板遮在感光板前面，用白炽灯进行曝光，形成静电潜像，再用石松子粉作为显影粉撒在感光板上，吹去多余的粉，玻璃板上的文字就以墨粉像的形式在感光板上显现出来，他们又用蜡纸覆在感光板上，经过加热加压，使粉像转印到蜡纸上，世界上第一张静电复印品诞生了。在以后的 12 年中，由于硒及其他光敏材料的出现，电晕充电、转印技术的应用，显影方法的不断改进，促进了静电复印技术的发展。1950 年，美国施乐公司（当时叫哈洛伊德公司）制成了世界上第一台手工操作的平板式硒静电复印机。1954 年，转鼓式静电复印机代替了平板式静电复印机，其关键就是把多项工序依次间隔作业法改为多项工序同时连续作业法。这一改革为提高复印速度开辟了道路，从而出现了机械化、自动化水平很高的高速转鼓式静电复印机。20 世纪 60 年代，美国施乐公司又首次推出了 xerox914 型办公自动化复印机。随之开始了彩色复印的研究，采用三基色分解的方法，另加黑色后成为四色复印。20 世纪 70 年代后期，在第三次国际静电摄影会议上发表了用光电泳方法一次彩色成像的研究报告，这比以前所采用的方法又前进了一步。到了 20 世纪 90 年代，出现了激光彩色复印机。

复印技术是把光电导和静电这两个不相干的现象结合在一起的一种新型的摄影方法，它是集机械、微电子、光学技术等为一体的现代复印技术。利用静电和某些具有光电导特性的材料在光的作用下从绝缘体变成导电体这一原理进行照相并以硬拷贝（复印品）的形式快速输出，彻底改变了办公室工作的落后面貌，复印机是静电摄影技术的具体应用，了解静电复印原理是掌握复印机使用与维护的基础。

4.2.2　静电复印技术

1. 静电复印机的质量标准

我国静电复印机专业标准包括两大部分：关于整机性能要求和复印副件图像质量的要求。

（1）静电复印机适用的电压和环境条件：电源电压为 220 V±20%，50 Hz；环境温度为 10～35℃；环境相对湿度为 30%～70%。

（2）静电复印机的启动时间（即从开机到可以复印的时间）应少于 3.5 min。

（3）供纸失误率不大于 1%，即在复印过程中，空送纸或多送纸的张数占复印总张数的比例不大于 1%。

（4）输纸故障率不大于 0.1%，输纸故障率是指在考核时间内发生输纸故障的总次数占复印总数的百分比。

（5）无故障复印量不少于 5000 次，这是反应复印机连续工作的可靠性指标。

（6）整机寿命不低于 5 年或 50 万次。

（7）噪声水平：A0 和 A1 幅面的复印机不大于 75 dB；A3 和 A4 幅面的复印机不大于 70 dB。

（8）稿台允许最高温度为 70℃。

2. 静电复印的基础技术

（1）光电导现象。

自然界某些材料遇光后电性质会发生变化。由绝缘体变成具有一定导电能力的导电体，当它重新回到黑暗中去时，又从导电体变回绝缘体，这种现象就是通常所说的"光电导现象"。可以用一个式子表示为：

绝缘体+光量子 <u>激活</u> 导电体

如硒、硫化镉等一些材料，将它们置于暗处时，电阻率很高，往往达到 $10^{15}\Omega \cdot cm$ 或更高。经过一定波长的光照射后，电阻率明显下降，往往在 $10^{10} \sim 10^{12}\Omega \cdot cm$ 或更低。停止光照重新置于暗处时，电阻率又重新回到原来的水平。如果给其施加一个电场，光照部分和未光照部分通过的电流强度就会有明显的差异。静电复印就是利用这些材料的光电导特性，利用静电高压电晕放电使感光板表面沉积一定量的电荷，将被摄物（原稿）的影像投射到感光板表面就会形成一个肉眼看不见的静电电荷图像，再通过"显影"，将电荷图像变成肉眼可见的色剂图像输出，将其称为"电子照相"或"电摄影"。感光型半导体充电后工作示意图如图4-1所示。

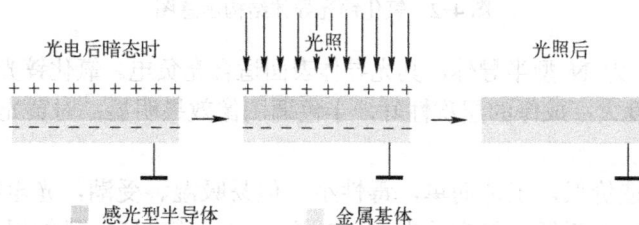

图 4-1　感光型半导体充电后工作示意图

（2）光导体的充电方式。

应用电晕放电方法，使光导体表面带电或消除其表面电荷是静电复印机中的一项重要技术。

电晕放电是尖端放电的一种特定形式。每个电荷都在其周围空间形成一个电场，电荷之间的相互作用都是通过电场来实现的。在空气中存在着一定数量的带正电或带负电的空气分子——离子。在同一电场中，空气中的正、负离子受到方向相反的作用力，向相反方向做加速运动，和周围的中性空气分子发生碰撞，就会把中性分子里面的一个或者几个电子撞掉，形成新的正离子，而被撞出去的电子附着到其他中性分子上，从而形成新的负离子。电场强度越大，这种碰撞越强，一个撞两个，两个撞四个，这种雪崩式的猛烈碰撞，形成一碰撞电离层，使空气中的离子数量急剧增加，这种空气的电离化，使得原来并不导电的空气变得导电。由于带电物体的尖端部位电荷最集中，电场最强，空气的电离化程度也最高，大量电荷通过电离化空气跑到空中，就形成了尖端放电，它反过来又促进了空气的电离化。在这种空气被高度电离化的状态下，产生了一种柔和的雾状辉光——电晕，称为电晕放电。在静电复印机的工作过程中，就是利用这一电晕放电的方法对光导体进行充电（或消电）的。

（3）常用光导体材料。

① 硒（Se）光导体。

硒的元素符号为 Se，有结晶和非结晶两种状态。非结晶态有无定形硒、玻璃态硒和圆柱形硒等。其中无定形硒是目前静电复印机中使用最多的光电导材料。

② 硒合金光导体。

在纯硒中掺入一定量的砷（As），可以使其光谱响应范围扩大，同时增加硬度。实用的硒砷合金光导材料中再掺入少量其他元素，已用在较高速度的复印机上，效果较好，因此，近期高速复印机中大量使用的是硒碲（Se-Te）合金光导体。这种光导体的残余电位有明显下降；表面硬度提高；使用寿命延长，可复印 15 万张 A4 纸。除硒碲合金外，还有三硒化二砷（As$_2$Se$_3$）光导体，其性能也很好，已被用于激光复印机中。

③ 氧化锌光导体。

氧化锌光导体的结构示意图如图4-2所示。

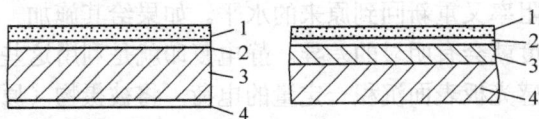

（a）直接法光导体：1—光导层；2—预涂层；3—纸基；4—预涂层。
（b）间接法光导体：1—光导层；2—中间层；3—铝层；4—纸基。

图4-2　氧化锌光导体结构示意图

氧化锌（ZnO）为 N 型半导体，其光导体表面适合充负电。氧化锌光导体与其他光导体相比，曝光的宽容度大；成像的层次性好，半色调图像效果明显；对黄光敏感，适合复印已变黄的旧原稿。

氧化锌光导体造价低，工艺简单，毒性小。但易吸湿、受潮，光电特性变坏，而且光疲劳快，寿命短，每张版纸只能充放电 1000 次左右；感度低，只能用于低速复印机；光导层机械强度差、易脱落，清洁时不能用刮板，只能用毛刷或显影器的磁刷清洁。

④ 硫化镉光导体。

硫化镉（CdS）的暗、明电阻比值可达 106 个数量级，是目前光导材料的佼佼者，是制作光敏电阻、光敏晶体管和光电池的最重要的材料之一。

硫化镉属于 N 型半导体，光谱适应范围较宽，对光的灵敏度虽高，但暗电导率较其它光导体也高，为了形成高反差的静电潜像，光导体制成三层结构，最外层为透明的绝缘膜。三层结构的硫化镉光导体，在使用中充正电。这是由光导体的结构和硫化镉的整流特性决定的。硫化镉光导体也可制成两层结构，表面充负电，如美能达公司 EP—310 型复印机采用就是两层结构的硫化镉鼓。由于其表面没有保护膜，对操作者身体不利，也不利于废光导体的处理，因此很少使用。

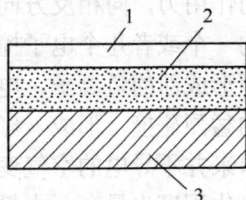

注：1—绝缘层；2—光导层；3—基体。

图4-3　硫化镉光导体结构示意图

硫化镉光导体结构示意图如图4-3所示。

三层结构硫化镉光导体的突出优点是静电潜像电位差大，复印出的图像反差大。因表层加有绝缘膜，使光导体的耐磨性好。由于对光的灵敏度高，能用在各种速度的机器上。

这种光导体表层的绝缘膜，对图像的分辨率有一些影响。硫化镉对温度很敏感，而且怕潮，因此，使用硫化镉光导体的机器，大多数在鼓内装有加热器，以保证恒温、除湿。

⑤ 有机光导体。

有机光导体结构示意图如图4-4所示。

有机光导体用有光敏特性的有机材料制成。有机光导材料有许多种，现在复印机上使用的多是聚乙烯咔唑（PVK），是德国 Kalle 公司于 1958 年研制成功的。这种材料的光谱适应范围在紫外区，实际使用时需要增感，把适应范围移到可见光

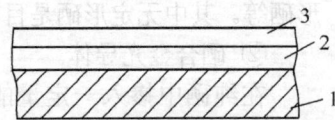

注：1—基体；2—导电层；3—光导层。

图4-4　有机光导体结构示意图

区。增感剂由美国 IBM 公司试验成功，其用三硝基芴酮（TNF）对 PVK 进行增感，制成了较高感光度的有机光导材料，以后又相继出现了多种有机光导材料，使有机光电导材料在静电复印技术中的应用前景变得更加宽阔。同时，由于有机光导材料可以进行人工合成，有成本低、无毒、质轻等优点，涂层不易脱落，寿命较长，一般充放电可在 6000～10000 次或更多。目前的使用寿命已达 10 万次以上。这种光导体多为二层结构，暗电阻率很高，有利于充电，既可充正电也可充负电，但充负电效果更好些，实际应用中一般充负电。

3．静电复印机的基本工作原理

（1）卡尔逊法。

卡尔逊法是静电复印技术的基础，适合这种复印方法的光导材料主要有硒（Se）、氧化锌（ZnO）和有机光导体（OPC）等。卡尔逊法的基本过程包括：充电、曝光、显影、转印、定影、清洁六个步骤。

① 充电。通常是采用电晕放电的方法（或称为电晕充电法）对硒鼓进行充电，如图 4-5（a）所示。其具体方法是由高压发生器输出 5000～8000 伏的高压直流电到充电电极，电极中的电晕丝与硒鼓表面保持一定的距离（通常为 10～20 mm），而硒鼓的基体接地，这样就构成了一个充电回路。具有几千伏高压的带正电金属丝，在此高电压下夺取了周围空气的电子，使空气变成带正电的离子，正电离子又夺取硒鼓表面的电子，从而使硒鼓表面接受了大量电晕放电所形成的正离子，均匀地布满了正电荷。这个工序称为充电，一般的硒鼓经充电以后，其表面电位可高达 1000 多伏。

② 曝光。用可见光源照射原稿，从原稿反射的光通过光学镜头对被充电的感光体曝光，由于原稿有黑白之分，照在原稿黑色部分的光被吸收，照在白色部分的光被反射，则感光体有被照射部分，也有未被照射部分，照射部分电位大大下降，未被照射部分呈绝缘状态，基本保持高电位。这样，感光体表面便形成了与原稿图像相对应的静电潜像。曝光过程如图 4-5（b）所示。

③ 显影。显影是使静电潜像变成人眼可见的图像，利用摩擦带电方法使墨粉带电，然后利用静电引力将墨粉吸附在感光体表面的静电潜像上，成为可见图像（墨粉图像）。其过程如图 4-5（c）所示。

④ 转印。即从感光体上将图像转印到复印纸上。通常转印方法是采用电晕转印法。当复印纸与已有墨粉像的感光体表面接触时，用电晕对纸背面充以与墨粉带电极性相反的电荷，充电所形成的强大电场使墨粉从感光体上被解吸而转移到普通纸上。其过程如图 4-5（d）所示。

⑤ 定影。被转印到纸上的墨粉图像还没有和纸合成一体，这时的墨粉图像用手一摸就会抹掉。因此，还须将墨粉图像固化到纸上而成为最终可供使用的复印品，这一固化过程称作"定影"，目前，定影基本上以热定影为主，同时施加一定压力，以增强墨粉图像同纸基的固着能力，定影的关键是温度的控制，温度应既能使墨粉融化，又不致消散，以保持图像清晰。其过程如图 4-5（e）所示。

⑥ 清洁。经过定影形成了最终复印品。但感光体表面在转印后仍滞留残余墨粉和残余电荷，如果不及时清除势必在下一个复印过程中显现出来，从而影响下一个复印品的图像质量。因此，消除感光体上的残余墨粉和电荷的过程是十分必要的。通常把这一过程叫清洁过程，如图 4-5（f）所示。

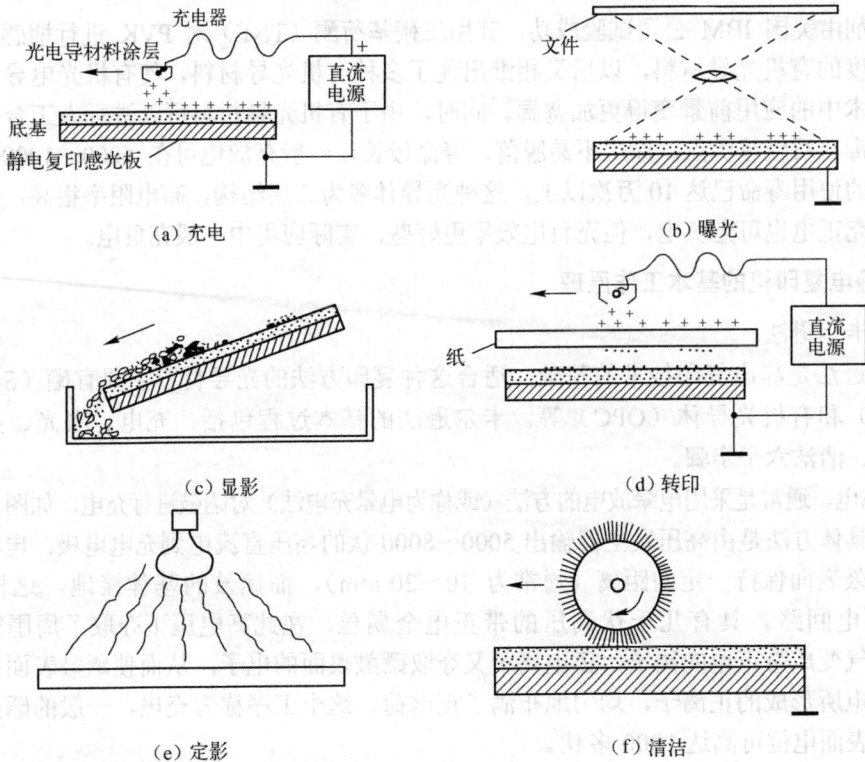

(a) 充电　　　　　　　　　　　　(b) 曝光

(c) 显影　　　　　　　　　　　　(d) 转印

(e) 定影　　　　　　　　　　　　(f) 清洁

图 4-5　卡尔逊法工作流程

卡尔逊法静电复印流程示意图如图 4-6 所示。

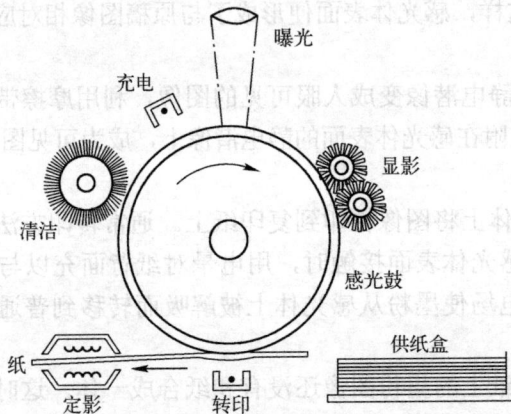

图 4-6　卡尔逊法静电复印流程示意图

（2）电容像法（NP 复印法）。

NP 复印法是指日本佳能公司在 1967 年获得专利权的 NP 复印技术的基础上发展起来的一种与典型卡尔逊过程有所不同的新的复印工艺方法。NP 复印法的过程要比典型卡尔逊法的复印过程复杂。之所以复杂，关键原因在于 NP 复印法的感光鼓的结构与典型卡尔逊法的不同。典型卡尔逊法的感光鼓结构一般只有两层，即光电导层和金属底基。而 NP 复印法的感光鼓是由透明绝缘层、硫化镉光电导层和金属底基三层构成的（如图 4-7 所示）。尤其是表面透明绝缘层的存在，使其充电和潜像成像过程较典型卡尔逊法复杂得多。

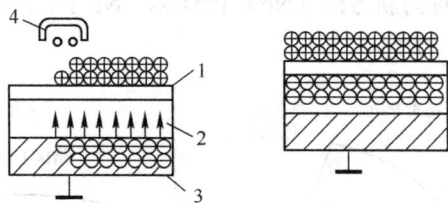

注：1—绝缘层；2—光电导层；3—基体；4—充电电极。

图 4-7 NP 复印法光导体三层结构示意图

① 充电过程（一次充电）。用电晕放电法充电，其过程是在暗处使光导体的绝缘膜外面带有正电荷，由于静电感应，从接地的底基会引入等量的负电荷。由于硫化镉是 N 型半导体，主要载流子是电子（负电荷），它的整流方向是允许电子通过光导层与基体的界面，从底基流入光导层，所以静电感应形成的负电荷从底基一直运动到绝缘层的下底界面处，与绝缘层外面的正电荷相互吸引形成一对带电层（如图 4-7 所示）。用对绝缘层外面充正电的方法使感光层充以负电，这就是逆充电法的实际含义。

② 曝光和消电过程。由于光导体表面覆盖有绝缘层，当对光导体进行曝光时，只能改变光导层的导电能力，但对绝缘层外面的电荷却不起任何作用。因此，在 NP 法的曝光过程中，必须同时对表面进行电晕消电。由硫化镉半导体的整流方向决定，带负电的载流子（电子）只从基体通过交界面流入光导层，沉积在光导层与绝缘层的交界面，而不能再流回基体。当用反向充电或交流充电法消除绝缘层外面的正电荷后，在光导层与基体的交界面则感应出等量的正电荷，此时若有光投射到光导体上，光导层的电阻率迅速下降，使该处光导层两侧的正负电荷中和，电位降为零，而未见光处因绝缘膜内侧负电荷的吸引作用，表面正电荷只能被消去一部分。在绝缘层外面也感应形成由正电荷构成的静电潜像。NP 法交流消电和曝光如图 4-8 所示。

③ 全面曝光过程。由于光导层上下两侧电荷的存在，使绝缘层表面静电像的电位很低，甚至为负，不能进行显影。经过对光导体全面均匀曝光，明区因前一过程已失去全部电荷，全面曝光时无变化，在暗区，因光导层受到光照，光导层变成导体，致使基体的正电荷与光导层内的相应负电荷能相互中和，基体电荷消失后，光导体表面的电位明显增高，如图 4-9 所示，这样，具有高电位的静电潜像的形成过程最后完成。

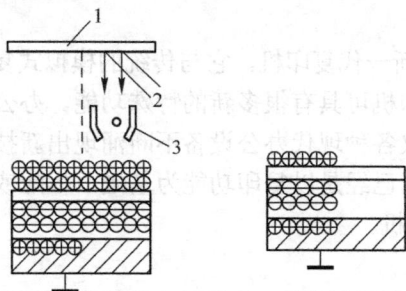

注：1—原稿；2—光源；3—交流消电电极。

图 4-8 NP 法交流消电和曝光

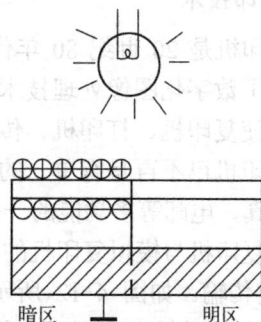

暗区　　明区

图 4-9 NP 法全面曝光

显然，以硫化镉材料为光导层的光导体，因其结构与其他光导体不同，其静电潜像形成过程也与卡尔逊法不同，被称为新方法（New Presess，NP法），静电潜像形成过程中光导体表面电位变化情况如图4-10所示。

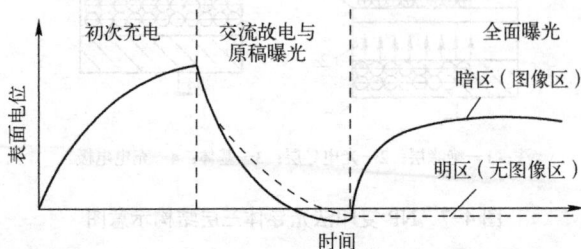

图4-10　静电潜像形成过程中光导体表面电位变化情况

硫化镉若在暗处放置，其电阻值会逐渐增大。在初印第一张时，若曝光量不足，硫化镉的电阻将不能降低到适当的程度，所以会出现复印品的反差低、底灰大。再重新复印时，由于光导层的电阻增加、剩余电位高，而影响复印品的质量。为此，NP法在开始复印之前，即"一次充电"之前，需对光导体进行"预曝光"。NP法静电复印流程图如图4-11所示。

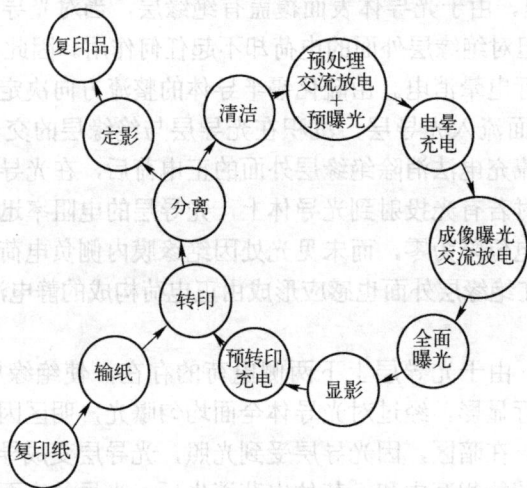

图4-11　NP法静电复印流程图

4. 数码复印技术

数字式复印机是20世纪80年代发展起来的新一代复印机。它与传统的模拟式复印机的不同在于应用了数字化图像处理技术，因此使复印机可具有很多新的特殊功能。办公设备不断更新换代，使复印机、打印机、传真机、扫描仪各种现代办公设备不断涌现出新技术、新功能。数码复印机已不再具有单一的复印功能，它已经是以复印功能为基础，标配或选配打印、扫描、传真、电邮等多功能的一体化数码复印机。

（1）数码复印机与模拟复印机的区别。

① 数据的传输。如图4-12所示，模拟：光源照射原稿，其反射光原封不动地通过镜头照射在感光鼓上。反射光的强度和原稿的浓度成比例，按反射光的强弱在感光鼓上形成电位。炭粉随着感光鼓上电位的高低成比例地被吸附在感光鼓上，通过转印和分离把原稿上的

图像转载到复印纸上，然后经过加热定影完成复印过程。

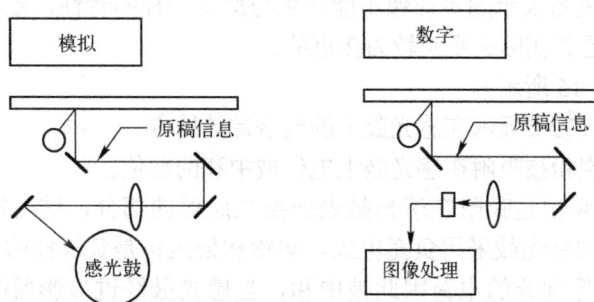

图 4-12 模拟、数码复印原理图

数字：在图像读入部，原稿被照射后产生的反射光，经由镜头被 CCD 读取。CCD 把原稿上的图像通过 A/D 变换成数字信号。数字信号被送到图像处理部，在那里进行图像的扩大、缩小、反转、变换等处理。被处理过的数字信号还将被送到图像存储器里，在那里将根据复印的模式来进行变换，如图像编辑等处理。从图像存储器里输出的信号被送入打印头 PH。这些信号被用来控制激光的强弱，然后激光照射到感光鼓上。激光的强弱和原稿的浓度成比例，在感光鼓上形成和原稿浓淡相应的电位，其余程序和模拟复印机一样。

② 曝光（静电潜像）。

模拟：（如图 4-13 所示）明区曝光，图像区域（暗区）成像。经过原稿反射来的光中和感光鼓表面电位，明区曝光，图像区域（暗区）形成静电潜像。光强度越高，图像区域的图像浓度越浅。

数码：图像区域曝光成像。原稿数据经过处理后形成激光光束，该激光光束中和感光鼓表面的电位，形成静电潜像。激光强度越高，图像浓度越深。

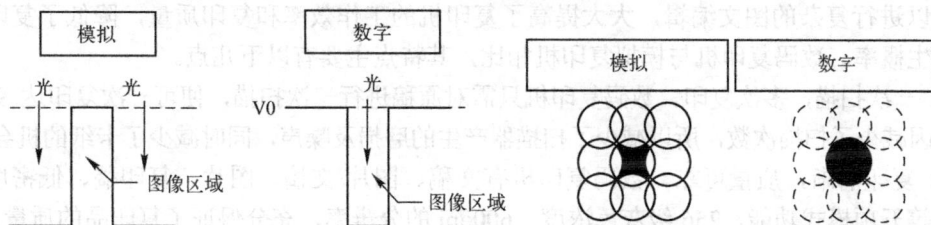

图 4-13 模拟、数码形成静电潜像原理图

③ 曝光度（如图 4-14 所示）。

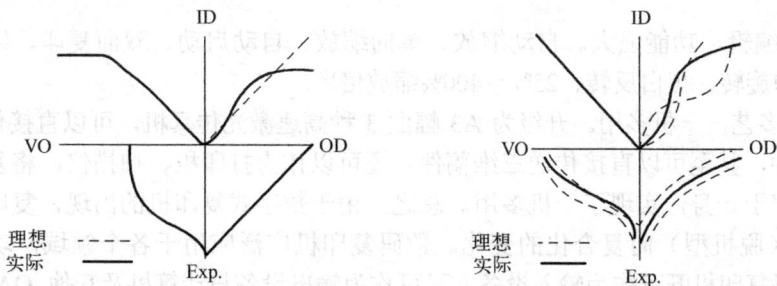

图 4-14 模拟、数码曝光度对比图

模拟复印机的图像浓度（ID）及感光鼓表面电位（VO）（非线性）与原稿浓度（OD）及曝光（线性）之间的关系表示副本影像不能产生与原稿一样的特性，数码复印机的原稿图像浓度和曝光之间的理想和实际关系是较为接近的。

④ 显影（如图4-15所示）。

模拟：普通显影炭粉被吸附在感光鼓上静电潜像的地方。

数字：反转显影炭粉被吸附在感光鼓上电位被中和的部位。

数字式复印机的炭粉是吸附在感光鼓表面被光照射的部分，这与模拟式复印机刚好相反。部分数码复印机的感光鼓采用负充电式，炭粉和偏压也是负极性的，感光鼓表面经光照射的区域即原稿有图像部分的电荷因此被中和，当感光鼓经过显影器时，炭粉（存在负偏压）被吸附在近乎零电位的区域。

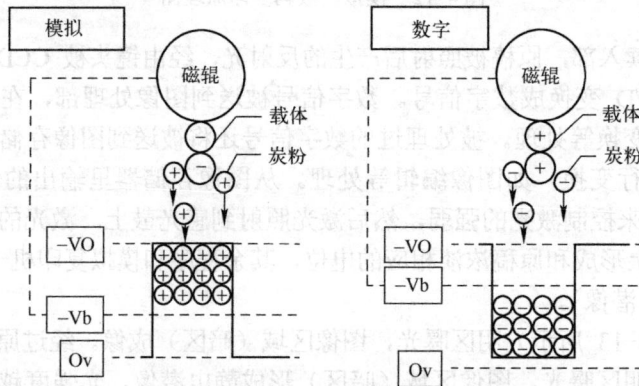

图 4-15　模拟、数码显影比较图

（2）数码复印机的主要特点。

由于数码复印机采用了先进的数码技术，所有原稿经一次性扫描存入复印机存储器中，使其可以进行复杂的图文编辑，大大提高了复印机的工作效率和复印质量，降低了复印机的故障发生概率。数码复印机与模拟复印机相比，其特点主要有以下几点。

① 一次扫描，多次复印。数码复印机只需对原稿进行一次扫描，便可一次复印达 999 份之多。因减少了扫描次数，所以减少了扫描器产生的磨损及噪声，同时减少了卡纸的机会。

② 复印清晰，质量可靠。数码复印机有文稿、图片/文稿、图片、复印稿、低密度稿、浅色稿等五项模式功能，256 级灰色浓度、600dpi 的分辨率，充分保证了复印品的质量。

③ 电子分页，省时省力。一次复印，分页可达 999 份。

④ 环保设计，减少废排。无废粉、低臭氧、自动关机节能，图像自动旋转，减少废纸的产生。

⑤ 图像编辑，功能强大。自动缩放、单向缩放、自动启动、双面复印、组合复印、重叠复印、图像旋转、黑白反转、25%～400%缩放倍率。

⑥ 多才多艺，一机多用。升级为 A3 幅面 3 秒高速激光传真机，可以直接传送书本、杂志、钉装文件，甚至可以直接传送三维稿件。还可以作为打印机、扫描仪，将复印、打印、传真、扫描集于一身，实现了一机多用。总之，由于数字式复印机的出现，复印机已经开始了由单一型（脱机型）向复合化的变化。数码复印机广泛应用于各个领域，功能越来越强大。因此数码复印机既可作为输入设备，又可作为输出设备与计算机及其他 OA 设备联合使用，如图4-16所示。

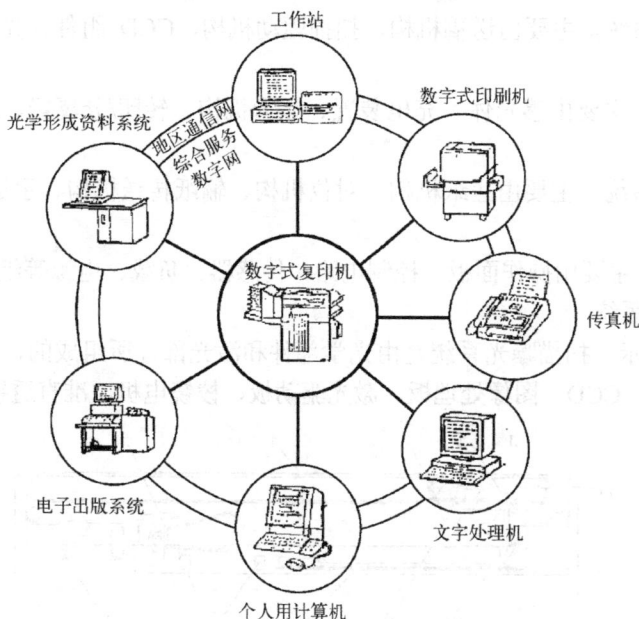

图 4-16　办公 OA 结构图

5. 数码复印机的基本结构

（1）概述。

普通纸数码复印机的结构可分为四大部分。图 4-17 为数码复印机的结构示意图。

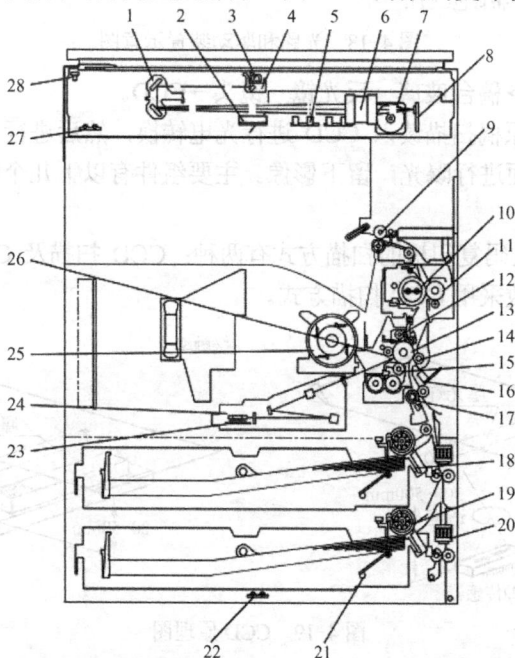

注：1—第 2 扫描仪；2—原稿宽度传感器；3—曝光灯；4—第 1 扫描仪；5—原稿长度传感器；6—透镜；7—扫描仪电机；
8—SBU 板；9—出纸轮；10—定影热辊；11—定影压辊；12—清洁单元；13—OPC 鼓；14—传送轮；15—显影辊；
16—ID 传感器；17—对位辊；18—摩擦垫；19—送纸轮；20—纸尺寸传感器；21—底板；22—纸盘加热器；
23—多角反射镜电机；24—激光单元；25—色粉供应瓶架；26—鼓充电辊；27—防凝结加热器；28—扫描仪原位传感器。

图 4-17　数码复印机的结构示意图

① 扫描曝光系统。主要由送稿机构、扫描驱动机构、CCD 组件、光学部件、激光组件等组成。

② 成像系统。主要由感光体、充电装置、显影机构、转印/分离器、光导体的清洁器等组成。

③ 供纸输纸系统。主要由搓纸机构、对位机构、输纸传送机构、手送机构、定影/排纸机构等组成。

④ 控制系统。主要由操作面板、控制电路、传感器、负载、电源等组成。

（2）扫描曝光系统。

如图 4-18 所示，扫描曝光系统是由光学部件和激光部件所组成的，主要零件有：曝光灯、反光镜、镜头、CCD、图像处理板、激光驱动板、棱镜电机、准直透镜、Fθ 透镜等。

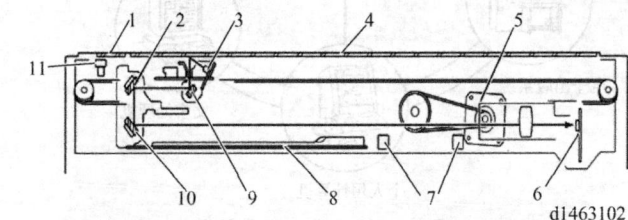

注：1—纸张穿过曝光玻璃；   7—原稿长度传感器；
    2—第2反射镜；   8—抗冷凝加热器（扫描仪加热器）；
    3—扫描仪灯单元（LED）；   9—第1反射镜；
    4—曝光玻璃；   10—第3反射镜；
    5—扫描仪电机；   11—扫描仪原位传感器。
    6—传感器板单元（SBU），
    带彩色CCD；

图 4-18　光路和驱动装置示意图

光学光路：曝光灯→稿台玻璃→反光镜→镜头→CCD。

工作原理：通过对原稿扫描读入 CCD 进行光电转换，然后进行 A/D 转换，变成数字信号，再驱动激光对鼓表面进行曝光，留下影像。主要组件有以下几个。

① CCD 组件。

如图 4-19 所示，数码复印机的扫描方式有两种：CCD 扫描及 CIS 扫描方式。人们平时所见的数码复印机大多数采用 CCD 扫描方式。

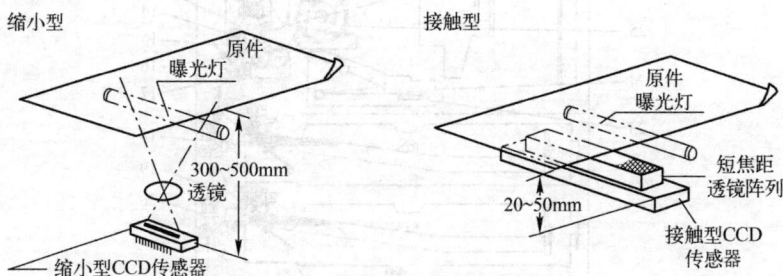

图 4-19　CCD 原理图

什么是 CCD 传感器？在数字式复印机中，光信号首先被转换成电信号，然后经过图像处理。将光信号转换成为电信号的过程称为"光电转换"。相应地，进行光电转换的装置称为"光电转换"装置。

CCD（电荷耦合装置）作为一种光电转换装置，被应用于数码复印机中。CCD 传感器主要可以分为两类：缩小型与接触型。

缩小型：通过一个透镜，将原件图像缩小聚焦到 CCD 上。这要求光学距离应该长一些（300～500mm），因此要求较大体积的光学系统。

接触型：通过一组短焦距的透镜将原件图像按照实际尺寸聚焦到 CCD 传感器上。这样，光学距离就比较短（20～50 mm），使复印机结构十分紧凑。由于接触型传感器光学距离短，敏感度高，它非常适用于传真机，因为传真机的光源使用的是具有低光强度的 LED（发光二极管）阵列，在普通的数字式复印中，通常使用卤素灯或荧光灯。

CCD 传感器的工作原理：由于 CCD 传感器的芯片是按照"锯齿形"的方式进行排列的，在第二扫描方向上的偶数号芯（CCD 传感器 2 和 4）与奇数号芯片（CCD 传感器 1、3 和 5）之间存在 4 条线的差异。为了消除这种差异，对每块芯片都使用了线记忆功能，所获得的 5 组数据被同时传送到每个转换段，再对数据按照一条线综合处理。

② 激光组件（见图 4-20）。激光是 "light amplification by stimulated emission of radiation（受激发射的辐射光放大）" 的首字母缩写词。对于普通光束来说，存在着无数种波长。因而，波与波之间就会出现相互削弱或加强的现象。

与此不同的是，存在着这样的一种光，它只包含一种单一的波长。因而，波与波之间总是相互加强，这种光便是激光。当波与波之间出现相互削弱或加强的现象时，就称为光的干涉。激光的各个波在相位上相互干涉，因而就可以作为一种单色调的、高功率的光源。

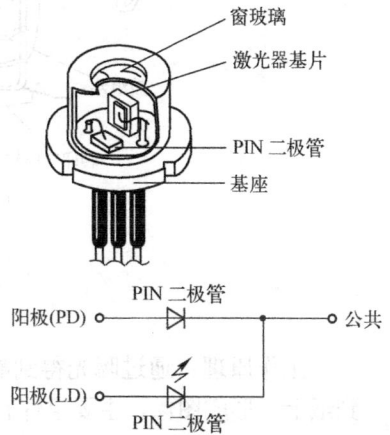

图 4-20　激光组件示意图

激光的种类有气体激光、固体发光、化学激光和半导体激光等。数码复印机与激光打印机中使用的激光是半导体激光。半导体激光器也称作激光二极管，它具有根据电流大小或光发射时间的长短来控制曝光数量的特征，因而使得控制电路变得十分简单。半导体激光的波长在 750～830nm 的范围内，所以所用光导体的光谱敏感度在长波段区域内具有一个峰值，这一点正是所需要的。

激光组件通常叫激光器，由激光发射、多棱镜、反射镜、光束检测等单元组成。它的基本结构如图 4-21 所示。

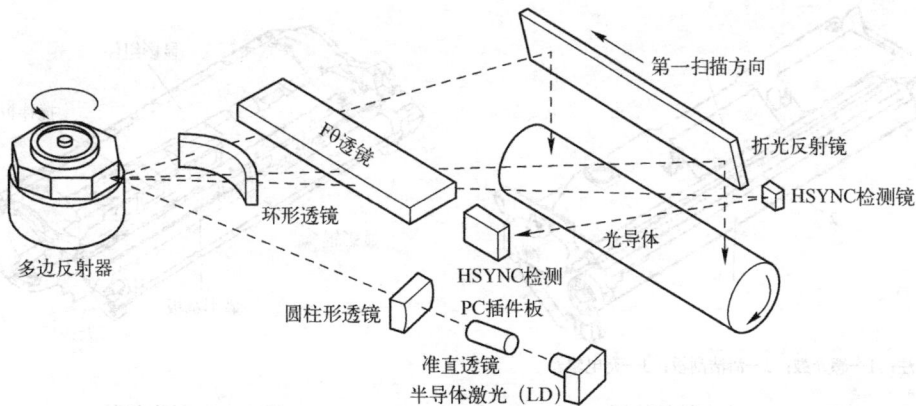

图 4-21　激光组件结构图

激光光路：激光头→准直透镜→六棱镜→Fθ透镜→反光镜→感光鼓。

激光器工作原理：CCD获取的数字信号由CPU控制信号驱动激光头进行扫描曝光，获得静电潜像。

（3）成像系统。

静电复印的成像主要包括充电、曝光、显影、转印、定影及清洁等工作过程，如图4-22所示。这些步骤的顺利完成保证了复印品的成像质量。成像系统由鼓组件、显影器、转印器组成。主要零件有感光鼓、充电器、鼓清洁刮板、显影辊、显影剂等。

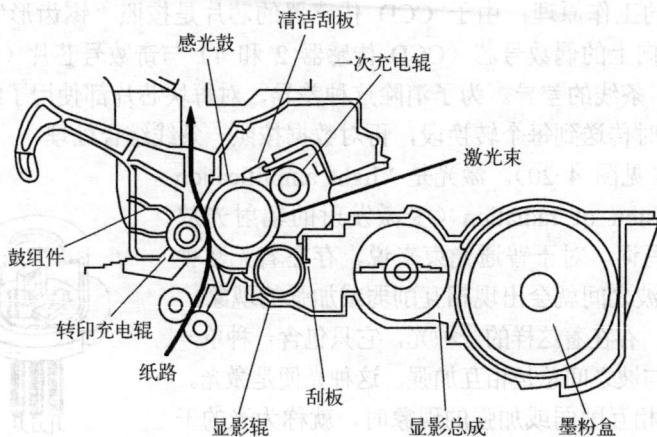

图4-22　静电复印工作过程图

工作原理：通过曝光得到静电潜像，用显影剂进行显影，在鼓的表面产生图像，再转印到纸上，形成图像。主要组件有以下几个。

① 感光鼓组件。

如图4-23所示，感光鼓组件由感光鼓、充电器、鼓清洁刮板组成。充电有两种类型：一种是间接充电（叫电晕充电），主要形式有电极丝和电极针之分；还有一种直接充电，叫充电辊充电。感光鼓目前应用广泛的是有机光导体感光鼓（俗称OPC鼓）。

② 显影组件。

如图4-24所示，显影组件由显影辊、显影刮板、搅拌辊等组成。

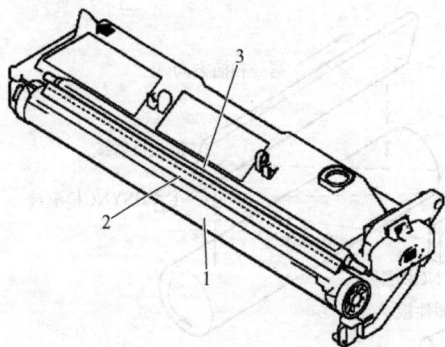

注：1—感光鼓；2—清洁刮板；3—充电辊。

图4-23　感光鼓结构图　　　　　　　　图4-24　显影组件

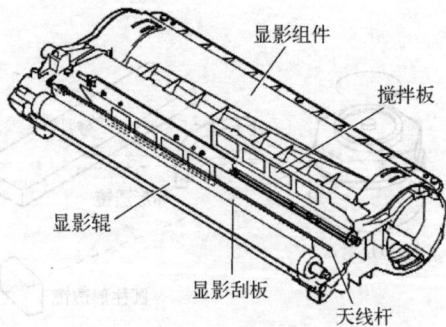

复印机中的显影方式可分为两大类，即干法显影和湿法显影。干法显影常用的方式有双组分磁刷式显影、单组分跳动式显影。湿法显影常用的只有双组份。目前使用的复印机中已不用湿法显影，数码复印机应用的是干法显影。

a. 双组份磁刷式显影。在双组份磁刷显影过程中，不但有色粉，还有携带色粉并使之与光导体接触的称作"载体"的颗粒，载体一般使用铁粉等磁性粉末，在使用过程中不损耗，损耗的是色粉。

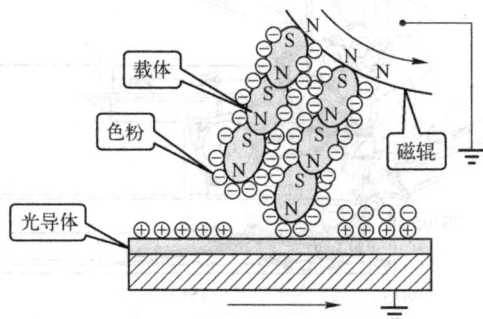

图 4-25 显影过程原理图

如图 4-25 所示，带有磁性的载体在磁辊上形成刷子形状，色粉通过与载体混合搅伴而摩擦带电（与光导体所带电荷反极性），吸附于载体表面。这个磁性刷子与光导体上的静电潜像相接触，色粉由于静电力而被吸引到光导体上。

磁刷显影装置主要由磁辊、搅伴器、补粉螺旋推进杆、调整刮片等组成。

显影偏压：在双组份磁刷显影中，偏压供给刮片和磁辊。调整刮片上的电压能吸附飞扬的色粉，以避免深的底灰。磁辊上的电压则影响显影过程。偏压低，对带电荷的色粉吸引力弱，光导体上的潜像吸附的色粉多，复印品深，底灰同样也就明显；偏压高，磁辊对色粉的吸引力强，光导体上的潜像吸附的色粉少，复印品浅，底灰也就不明显。

显影偏压原理图如图 4-26 所示。

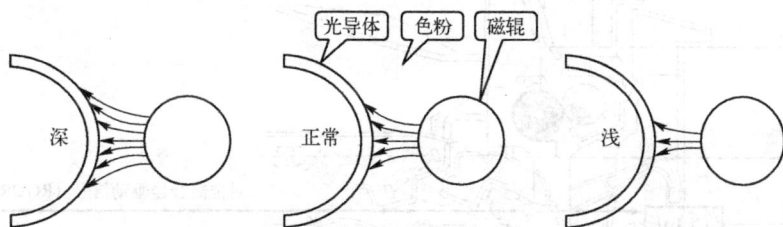

图 4-26 显影偏压原理图

b. 单组份跳动式显影。单组份显影与双组份显影比较，因为色调剂本身具有磁性，所以不需要使用载体，不需要色粉的混合、搅拌等机构，因此，显影装置结构比较简单，可小型化，不使用载体也就没有载体那样的废弃物。目前越来越多的复印机采用单组份显影。

（4）供纸输纸系统。

复印机的供纸输纸系统是指复印纸从复印机的纸入口处开始，到复印机纸出口处位置的全套装置，因此也叫纸路。它包括供纸机构、输纸机构、定影机构等。供纸输纸机构主要有转印、分离、定影、输纸部分，最后是马达排纸托盘，具体的搓纸、分离和输纸机构组成如

图 4-27 所示。

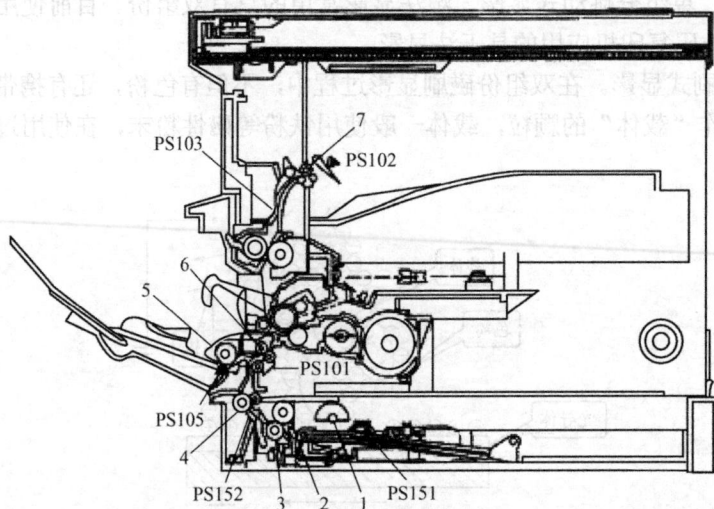

PS101—对位辊纸检测传感器　PS102—纸满检测传感器　PS103—排纸检测传感器
PS105—手送纸检测传感器　PS151—纸盒纸检测传感器　PS152—再搓纸检测传感器
注：1—搓纸辊；2—搬送辊；3—分离辊；4—垂直纸搬送辊；5—手送搓纸辊；6—对位辊；7—排纸辊。

图 4-27　搓纸/输纸系统组成图

　　供纸机构主要有搓纸辊、对位辊、对位离合器、传送辊、分离辊、电磁铁组成。供纸系统的驱动由主马达或供纸马达承担，驱动系统结构图如图 4-28 所示。

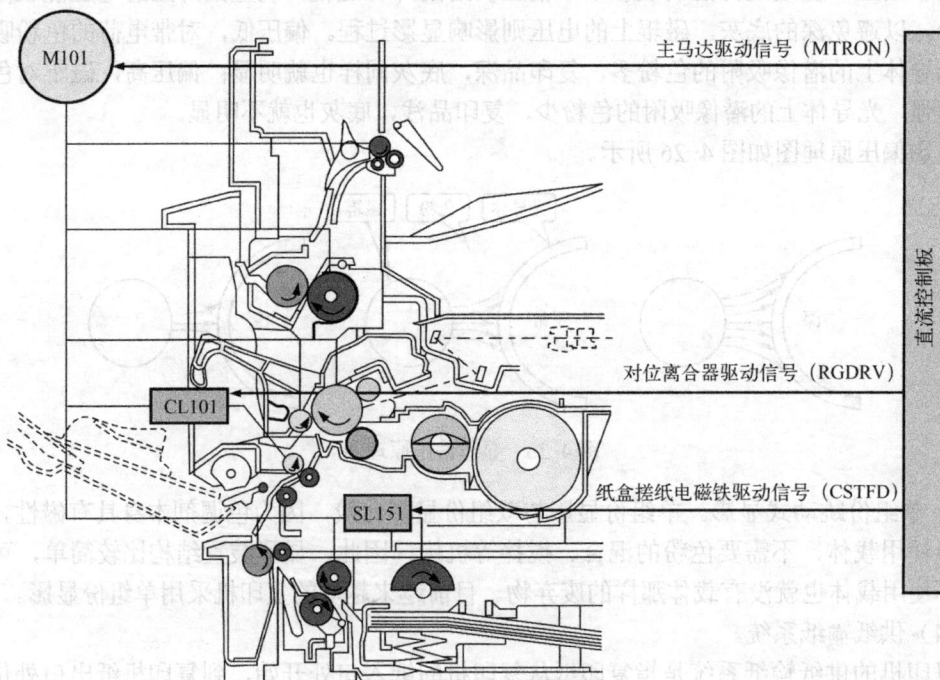

图 4-28　驱动系统结构图

① 供纸机构。

供纸机构包括马达、离合器、搓纸轮，马达带动搓纸轮将复印纸送入机内，为下一步将鼓表面的墨粉图像转印到纸上做准备。

对位部件包括离合器、对位辊、传感器，为了使图像前沿和纸同步，要对纸进行控制。

当马达旋转时，搓纸传动齿轮开始响应，这时搓纸辊没有与搓纸传动齿轮咬合，因此搓纸辊没有得到相应的动力。当驱动电路产生信号驱动搓纸电磁铁时，使搓纸电磁铁工作，驱动搓纸驱动齿轮，当驱动搓纸齿轮和搓纸辊之间咬合以后，搓纸驱动齿轮驱动搓纸辊工作，如图 4-29 所示。然后传送辊工作，把纸张送入对位辊。

如果搓纸辊没有将纸张搓起，复印机执行再供纸工作，当搓纸电磁铁打开时，复印机开始计数。如果搓纸检测传感器没有在规定的时间内检测到纸张边缘，复印机再次使搓纸电磁铁打开，再次供纸。

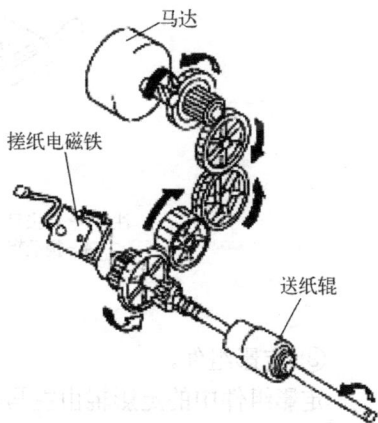

② 输纸机构。

图 4-29　搓纸机构工作过程

复印机具有两种输纸方式：手动输纸、纸盒输纸。采用的是同一套定位部件。它是由主电机动通过齿轮、链条来带动定位轴转动的。在规定的时间内，主电路板使输纸离合器吸合；输纸轮转动，将纸输入机器内。

手动输纸机构是使堆放在手送部的纸被连续搓起。手送托盘内的纸被挡板阻挡，并被强制靠近手送搓纸辊。当主马达驱动动力经过手送搓纸电磁铁和齿轮传送到手送搓纸辊时，手送搓纸辊和分离片确认只让一张纸通过并送到对位辊。这样连续执行单张纸供纸动作。其中手送纸的纸尺寸检测由用户在操作面板上设定，如图 4-30 所示。

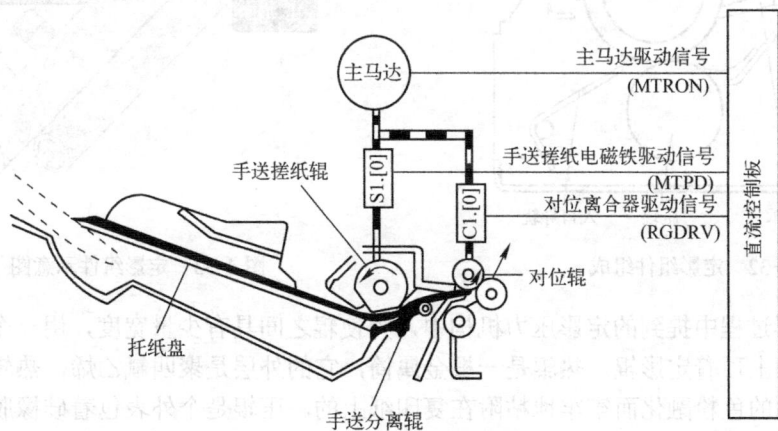

图 4-30　手送纸机构组成

纸盒输纸机构在纸盒推入机器后，机械连动装置使得垂直力顶杆将纸盒的底板顶起，纸就被压紧在输纸辊上，输纸轮工作，将纸搓入机内，送至机器的定位部分。纸盒供纸示意图如图 4-31 所示。

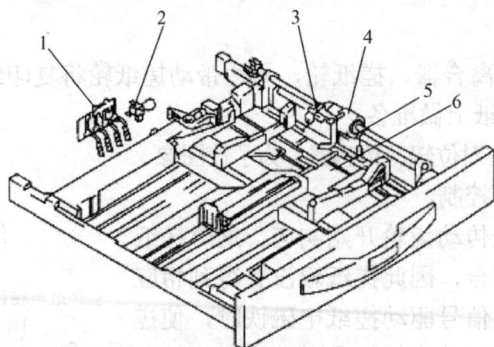

注：1—纸张尺寸检测板；2—纸张尺寸检测感应器；3—缺纸感应器；
4—搓纸辊；5—分离辊；6—纸张提升板。

图4-31　纸盒供纸示意图

③ 定影组件。

定影组件中的定影辊由主马达驱动。纸从感光鼓出来后就被送入定影组件内。墨粉在这里被融化，通过定影辊和定影压力辊被固定在纸张纤维里，然后排出机器。定影组件组成如图4-32所示。

定影组件示意图如图4-33所示。

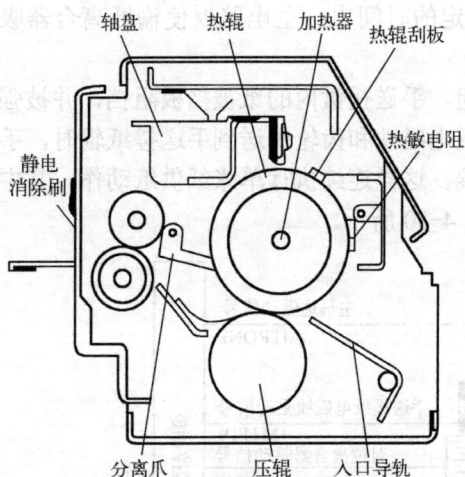

图4-32　定影组件组成

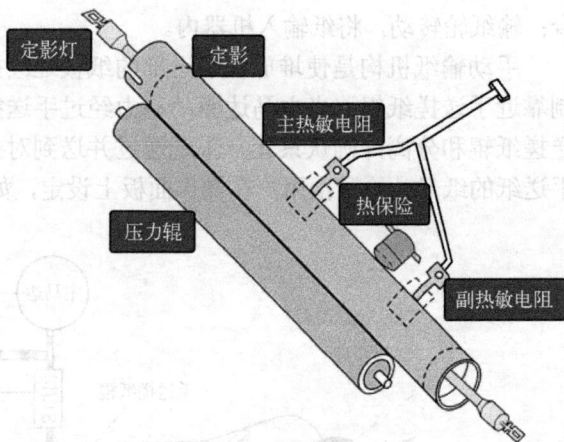

图4-33　定影组件示意图

整个定影过程中提到的定影压力机构中，为使辊之间具有少量宽度，用一个压力弹簧使定影压力辊向上顶着定影辊。热辊是一根金属筒，它的外层是聚四氟乙烯，热辊是通过高温使复印纸表面的色粉融化而牢牢地粘附在复印纸上的。压辊是个外表包着硅橡胶的硬铝辊，其两端由支架支撑。复印品由定影器进口槽板引导进入定影器，两个星轮安装在传感器托架上，用来防止未定影的复印品与托架接触。

为了防止复印纸卷到热辊或压辊上，在出口处设置了四个热辊分离爪和六个压辊分离片。

（5）控制系统。

① 概述。

静电复印机电气控制系统内容丰富，各种复印机电气控制系统的设计和电气元件的设置虽不相同，但都可以简化成如图 4-34 所示的形式。

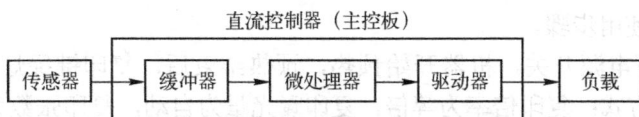

直流控制器（主控板）

传感器 → 缓冲器 → 微处理器 → 驱动器 → 负载

图 4-34　直流控制器方框图

直流控制器接收传感器的信息并进行比较判断，控制负载顺序动作。其中缓冲器的作用是防止外部电气噪声引起微处理器误动作，并将来自传感器的输入信号转换成微处理器需要的工作电压。驱动器的作用是把来自微处理器的信号放大到能够驱动负载动作的电平。控制系统电路板分布图如图 4-35 所示。

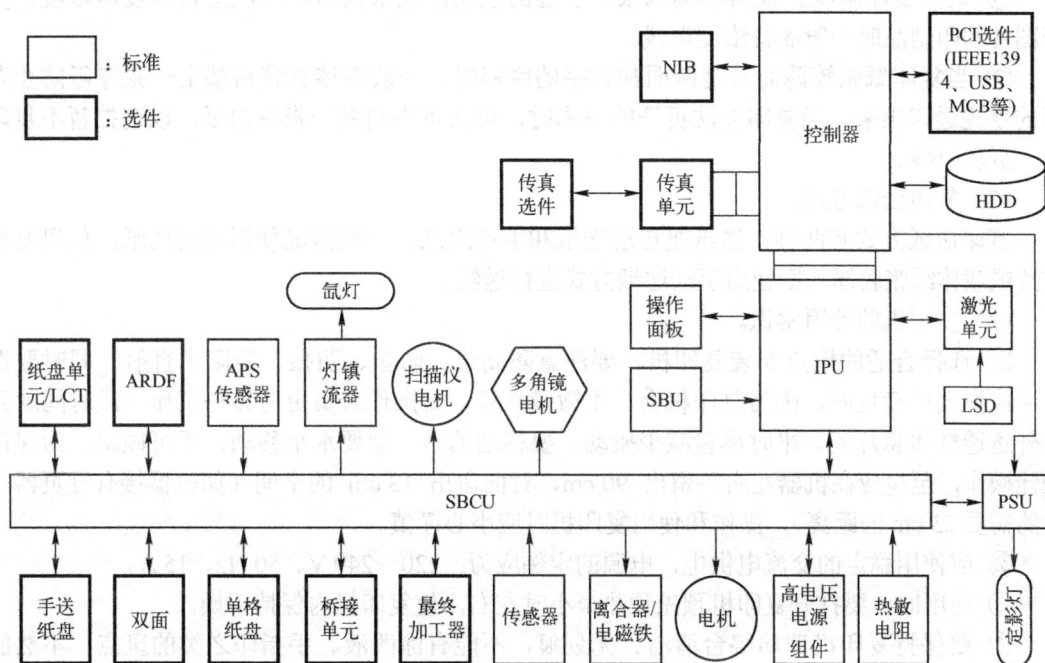

图 4-35　控制电路分布图

② 主要电路板功能说明。

● 控制器（主板）。包括控制器、存储器和所有的外围设备。

● SBCU（扫描仪和基础引擎控制单元）。这是一块扫描仪和引擎控制板。它控制以下的功能：引擎序列；外围设备的时序控制；操作控制；打印机和扫描仪的传感器、电机和电磁铁的驱动控制；高压板的控制；外围设备的串行接口；定影控制。

● IPU（图像处理板）。这是一块扫描图像的处理板。它控制以下功能：图像处理控制；视频控制。

● SBU（传感器板单元）。SBU 处理 CCD 的模拟信号，并把它们转换成数字信号。

6. 数码复印机的使用

（1）复印机的使用步骤。

① 预热。按下电源开关，机器开始预热，预热结束后，复印键绿灯点亮。此时可以复印，机器处于标准方式：复印倍率为等倍，复印曝光量为自动，复印张数为 1 张。

② 放置原稿。放置时，应检查所选用的复印纸尺寸及纸张是横放还是竖放；盖板时要尽量盖严。

③ 设定复印份数。将复印份数输入到控制面板中。

④ 设定复印倍率。复印机一般有固定的缩放倍率和可调节的缩放倍率两种，可按需调节。

⑤ 选择复印纸尺寸。根据原稿尺寸、缩放倍率选取复印纸尺寸。

⑥ 调节复印浓度。根据原稿纸张、字迹的色调深浅来调节，应注意调节复印浓度，复印图片和印刷品时一般需将浓度调浅。

⑦ 当复印纸张较薄而且是两面都有字的底稿时，一般在该页背后垫上一张厚纸防止背面的字迹透印出来。当复印无法拆开的书本时，可两页中间夹一张厚白纸，以遮挡暂不复印的一页和中缝。

（2）复印送纸方式。

复印送纸方式有两种：送纸匣自动送纸和手动送纸。一般情况使用自动送纸，如果制作胶片或载体纸张较厚，则使用手动送纸方式进行送纸。

（3）复印机的使用常识。

① 选择合适的地点安装复印机。要注意防高温、防尘、防振、防阳光直射，同时要保证通风换气环境良好，因为复印机会产生微量臭氧，而操作人员更应该每工作一段时间就到户外透透气休息片刻。平时尽量减少搬动，要移动的话一定要水平移动，不可倾斜。为保证最佳操作，至少应在机器左右各留出 90 cm，背面留出 13 cm 的空间（如机器接有分页器，大约需要 23 cm 的距离），操作和使用复印机时应小心谨慎。

② 应使用稳定的交流电供电，电源的定额应为：220～240 V、50 Hz、15 A。

③ 使用时，要打开复印机预先预热半小时左右，使复印机内保持干燥。

④ 要保持复印机玻璃稿台清洁、无划痕，不能有涂改液、手指印之类的斑点，不然的话会影响复印效果。如有斑点，应使用软质的玻璃清洁物清洁玻璃。

⑤ 在复印机工作过程中一定要盖好稿台挡板，以减少强光对眼睛的刺激。

⑥ 如果需要复印书籍等需要装订的文件，请选用具有"分离扫描"性能的复印机。这样，可以消除由于装订不平整而产生的复印阴影。

⑦ 如果复印件的背景有阴影，那么复印机的镜头上有可能进入了灰尘。此时，需要对复印机进行专业的清洁。

⑧ 当复印机面板显示红灯加粉信号时，用户就应及时对复印机进行加墨粉，如果加粉不及时就有可能造成复印机故障。加墨粉时应摇松墨粉并按照说明书进行操作。切不可使用代用粉（假粉），否则会造成飞粉、底灰大、缩短载体使用寿命等故障，而且由于它产生的废粉率高，实际的复印量还不到真粉的 2/3。

⑨ 在添加复印纸前先要检查一下纸张是否干爽、洁净，然后前后理顺复印纸再放到纸张大小规格一致的纸盘里。纸盘内的纸不能超过复印机所允许放置的最大厚度，请查阅手册

来确定厚度范围。为了保持纸张干燥，可在复印机纸盒内放置一盒干燥剂，每天用完复印纸后应将复印纸包好，放于干燥的柜子内。

⑩ 下班时要关闭复印机电源开关，切断电源。不可未关闭机器开关就去拔插电源插头，这样容易造成机器故障。如果出现以下情况，请立即关掉电源，并请维修人员维修。a. 机器里发出异响；b. 机器外壳变得过热；c. 机器部分被损伤；d. 机器被雨淋或机器内部进水。

（4）复印纸的选择。

复印纸质量的好坏，对复印机的正常使用和减少复印机的故障率，特别是减少卡纸故障率是十分重要的。因此在实际应用中一定要选择合适规格的纸张，避免使用受潮、变形的纸张。

复印纸的优劣对于工作效率、文本形体外观有很大的影响，如果复印纸质量太差，使用时出现卡纸等情况，可能会让人心烦气躁，所以要了解一些纸的相关知识。

复印纸尺寸规格见表 4-1。

表 4-1　复印纸尺寸规格

A0	1189×841	A3	420×297	B1	1030×728	B4	364×257
A1	841×594	A4	297×210	B2	728×515	B5	257×182
A2	594×420	A5	210×148	B3	515×364	B6	182×128

此外，还应了解与复印纸有关的内容。

① 厚度。复印机使用纸一般在 60～80 克之间，有的复印机使用更高克数的纸。

② 表面光度。一般复印纸表面光度稍高即可，如果太光滑则对定影不利，而且不易固化。按要求单胶纸就可以使用（单面复印），如果需要双面复印，则以双胶纸为好。

③ 纸的密度。纸的纤维以密细为好。若纸的纤维过稀或过粗，一是影响复印成像的质量，二是容易产生纸毛、纸屑，脏污机器。

④ 纸的挺硬度。有的纸尽管克数合适，但并不一定适合复印机使用，因为重量与挺度是两回事，挺度不好的纸，在传送过程中稍遇阻力就会起皱阻塞。

⑤ 纸的受潮。受潮的纸因绝缘性能降低也会影响复印质量。

⑥ 纸的裁切。纸纤维有纵横之分，如果按照纤维的方向切成平板，长边与纸的纤维并行则为"纵"，短边与纤维并行则为"横"，静电复印要求纸的纤维方向以"纵"为好。一般市面上的复印纸都是 500 张一包的，每一包纸在工厂出厂时都压得比较紧。

7. 数码复印机的维护和保养

静电复印机需要进行周期性的维护保养工作，这是由于复印机结构中光学系统和静电系统在工作时需要有一个干净的环境，同时输出的复印品也要求干净。但在复印过程中，由于色粉的运动及复印纸掉落的纤维及粉尘等，会使机器内极易被污染。同时复印机使用的各种传感器、离合器比较多，由于经常在高电压、高温度、机内空气浑浊的环境下工作，机、光、电、热又在不断地运动，任何一点污染、位移或不良都会使复印出现故障，使复印质量下降。所以，复印机作为一种高维护性的设备，要使其发挥作用，保持良好状态，就必须重视维护和保养工作。

具体可以分为日常保养、常规保养和定期保养。定期保养的作业内容如图4-36所示。

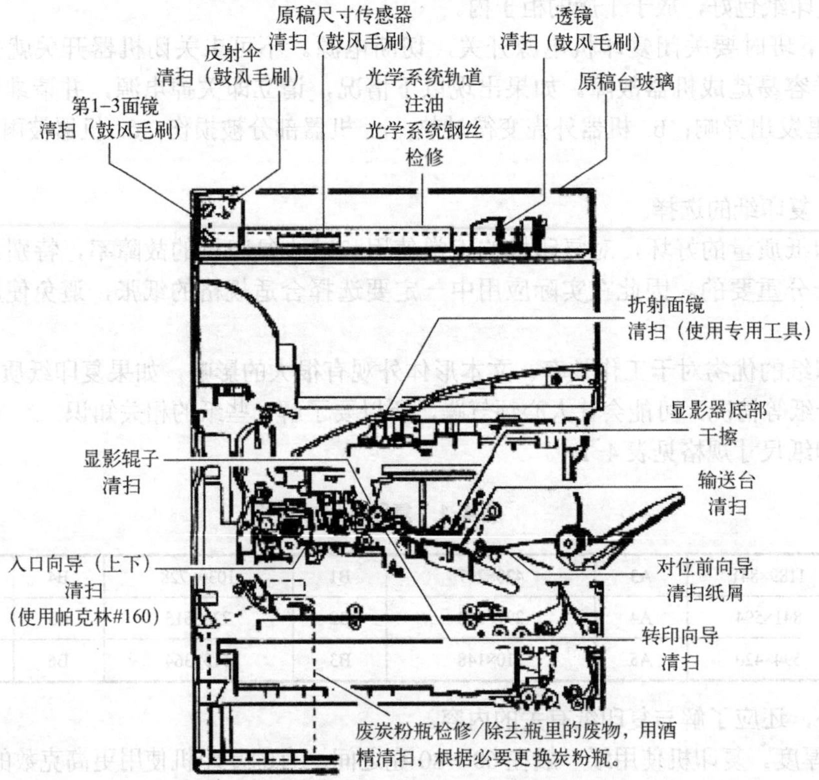

图 4-36 复印机维护保养结构图

日常维护最常备的用品是清扫毛刷、吹气毛刷、脱脂棉、乙醇。定期保养常备的用品除上述外，还有通用工具、专用工具、专业清洁剂和各种润滑油。

（1）日常维护方法。

① 复印机外壳、门内侧、稿台、原稿盖板等应经常保持清洁。如有纸屑、灰尘、污痕可用脱脂棉擦拭，干擦不掉的，可蘸清水或乙醇擦拭。

② 各高压电晕器应经常保持清洁，尤其是转印/分离电极一般位于鼓的下方，最容易被墨粉污染，故要经常清扫。将各电晕器分别从机内取出用毛刷先扫一下黏附在电晕丝及电晕器内壁上的粉尘，如用毛刷清扫不掉脏污，可用脱脂棉蘸少许乙醇擦拭。电晕丝擦拭不净的，可将复印纸折叠起来夹住电晕丝进行擦拭。但应注意，要从没有张紧弹簧的一端向有弹簧的一端擦拭，以免弹簧被拉松或拉断。

③ 机内底部、纸路、机器死角及接合处如有灰尘、墨粉积存，可用吹气毛刷清理，有条件的可用吸尘器清理。

④ 进纸口和出纸口的传动轮及搓纸轮如有脏污要用清洁棉蘸乙醇擦净。纸盒应保持清洁，如掉有纸屑、回形针、大头针等应及时加以清除。

⑤ 如果操作面板上添加墨粉信号灯点亮，应及时添加墨粉，切不可拖延。复印机内有废粉盒的机器，废粉收集箱如接近装满或机器相应信号灯闪烁时，应及时清理。

⑥ 检查定影辊表面是否清洁，分离爪是否正常，清除粉尘、油垢。维护过程中注意不

要损坏热敏电阻。

⑦ 光学系统维护主要是清洁反光镜上的粉尘。用脱脂棉轻轻清扫即可，注意不要用手摸镜面，清扫时要防止硬物刮伤镜面。维护光学系统前，要先清洁其周围部件，这有利于提高光学系统的清洁度。

⑧ 每日工作完毕，应将原稿从稿台上取出，将复印品从接纸盘取出，保证复印机上无杂物、重物。同时将原稿盖板盖好，切不可打开放置。如有复印机罩的，将机器罩盖好。

（2）日常维护安排。

① 每天维护的部位：原稿盖板、稿台玻璃、各高压电晕器、显影装置、机内易被污染的部位、分离装置。

② 每周维护的部位：定影装置、清洁装置、进纸口和出纸口及搓纸轮、机内易被污染的部位。

③ 每月（或大约已复印 15000 张）维护的部位：光学系统（清洁）；机内底部、纸路、机器死角、外壳、门内侧；机械传动部位（清洁）；清洁电子控制部分。

（3）定期保养。

定期服务的基本步骤如下。

① 问候（定期服务的开始）客户（客户方负责机器的人员），确认机器的状况。

② 记录计算结果，检查错误复印的情况。

③ 测试复印，掌握开始定期服务之前的机器状况。

例如：图像深度、白底上的污垢、文字的鲜明程度、空白、定影性、不同步引起的不清楚、纸张背面污垢等情况。

④ 清扫。

⑤ 部件更换。

⑥ 调整。

⑦ 注油。

⑧ 保养后测试复印，确认机器状况。

⑨ 取得样品复印。

⑩ 确认漏电断路器的动作。

⑪ 整理样品复印。

⑫ 清扫、整理机器的周围场所。

⑬ 记录最终计算结果。

⑭ 在服务本上记下作业内容。

⑮ 向客户方机器负责人员汇报定期服务结束及作业内容。

在定期服务中更换的部件包括定期更换部件和消耗部件。

① 定期更换部件。

为了将产品的性能维持在一定的水平，必须定期更换的部件（即使外观上没有变化，没有破损，失去功能时也会对机器运转产生很大影响的部件）叫作定期更换部件。

② 更换消耗部件。

在产品使用过程中至少出现过一次老化或破损，有更换的必要性，但可以在发生故障时更换的部件叫作消耗部件，有效的更换可以防止偶发故障和磨损故障的发生。

每个机器的服务手册里都记载了消耗部件的大致耐用期。

8. 复印机维修的基本技能

由于静电复印机的种类和型号繁杂，每一个生产厂商生产的复印机的性能、结构、特点各不相同。再加上静电复印技术又是一门发展很快的技术，产品的更新换代十分迅速，各种新材料、新器件、新技术不断地得到应用，因而出现故障的原因与排除的方法及手段亦有很大区别。

为了正确地了解复印机产生故障的原因，掌握排除故障的方法，熟悉自己所使用的复印机的工作原理、结构、性能、特点及控制过程是十分必要的。应认真地学习复印机的技术文件和有关维修资料，熟悉复印机的维修保养、拆装方法，各零件、部件的更换、调整方法和步骤，正确分析故障的现象、区别故障的类型，最后，才能正确找出发生故障的原因，并采取最合适的排除故障的方法。

静电复印机在使用过程中所出现的故障，可以分为复印品质量的故障和机器运转故障两大类。其中运转故障又可分为机械故障和电气故障。

（1）故障的判断。

当复印机出现故障时一般不要急于处理，尤其对于不太熟悉的机型和比较不常见的故障，切不可贸然任意拆卸机器而造成更严重的故障。

① 了解故障情况。

故障发生之后，一方面应了解故障发生的时间、起因、发生故障以前的使用情况，以及造成故障的可能因素。因为，产生故障的因素很多并且很复杂，往往一种故障现象可能会有多种因素影响它，也有可能一种因素会产生多种故障。所以，必须对故障的发生有一个全面的了解。

② 判断故障的性质。

根据故障的现象首先应确定故障的性质，是属于运转故障还是复印品质量故障，而运转故障是机械故障还是电气故障，或是机械、电气综合故障。这两种故障之间还存在着一定的内在联系，许多运转故障、电气故障还会造成复印品质量的故障。

● 根据复印品质量分析故障原因。

根据复印品质量上的疵病来分析判断故障所在部位是维修中经常采用的一种方法。它的基础是必须对复印机整个复印过程、复印基本原理十分了解。虽然这种方法不是直接去查找产生某一故障的确切部位和原因，但通过分析复印品上存在的缺陷可以比较准确地发现大多数故障产生的大致部位，从而对症下药，提高故障排除的准确性。

在复印工作中，产生复印品质量问题是不足为奇的，即使一台十分完善的静电复印机，在使用过程中也会或多或少地产生复印品质量故障。这是因为在整个静电复印技术中，能影响复印品质量的因素是很多的。复印机出现复印品质量故障说明复印机客观或内在因素发生了变化。分析产生复印品质量故障的原因是一项既复杂而又有规律的工作。这是因为，某一复印品质量故障是由于一个或几个因素综合形成的。例如，复印品上经常出现的底灰，它的产生原因主要是光学系统污染造成曝光量不足，但也可能是由于显影器、显影剂参数失调，或充电、曝光灯、转印、清洁、消电等部分工作不正常造成的。这就使故障分析变得复杂化。但另一方面，所有的复印品质量故障的产生又有它的规律性，一般对它的分析和检查应密切地与复印过程和基本原理联系在一起，从充电、曝光、显影、转印、清洁、消电逐一检查。

● 根据显示出的故障代码分析故障。

现代复印机的自动化程度已达到了一个很高水平。一台具有自我诊断记忆功能的复印机，当某部位出现异常现象时将会自动停机报警，并会显示出代表故障性质或类别的代码。只要知道每一个故障代码所代表的故障现象与性质就能很容易地去采取措施排除故障。

现代高档复印机往往具有几十种故障代码，操作者很容易根据各种代码显示去分析故障和排除故障。

● 应用输入、输出检查功能来分析故障。

具有自我诊断功能的复印机一般还具有输入、输出检查功能。各种传感器分布在静电复印机的各个部位。当静电复印机工作时，它们将产生反映各种现行状态的信息和数据，通过连接线路传送给控制电路。例如，紧贴在定影热辊表面的热敏元件（热敏电阻、热电偶）产生定影热辊表面温度检测信号；卡纸传感器用来检测卡纸位置，并由控制电路控制停机和显示卡纸位置。每一台复印机都有数十个、数种类型的传感器。

具有输入、输出功能的复印机都能以其固有的方式使其进入输入、输出检查状态。这时复印机不能进行一般的复印动作。根据输入、输出检查编码目录，用数字键输入所需检查项目的信号源的编码，这时在操作面板上会显示出所需检查项目信号源的状态。人为地改变所需检查项目信号源的状态，观察面板显示状态是否变化，从而可以判断所检查的传感器是否完好。例如，复印机中做卡纸检测用的光电传感器一般不易检测，采用输入检查方法就十分方便。使机器进入输入、输出检查状态，输入该传感器的编码，拨动传感器观察面板显示的变化，就可以判断该光电传感器的好坏。

负载是静电复印机中具体执行某个复印动作的部件，也叫执行机构。它们接收来自控制电路的控制信号，并按照控制要求完成复印操作。扫描灯、定影加热器、电晕放电器，以及各种交流和直流电机、电磁离合器等都是控制系统中的负载。当某一负载发生问题时，复印机将会产生故障。而采用输出检查方法，可以很方便地查找故障所在。输出检查时，将需检查的输出负载的代码输入后再按复印键，所选择的负载就会动作。根据负载的动作状态就可以判断该负载的好坏。例如，某复印机复印时经常在对位辊处卡纸，我们就可以采用输出检查的方法，将该机进入输入、输出检查状态，输入代表该对位辊电磁离合器的代码。然后按复印键，观察该电磁离合器的动作，从而可以判断故障是电磁离合器损坏造成的，还是控制电路有问题造成的。这样，就大大提高了处理故障的准确性。

（2）复印机维修模式。

复印机维修模式是复印机的测试功能、维修方式、模拟功能、维修程序、检验功能等方式的统称。复印机维修员能在维修模式下对复印机的主要工作单元或元件进行功能检验，因机制宜地进行设置和调整工作。以键盘操作为主、方法简便、针对性强、效果明显是在维修模式下做检验设置和调整工作的特点。尤其是在判断复印机故障、矫正复印件缺陷方面，凸显出事半功倍的效果。

① 维修模式的进入。

常用的进入复印机维修模式的方法可概括为两种：一种是模拟复印机采用的按微动开关进入，另一种是数码复印机采用的按操作键进入。

复印机的自诊断主要有两大功能：即元器件输入/输出诊断和故障代码自诊断。

复印机的自诊断需要先进入维修模式状态。如何进入维修模式状态各维修手册均有详细介绍。不同机型的代码不同，同一品牌不同型号的代码相近但略有不同，所以应参考各自的维修手册进行测试。具体的代码在指令维修手册中都有具体说明。

② 输入诊断。

输入诊断则是在复印机进入维修状态的基础上输入相应的代码，然后改变各传感部件（光电遮断传感器、微触开关、热敏电阻等）的通断状态，达到检测它们的工作是否正常。不同机型的代码不同，同一品牌不同型号的代码相近但略有不同，所以应参考各自的维修手册进行测试。

③ 输出诊断。

输出诊断则是在复印机进入维修状态的基础上，输入相应的代码，判断各输出零部件（马达、电磁离合器、继电离合器）是否有相应的动作，从而判断它们的工作是否正常。

④ 故障代码。

复印机在运行中都会对不同零部件的运转进行实时监控，如果某一零部件的输入/输出异常，则在复印机的操作面板上显示相应的代码。较常见的故障代码一般有卡纸、门开关、缺墨粉、废粉满等用户可以自行解决的故障。其他一些涉及元器件损坏的代码诸如曝光异常（灯断、温度保险丝熔断、曝光灯控制器不良等）、定影异常（定影灯断、热敏电阻不良、固态继电器不良、定影温度保险开关不良、控制板不良等）；扫描灯架移动异常（电机不良、钢丝绳不良、灯架传感器不良、马达控制板不良等）；传动异常（主马达不良、马达驱动板不良、电源板不良、控制板不良等），则需要维修人员检查或更换零部件后才能解决。

（3）检修数码复印机的基本原则。

① 先易后难。

检查复印机的故障，应遵循先易后难、逐个解决的原则。一般应根据自己的经验和故障现象，分析造成故障的可能因素，找出主要因素逐个解决直至排除故障。

② 尽量利用故障代码及输入、输出检查功能。

有自我诊断功能的复印机，尽可能根据故障代码检查故障，检查传感器和负载的好坏。

③ 根据复印过程，由大到小，逐步压缩故障区段。

具有自我诊断功能的复印机应采用逐段检查、逐步压缩故障区段的方法。对复印品质量故障，按充电、曝光、显影、转印、清洁、消电的顺序进行检修，对纸路故障应按搓纸、对位、分离、输纸、定影的顺序进行检修。

④ 出现故障时应立即切断电源。

当复印机突然出现故障时，应当立即切断电源，再进一步对机器进行试运转，以免使故障扩大。

（4）排除故障的基本方法。

① 间接排除法。对一些比较常见、简单的故障，可以很直观地了解故障产生的原因。例如，取出卡纸消除卡纸故障代码或信号，清洁搓纸轮或将复印纸取出重新整理后放入纸盒，故障即可排除。

② 清洁法。这是一种比较常用而又非常实用有效的方法。不管产生的故障是什么类型，有几个故障现象，首先按日常保养的要求进行一次全面的清洁保养。大部分故障可以在保养工作完成后即被排除。

③ 更换法。有些故障在采取清洁法以后，还是不能排除，这时就应考虑采取更换零件和消耗材料的方法。当光导体疲劳、显影剂疲劳、搓纸轮老化磨损、清洁刮板老化损伤时，

只有采取更换的方法故障才能彻底排除。机械传动中应用的齿轮、链轮、轴承、轴套等发生磨损时亦应及时给予更换。

④ 调整法。机器经一段时间使用后，会使一些部件发生质量下降、老化磨损等现象，但其中一些现象并不影响机器的正常运转，而只会造成复印品质量下降。对于这种情况，可以进行一些必要的调整来补偿。如光导体老化，造成复印品浅淡有底灰，即可以采用适当提高充电电流的方法使复印品图像有所改善；又如曝光灯老化造成复印品偏黑有底灰，即可以采用适当提高曝光灯电压的方式使复印品的图像有所改善。

⑤ 代换法。当出现故障的具体零部件难以确定时，可以利用代换法确定机器的故障。做法是，将所怀疑的零部件拆下，用同型号机器上的好的零部件代替，如果故障消除，说明换过的零部件是坏的；如果故障现象依旧，则说明换下的零部件是好的，可继续用此法对别的零部件进行检查。当然，这样做的条件是必须有同型号的机器或备有相应的零部件。但应注意，在进行电路板代替时，一定要慎重。因为有些有故障的电路板装到好机器上时，会损坏好机器上的其他电路板；而有些有故障的机器装上好的电路板后，会损坏好电路板。因此，进行电路板的代换时，一定要由有丰富经验的技术人员对电路板进行仔细检查后才能进行。同样，在对机器进行调整时，一定要由有维修经验的人员或专业维修技术人员进行。

4.3 项目实施

4.3.1 任务一：佳能 NP1215 复印机的使用、维护与维修

1. 实施要求

（1）了解 NP-1215 复印机的功能与结构；
（2）掌握 NP-1215 复印机的使用方法；
（3）掌握 NP-1215 复印机的日常保养；
（4）掌握 NP-1215 复印机的维护维修。

视频：佳能复印机
的使用、维护与维修

2. 实施步骤

NP-1215 复印机是日本佳能公司 20 世纪 80 年代末开发的一种机型，该机具有复印图像色调层次丰富、清晰度高、复印幅面大、结构小巧紧凑、一体化程度高、噪声小、易维护保养、外观色调高雅等特点，是办公复印设备中较为典型的一种机型。

（1）NP-1215 复印机的基本功能。

① A3 原稿和复印品原稿台固定；

② 50%～200%连续变倍；

③ 高性能的 OPC 鼓和特制的微细墨粉；

④ 噪声极为轻微，使操作者感到十分安静；

⑤ 自动控制曝光系统 AE；

⑥ 紧凑方便的前置纸盒方式；

⑦ 5 种色彩选择；

⑧ 节电功能；

⑨ 一分为二功能；

⑩ 恢复标准状况功能；

⑪ 自动缩放功能；

⑫ 自诊功能；

⑬ 供纸盒与手送两路供纸。

（2）NP-1215 复印机的基本规格。

NP-1215 复印机的基本规格见表 4-2。

（3）NP-1215 复印机技术指标。

表 4-2　NP-1215 复印机的基本规格

复印机	台式	光　源	卤素灯（300 W）
稿　台	固定式	感光材料	有机光导体（OPC）
镜　头	变焦镜头	复印过程	间接静电法
充　电	电晕式	浓度调节	自动和手动
曝　光	采用狭缝式（移动光源）	显　影	干式跳动法
转　印	电晕式	分　离	曲率和静电除电针
定　影	热压轮（900 W）式		

NP-1215 复印机内部结构示意图如图 4-37 所示。

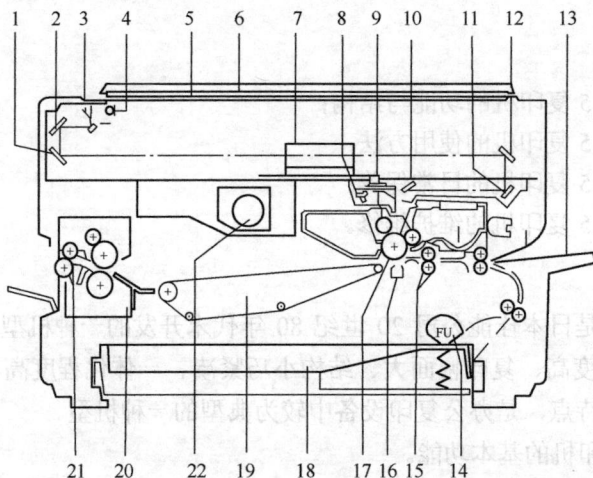

注：1—第 3 反光镜；2—第 2 反光镜；3—第 1 反光镜；4—原稿照明灯；5—原稿台玻璃；6—原稿台盖；7—镜头；8—前曝光灯；9—一次电晕器；10—第 6 反光镜；11—第 5 反光镜；12—第 4 反光镜；13—手送纸托架；14—送纸辊；15—定位辊；16—转印电晕器；17—感光鼓；18—复印纸盒；19—输纸部；20—定影器；21—排纸辊；22—排气扇。

图 4-37　NP-1215 复印机内部结构示意图

NP-1215 复印机的操作面板示意图如图 4-38 所示。

各操作键和显示的功能及作用如下。

① 分类/成组键。若机器装配有分页器时可按此键选择分类、成组或非分类状态。指示灯不亮表示非分类状态。

② 双页分离复印健。按此键指示灯点亮，A3 尺寸的原稿可分为两张 A4 尺寸的复印品或 B4 尺寸的原稿可分为两张 B5 尺寸的复印品。但每台复印机只有固定为其中一种尺寸的双页分离方式。

③ AE（自动/手动浓度控制）键。按此键可以使 AE 指示灯点亮或熄灭，指示灯亮时为自动浓度控制（AE）状态；指示灯熄灭时为手动浓度控制状态。

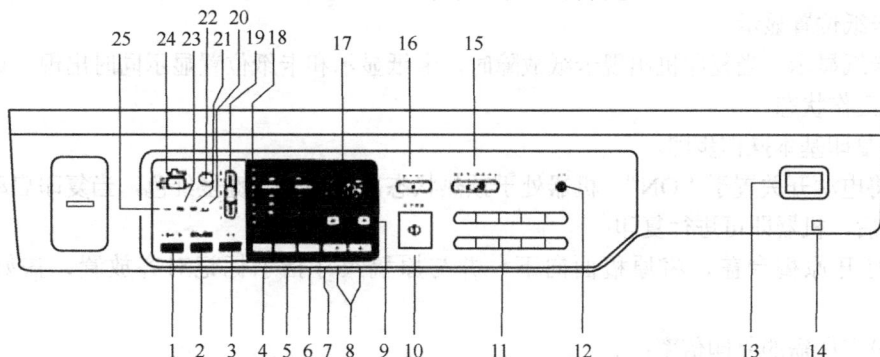

注：1—分类/成组键；2—双页分离复印键；3—AE（自动/手动浓度控制）键；4—定倍缩小键；
5—等倍键；6—定倍放大键；7—自动变倍键；8—连续变倍键；9—倍率显示键；10—启动键；
11—数字输入键；12—预热节能键；13—电源开关；14—电源指示；15—清除停止键；16—标准状态键；
17—复印张数显示；18—定倍的变倍显示；19—手动浓度调节杆；20—缺墨粉显示；21—缺复印纸显示；
22—复印浓度补正旋钮；23—张数控制卡检测显示；24—卡纸位置显示；25—卡纸显示。

图 4-38　NP-1215 复印机的操作面板示意图

④ 定倍缩小键。按此键复印倍率向比原来倍率缩小的固定倍率变化。

⑤ 等倍键。按下此键后机器固定为 1:1 的复印倍率。

⑥ 定倍放大键。按此键复印倍率向比原来倍率放大的固定倍率变化。

⑦ 自动变倍键。当机器装置有送稿器 DF/ADF 时此键才有效。若此键有效并按下时，机器可以自动变化复印倍率。

⑧ 连续变倍键。NP-1215 复印机的复印倍率可在 50%～200%范围内任意选择，按此键可在该范围内每步做 1%的倍率变化。

⑨ 倍率显示键。按此键可显示机器所设定的复印倍率。

⑩ 启动键。红色显示为复印不能进行，绿色显示为复印可以进行。当绿色显示时按此键机器开始进行复印。

⑪ 数字输入键。按这些键可以输入机器连续复印的张数。

⑫ 预热节能键。按此键后操作面板的全部显示灯熄灭。

⑬ 电源开关。

⑭ 电源指示。电源接通后此灯点亮。

⑮ 清除停止键。按此键可清除所设定的复印张数或终止连续复印过程。

⑯ 标准状态键。按此键机器固定为标准状态，其参数复印张数为 1、复印倍率为 1:1、AE 状态、非分类状态。

⑰ 复印张数显示。机器的连续复印张数、复印倍率和故障代码等都在这里显示。

⑱ 定倍的变倍显示。指示灯点亮的位置即为机器按该位置的复印倍率进行复印。

⑲ 手动浓度调节杆。用以调节复印品浓度，但只有 AE 指示灯熄灭时，移动该调节杆才起作用，否则复印浓度与该调节杆的位置无关。

⑳ 缺墨粉显示。此显示出现时，机器即停止进行工作。

㉑ 缺复印纸显示。该显示出现时，启动键显示红色，并且按复印启动键机器不动作。

㉒ 复印浓度补正旋钮。复印品浓度太浓或太淡时旋转此旋钮可调节复印品浓度为合适浓度。

㉓ 张数控制卡检测显示。机器没有安装张数控制卡时该显示不会出现。

㉔ 卡纸位置显示。

㉕ 卡纸显示。当复印机出现卡纸故障时，卡纸显示和卡纸位置显示同时出现，这时机器处于停止工作状态。

（4）复印基本操作步骤。

① 将电源开关置于"ON"。机器处于预热状态，复印启动键呈红色，当复印启动键显示变为绿色后，机器即可进行复印；

② 打开原稿台盖，将原稿面向下，并与原稿尺寸指示标记对齐放置，盖好原稿台盖；

③ 设定所需的复印倍率；

④ 若要手动浓度控制，按 AE 键，并将手动浓度调节杆置于合适的位置，AE 状态则不用进行此步骤；

⑤ 选定所需尺寸的复印纸盒；

⑥ 设定复印张数；

⑦ 按复印启动键。

（5）进行手送纸复印的基本操作步骤。

当机器处于可进行复印状态时（即启动键变为绿色时），手送纸复印可按如下步骤操作：

① 将原稿面朝下放置在原稿台玻璃上，盖好原稿台盖；

② 设定所需的复印倍率；

③ 确定复印品浓度，可选用 AE 状态或手动浓度调节状态进行复印；

④ 沿手送纸托架前侧送入一张复印纸。若连续进行手送纸复印，则每张纸间的间隔至少要 5 cm 以上。

（6）卡纸故障的处理方法。

在复印机构使用过程中，有时会出现卡纸现象。因此，操作人员应懂得卡纸故障的处理方法，才能确保机器的正常使用。卡纸故障的检查与处理步骤如下。

① 打开前门。

② 检查分离/输纸部是否卡纸。若纸张卡在这一位置，可逆时针方向转动输纸部解除手柄，小心取出所卡的复印纸。注意不要把纸弄破，且手不要触碰感光鼓。

③ 取出复印品后拿下接纸盘。

④ 打开排纸盖。

⑤ 检查定影器是否卡纸。若定影器内卡纸，按顺时针方向转动定影轮旋钮，将所卡的复印纸取出。

⑥ 关上排纸盖。

　　⑦ 打开手送纸托架，检查供纸部位是否卡纸，若卡纸，将所卡的复印纸取出，若复印纸已经搓出纸盒，也要将它取出来。

　　⑧ 关上手送纸托架和前门。

　　（7）缺复印纸显示的处理方法。

　　当复印机内没有纸盒或机内纸盒没有复印纸时，缺复印纸显示的处理步骤如下。

　　① 将纸盒从机体内拉出来。

　　② 添加与纸盒规格相同的复印纸。

　　③ 将纸盒推回到机内正确的位置。

　　（8）缺墨粉显示的处理方法。

　　复印机的显影器内墨粉不足时，当复印过程结束约 10 s 后操作面板上的缺墨粉显示灯会闪亮。缺墨粉显示后，机器不能进行复印。切断电源后重新接通，缺墨粉显示消失。缺墨粉显示的处理步骤如下。

　　① 打开前门。

　　② 按逆时针方向转动显影器解除手柄。

　　③ 将显影器拉出到锁定位置。

　　④ 打开显影器盖。

　　⑤ 使劲摇动墨粉盒 3～4 次后，将墨粉盒放置在显影器上。

　　⑥ 左手按住墨粉盒，右手拉拽封条，直到把封条完全拉开为止。

　　⑦ 轻轻敲打墨粉盒，使墨粉盒内的墨粉完全落入显影器内。

　　⑧ 小心将墨粉盒取开。

　　⑨ 关上显影器盖。

　　⑩ 将显影器推入机器内。

　　⑪ 按顺时针方向转动显影器解除手柄。

　　⑫ 关上前门。

3. NP-1215 复印机的维护与调整

　　复印机的日常保养是保持复印品图像质量最佳和减小故障率的重要措施。

　　（1）定期保养和定期更换零件。

　　为了使复印机的复印品质量达到最佳效果，用户应对复印机进行日常保养。同时，每复印一万张要进行一次定期保养。在准备进行定期保养时，应检查复印机的使用情况和复印总张数，准备好要更换的零件。

　　① 一次充电电晕丝的保养。打开前门，推拉一次电晕丝清洁器手柄，把电晕丝清洁干净。

　　② 转印充电器的保养。打开前门，用毛刷对整个转印充电器进行清扫。同时来回拉动电晕丝清洁滑快即可将电晕丝清洁干净。

　　③ 输纸部的保养。打开前门，用湿毛巾小心地擦拭输纸部及输送带。清洁时注意不能触碰感光鼓。

　　④ 给纸部的保养。打开手送纸托架，用湿毛巾清洁给纸辊和 U 形导纸板。

　　⑤ 分离爪的保养。打开前门和排纸部，用沾有酒精的湿毛巾把分离爪上的污脏物清除干净。

⑥ 原稿台玻璃的保养。用湿毛巾擦拭原稿台玻璃，再用干毛巾擦拭。

⑦ 原稿台盖板的保养。用蘸有酒精的毛巾将原稿台盖板擦拭干净。

（2）NP-1215 型机定期保养的基本步骤。

① 向用户询问复印机的工作情况，根据其意见检查复印机的工作状况。

② 将复印测试卡或清晰的报纸原稿复印数张，检查复印品的图像浓度、清晰度、底灰、定影情况，并注意机器在工作时有无杂音等毛病。

③ 按上述步骤②复印数张复印品进行检查，复印品图像无异常后留几张存档。

④ 填写维修服务卡，向用户报告机器的保养结果。

4．NP-1215 复印机常见故障的维修

（1）图像不良故障的初步检查。

复印机在使用中出现图像不良故障时，应首先进行日常保养工作，如不能排除，再进行如下检查。

① 检查复印机的使用环境。

● 工作电压是否正常；

● 工作环境温度是否在 7.5℃～32.5℃；

● 工作环境湿度是否在 10%～85%；

● 是否有阳光直接照射。

② 检查复印原稿。

检查图像不良是否因原稿引起或出自机器本身。

● 检查原稿颜色。黄色原稿易引起底灰，红色原稿易引起图像淡。

● 检查原稿浓度。原稿若是蓝图易引起底灰；原稿是铅笔书写的易引起图像淡。

③ 检查复印纸。

● 复印纸的规格是否符合要求；

● 复印纸是否受潮。

④ 检查复印机中易损件的使用情况。

● 检查感光鼓的使用寿命是否已到三万张，必要时应进行更换。

● 检查易损件是否已到使用寿命。

⑤ 其他

在冬天，从寒冷地方将机器移入室内使用时，机器的内部将会结露，从而引起图像不良等故障。

（2）图像不良故障的排除。

① 复印品全画面图像浅淡。

此故障的可能原因有以下几个。

a. 光学系统污脏。必须进行光学系统的清洁。

b. 转印不良。在复印进行中，在扫描灯扫描图像结束前切断电源，打开前门，卸下鼓组件，检查鼓表面上转印前的墨粉图像，若正常则是转印不良。

转印不良的主要原因是转印电晕器有故障。使转印电晕不能很好地将鼓表面上的墨粉图像转印到复印纸上。因此应检查转印电晕丝是否污脏，电晕丝的镀金层是否脱落，转印电极架是否有高压击穿跳火的痕迹。若有，应进行清洁或更换。

复印纸受潮也是转印不良的原因之一，若复印纸受潮，请用新包装的复印纸　试试。

c. 一次充电不良。一次充电电压不正常，使感光鼓表面不能充上足够的电荷。此时应检查一次电晕器的高压接头，栅极板有无污脏和接触不良，若有应进行清洁。必要时更换高压发生器。

d. 感光鼓不良。检查感光鼓，若已到使用寿命应进行更换。

② 复印品图像有底灰。

底灰故障的可能原因有以下几个。

a. 光学系统污脏。必须进行光学系统的清洁。

b. 扫描灯不良。应检查扫描灯的亮度，若因老化引起亮度达不到要求，则应更换扫描灯。

c. 感光鼓不良。检查感光鼓，若已到使用寿命则应更换。

③ 复印品图像前后侧浓度不均匀。

浓度不均的原因有以下几个。

a. 光学系统污脏。应进行光学系统的清洁。

b. 感光鼓一次充电不均匀。在感光鼓表面的一次充电电晕前后侧不均匀，引起图像前后侧浓度不均匀。这时应卸下鼓组件，进行一次电晕丝前后侧高度的调整。

c. 感光鼓不良。检查感光鼓，若已到使用寿命则应更换。

d. 扫描灯不良。若扫描灯前后侧亮度不均匀，则应更换扫描灯。

④ 复印品出现纵向细黑线。

此种故障的可能原因有以下几个。

a. 感光鼓不良。卸下鼓组件，检查鼓表面是否有圆周方向的损伤，必要时进行更换。

b. 鼓清洁器不良。检查鼓组件清洁刮板的刃口，有损伤时不能彻底清除鼓表面的废粉，这时应更换清洁刮板。

⑤ 复印品出现纵向灰黑条。

可能的原因有以下几个。

a. 光学系统污脏。应进行光学系统的清洁。

b. 鼓清洁器不良。检查鼓清洁刮板是否有局部变形，使感光鼓上的废墨粉不能彻底清除，应更换清洁刮板。

c. 感光鼓不良。检查感光鼓，若已到使用寿命应进行更换。

⑥ 复印品出现纵向白道。

可能的原因有以下几个。

a. 一次充电器不良。一次电晕丝若污脏，将使鼓表面充电不均匀，使图像出现纵向白道。推拉几次电晕丝清洁手柄，对电晕丝进行清洁。

b. 复印纸不良。检查复印纸。若受潮，用新包装的复印纸试试。

c. 显影器不良。检查显影磁辊上的墨粉分布情况，若不均匀，会使显影不足，引起复印品出现纵向白道。检查显影磁辊的刮板是否有杂物堵塞，有则应进行清洁。检查显影器内若无墨粉，则可能是墨粉传感器损坏了。

d. 感光鼓不良。检查感光鼓，若已到使用寿命应进行更换。

⑦ 复印品出现横向白区。

其原因有以下几个。

a. 一次和转印电晕器不良。检查一次和转印电晕器是否接触不良，电极架有无高压跳火击穿的痕迹，若有应进行清洁或更换。

b. 复印纸不良。检查复印纸是否受潮，若受潮，用新包装的复印纸试试。

c. 感光鼓不良。检查感光鼓的驱动部分是否有传动不良故障，使感光鼓在旋转时出现间歇性停转。

⑧ 复印品背面污脏。

原因有以下几个。

a. 鼓清洁器不良。鼓清洁器漏粉，使输纸部污脏，当复印纸经过输纸部时使复印纸背面污脏。检查鼓清洁器内是否有碎纸等杂物堵塞、色粉片是否变型、废粉盒内的废粉是否已装满。

b. 输纸部污脏。对输纸部进行清洁。

c. 显影器不良。检查显影磁辊的密封垫是否磨损漏粉，使转印导纸板污脏，引起印纸背面污脏。若已使用十万张应更换密封垫。

d. 定影器不良。检查定影上下辊表面，有墨粉严重污脏时应用汽油清洁并更换定影清洁轴辊。

4.3.2　任务二：柯尼卡美能达 DI2011 数码复印机的使用、维护与维修

1．实施要求

（1）掌握 DI2011 数码复印机的使用方法；

（2）了解 DI2011 数码复印机的功能与结构；

（3）掌握 DI2011 数码复印机的日常保养；

（4）掌握 DI2011 数码复印机的维护维修。

2．实施步骤

（1）认识柯尼卡美能达 DI2011 操作界面（如图 4-39 所示）。

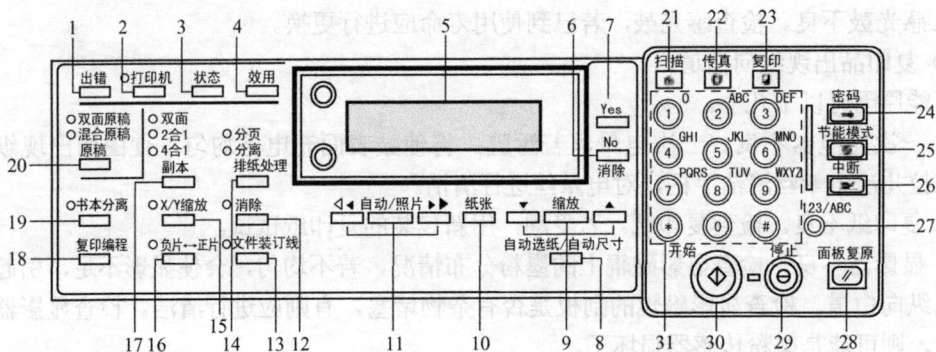

图 4-39　模拟、数码复印原理图

1—"出错"指示灯：出错时闪烁。

2—【打印机】键/指示灯：正在由计算机控制打印时灯亮，传输数据时闪烁。

3—【状态】键：用来查看计数器。

4—【效用】键：用来输入效用模式及显示第一个效用模式屏幕。

5—显示屏：显示设置菜单、错误信息及指定的设置（如副本份数和缩放倍率）。

6—【No】键：消除输入的数字和字母。返回到前一个屏幕。

7—【Yes】键：确认当前的设置。

8—【自动选纸/自动尺寸】键：按此键选择"自动选纸"或"自动尺寸"功能。

9—【缩放】键、▼和▲键：用来选择预先设定的放大或缩小倍率。每按一次，缩放倍率在×0.50 或×2.00 之间以 0.01 为步长变化。在设置屏幕和菜单中用来指定选择向上或向下。

10—【纸张】键：用来选择打印纸尺寸。

11—【自动/照片】键：用来指定副本的扫描浓度。在设置屏幕中用来指定选择向左或向右。

12—【消除】键：用来选择要消除的原稿区域。

13—【文件装订线】键：按此键则选择"文件装订线"功能。

14—【排纸处理】键：用来选择副本的"排纸处理"功能。

15—【X/Y 缩放】键：用来指定垂直方向和水平方向不同的缩放比例。

16—【负片←→正片】键：按此键则复印的副本与原稿正好黑白颠倒。

17—副本键：用来选择"2 合 1"或"4 合 1"复印功能。

18—【复印编程】键：可存储复印编程。可选择并调用所存储的复印编程。

19—【书本分离】键：用来选择"书本分离"功能。

20—【原稿】键：用来选择"双面原稿"或"混合原稿"功能。

21—扫描键：按此键进入扫描模式。指示灯亮绿灯表示主机已进入扫描模式。

22—传真键：在本机器中不起作用。

23—复印键：按此键进入复印模式。指示灯亮绿灯表示主机已进入复印模式。

24—密码键：用于用户管理。

25—节能模式键：按该键进入节能模式。

26—中断键：按此键可以进入中断模式。指示灯亮绿灯表示主机已进入中断模式。再按此键则退出中断模式，并返回到进入中断模式前的模式。

27—【123/ABC】键：在本机器中不起作用。

28—面板复原键：取消所有的复印功能，并恢复到各自的默认设置。删除所有排队等候的工作。

29—停止键：停止多页复印操作。

30—开始键：开始复印。

31—数字键盘：用来指定副本份数，用来输入设定值。

在本机器中【*】和【#】键不起作用。

（2）柯尼卡美能达 DI2011 复印的基本操作过程。

① 开机。

打开电源：按主开关打开侧（|）。

关闭电源：按主开关关闭侧（○）。

打开电源时，【开始】键绿色闪烁，表示正在准备复印中。此时，在自动输稿器里放置纸张，按【开始】键，可自动启动复印。但是，此时按下【开始】键也不能马上开始复印。需要约 30s（室温 23℃）的准备时间。

初始模式：打开主机电源时，操作面板进入初始设定功能的指示灯都亮起。这种状态称为初始模式。初始模式是进行所有操作的基本模式。

初始设定如下。

- 复印页数：1。
- 复印浓度：自动。
- 倍率：100%（等倍）。
- 纸张：自动选纸（安装有自动输稿器）。
- 分选：不分页。

使用技巧：可根据用户的选择改变初始模式的设定。

② 复印。

将导纸板调整到与原稿尺寸一致。将要复印的原稿面朝上放置。

注意：

- 原稿位置最多为 50 张。
- 原稿放置请勿超过▼标记的范围。
- 请将导纸板调整到与原稿贴靠。设置不正确时，会造成原稿被歪斜地送进。
- 在自动输稿器上，可将尺寸不同的原稿一起放置进行复印。

设定复印模式：纸盒、缩放、浓度、高级功能。

按下【开始】键，放置在最上面的原稿依次被送进，复印开始。

③ 放大/缩小。

使用固定缩放设置进行复印。

a. 装入要复印的原稿。

b. 按【缩放】键，然后选择所需要的缩放倍率。每按一次【缩放】键，缩放倍率都会发生变化。

c. 选择所需要的其他复印设置。

d. 用数字键盘输入需要复印的副本份数，然后按【开始】键。

（3）柯尼卡美能达 DI2011 维护维修。

搓纸/传送部分如图 4-40 所示。

① 纸张分离辊组件和搓纸轮的拆卸。

a. 抽出第 1 纸盒。

b. 卸下两颗螺丝和安装托架。

c. 卸下纸张分离辊组件。

d. 按下纸张提升板。

e. 从搓纸轮组件上取下一个 C 形环。

f. 将搓纸轮组件滑向后侧，以便从前面拉出衬套。

g. 取下一个 C 形环，卸下搓纸轮。

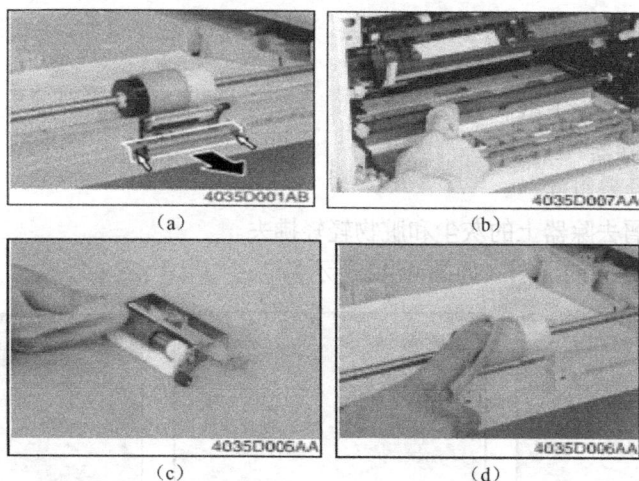

图 4-40　DI2011 搓纸传送维护保养图

② 清洁纸张分离器。

a. 卸下纸张分离辊组件。

b. 用蘸有酒精的软布将纸张分离辊上的污物擦干净。

③ 清洁搓纸轮。

a. 卸下纸张分离辊组件。

b. 用蘸有酒精的软布将搓纸轮上的污物擦干净。

④ 上/下同步辊的清洁。

a. 打开右侧门。

b. 拆下成像单元。

c. 用蘸有酒精的软布将上/下同步辊的污物擦干净。

⑤ 拆卸纸屑去除器组件（如图 4-41 所示）。

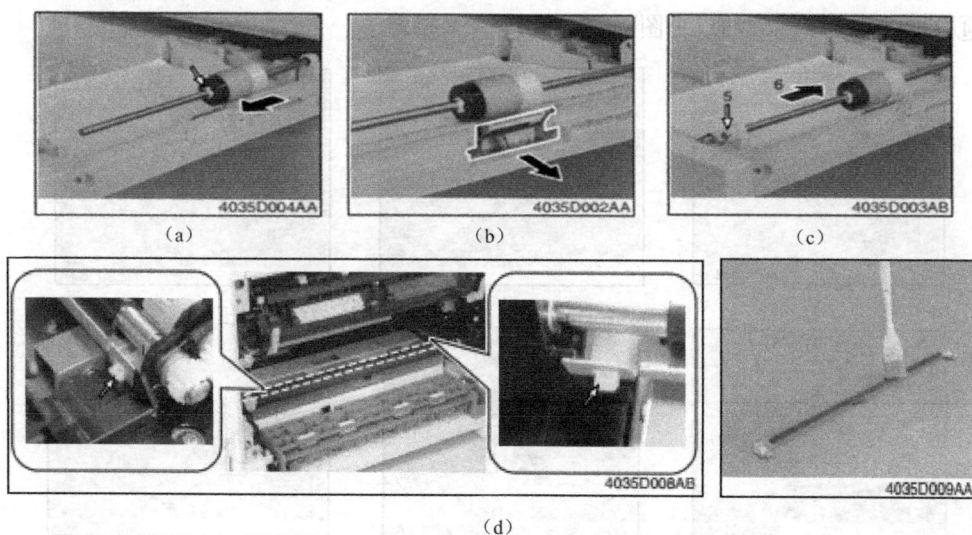

图 4-41　纸屑去除器组件

a. 打开右侧门。

b. 拆下成像单元。

c. 取下两个压片，拆下纸屑去除器组件。

⑥ 清洁纸屑去除器。

a. 拆下纸屑去除器组件。

b. 用刷子将纸屑去除器上的灰尘和脏物轻轻拂去。

⑦ 手送进纸传送辊的清洁（如图 4-42 所示）。

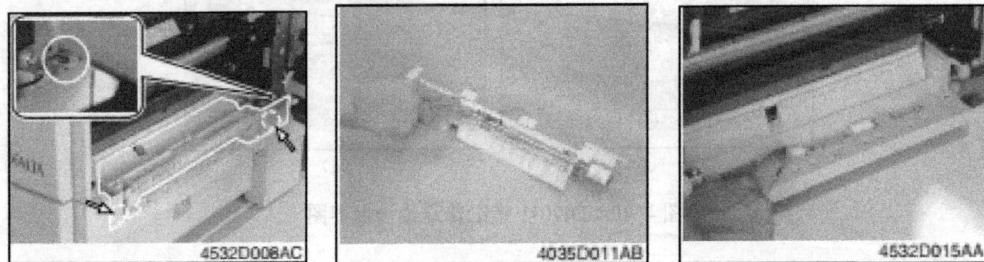

图 4-42　手送进纸传送辊的清洁

a. 拆下右后盖。

b. 打开右侧门。

c. 卸下两个螺丝，拔出一个连接器，卸下手送进纸组件。

d. 用蘸有酒精的软布将手送进纸传送辊上的污物擦干净。

IR 部分的清洁如下。

① 原稿玻璃和原稿扫描玻璃的清洁：用蘸有酒精的软布将原稿玻璃和原稿扫描玻璃上的污物擦干净。

② 反射镜的清洁。卸下原稿玻璃；用蘸有酒精的软布将反射镜上的污物擦干净。

③ 透镜的清洁。卸下原稿玻璃；用蘸有酒精的软布将透镜上的污物擦干净。

④ CCD 感应器的清洁（见图 4-43）。

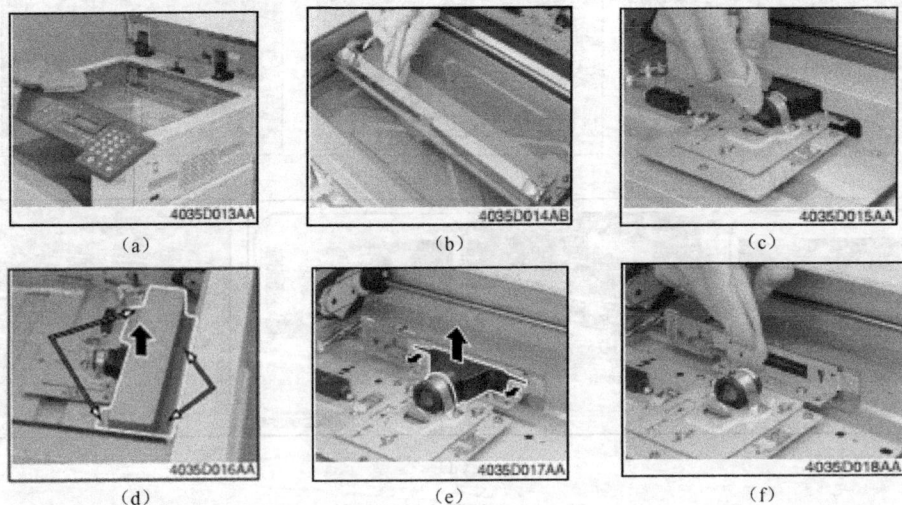

图 4-43　CCD 感应器清洁图

卸下原稿玻璃；卸下四颗螺丝及 CCD 单元盖；拉开透镜盖两侧的压片，取下透镜盖；用蘸有酒精的软布将 CCD 感应器上的污物擦干净。

⑤ PC 感光鼓的拆卸（见图 4-44）。

图 4-44　感光鼓拆卸图

卸下两颗螺丝和枢轴；卸下 PC 感光鼓；卸下主消电灯；按照箭头方向在后面转动支架，从侧面托架上卸下；按照箭头方向滑出 PC 感光鼓充电电晕。

注意：请用保护布保护卸下的 PC 感光鼓。如果更换新的 PC 感光鼓，请在新 PC 感光鼓的表面上涂一层炭粉。

⑥ 臭氧过滤器的拆卸（见图 4-45）。

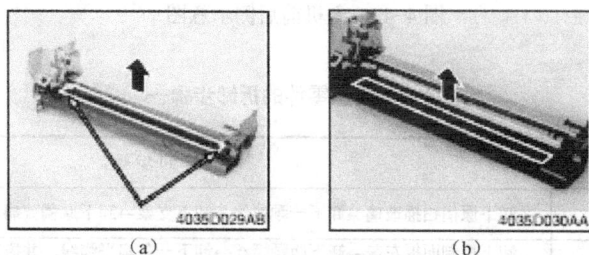

图 4-45　臭氧过滤器拆卸图

卸下两颗螺丝和主消灯；卸下臭氧过滤器。

⑦ 显影剂的更换（见图 4-46）。

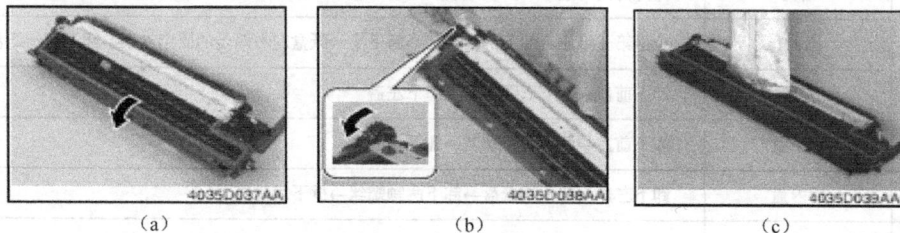

图 4-46　显影剂的更换图

a. 倒掉显影剂。

按照箭头方向旋转齿轮，显影单元如图 4-46（b）所示倾斜，倒出套辊表面上的显影剂。

注意：此时若反向旋转齿轮可能会损伤清洁 ATDC 感应器的聚酯薄膜。倾倒显影剂，直到几乎没有显影剂粘在套辊上为止。

b. 倒进一袋新显影剂。注意：倒入前反复摇晃显影剂袋。更换显影剂后，进行"ATDC 自动调整"，并输入调节标签上的调节值。

（3）门、盖及外部零件的识别与拆卸步骤。

主机（如图 4-47 所示为主机前、后侧）的零件的拆卸步骤如表 4-3 和表 4-4 所示。

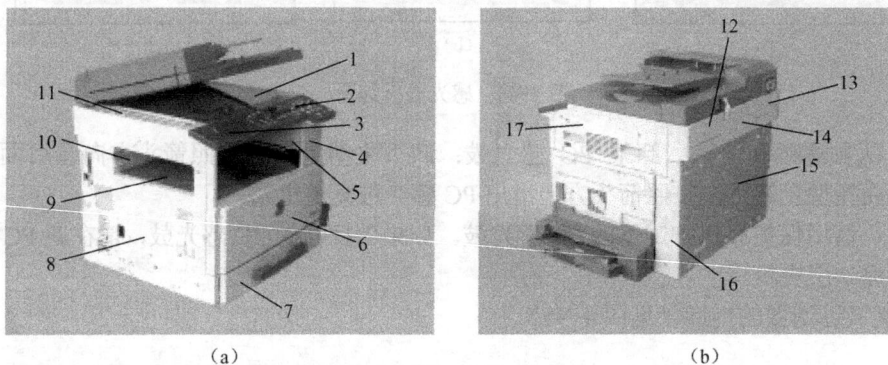

（a）　　　　　　　　　　　　　　　　　（b）

图 4-47　主机前后侧示意图

表 4-3　主机零件的拆卸步骤一

序　号	零件名称	拆卸步骤
1	原稿玻璃	卸下原稿扫描玻璃→卸下一颗螺丝→卸下支架→卸下原稿玻璃
2	控制面板	卸下控制面板左盖→卸下两颗螺丝→卸下一条扁平缆线，并拔出一个连接器→卸下控制面板
3	控制面板左盖	卸下一颗螺丝→卸下控制面板左盖
4	前盖	卸下控制面板→抽出第一纸盒→打开前门→卸下六颗螺丝→卸下前盖
5	排纸盖	卸下前盖→卸下一颗螺丝→卸下排纸盖
6	前门	打开前门→取下C形环→将前门滑到右侧卸下
7	纸盒1	拉出第一纸盒→卸下两颗螺丝→卸下第一纸盒左右两端的固定支架→卸下第一纸盒
8	左盖	卸下前盖→卸下五颗螺丝→卸下左盖
9	排纸盘	卸下前盖→卸下两颗螺丝→卸下排纸盘
10	后内盖	卸下左盖→卸下排纸盘→卸下两颗螺丝→拆下后内盖
11	原稿扫描玻璃	卸下左盖→卸下两颗螺丝→卸下原稿扫描玻璃

表 4-4　主机零件的拆卸步骤二

序　号	零件名称	拆卸步骤
12	左后盖	卸下后上盖→卸下四颗螺丝→卸下左后盖
13	后上盖	卸下四颗螺丝→卸下后上盖
14	后盖	卸下九颗螺丝→卸下后盖 注意：安装后盖时，请务必分辨螺丝类型
15	右后盖	卸下后上盖→卸下三颗螺丝→拆下右后盖
16	右后盖	卸下两颗螺丝→拆下右后盖
17	右盖	卸下后上盖→卸下前盖→卸下四颗螺丝→卸下右盖

4.3.3　任务三：震旦 AD369 数码复印机的使用、维护与维修

1. 实施要求

（1）了解 AD369 数码复印机的总体识别。

（2）掌握 AD369 数码复印机的使用方法。

（3）掌握 AD369 数码复印机的维护方法。

（4）掌握 AD369 数码复印机的基本故障维修。

2. 实施步骤

（1）AD369 复印机总体识别。

AD369 复印机的主体识别见图 4-48。

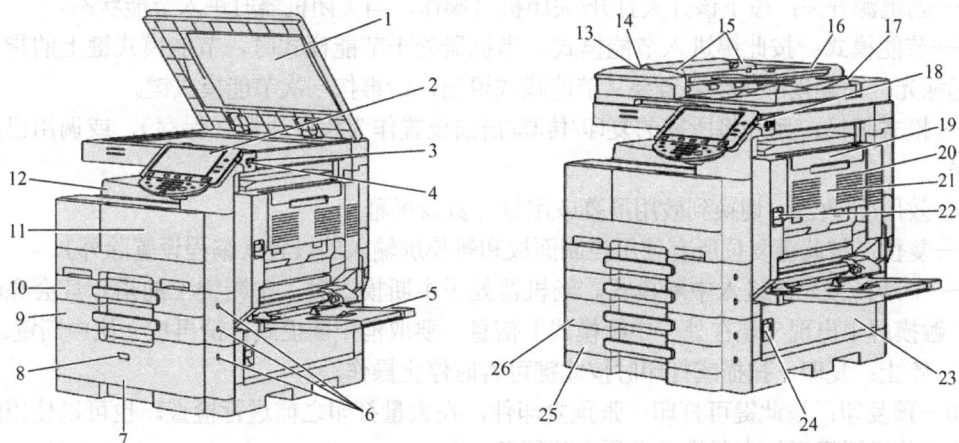

注：1—原稿衬垫；2—控制面板；3—USB 端口（A 类）USB 2.0/1.1；4—USB 端口（A 类）USB 2.0/1.1；
5—手送托盘；6—缺纸指示灯；7—大容量纸盒；8—纸盒释放按钮；9—纸盒 2；10—纸盒 1；11—前门；
12—出纸盘；13—左盖释放杆；14—左盖；15—横向导板；16—原稿进纸盒；17—原稿出纸盘；18—副电源开关；19
—自动双面器组件锁释放杆；20—右顶门；21—自动双面器组件；22—右顶门释放杆；23—右底门；
24—右底门释放杆；25—纸盒 4/储藏盒；26—纸盒 3。

图 4-48　AD369 复印机的主体识别图

（2）AD369 操作面板识别及功能如图 4-49 所示。

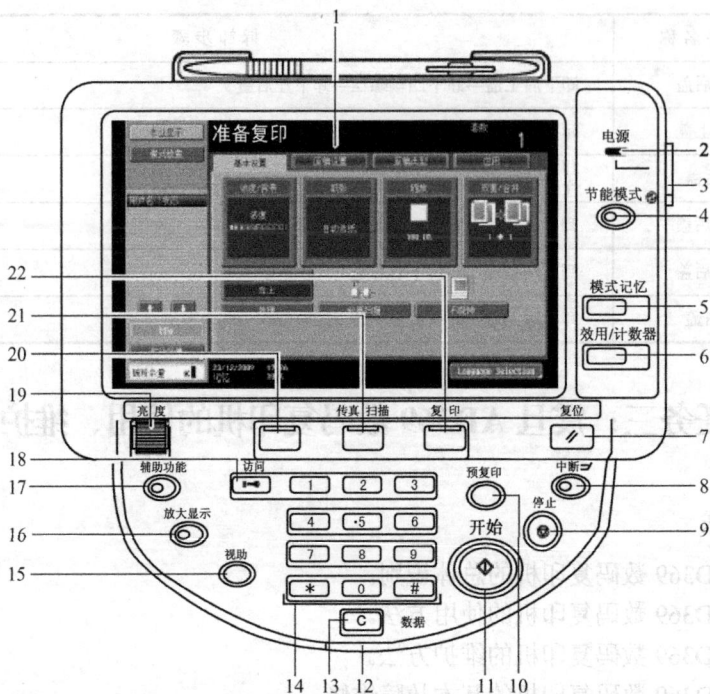

图 4-49　震旦 AD369 数码复印机操作面板示意图

1—触摸屏：显示各种屏幕与信息。直接按触摸屏便可以配置各种设置。

2—电源指示灯：当用主电源开关打开本机时亮起蓝光。

3—副电源开关：按下该开关打开/关闭机器操作。当关闭机器时进入节能状态。

4—节能模式：按此键进入节能模式。当机器处于节能模式时，节能模式键上的指示灯会亮起绿光，而触摸屏关闭。若要从节能模式退出，请再按一次节能模式键。

5—模式记忆：允许将所需的复印/传真/扫描设置作为程序注册（保存），或调用已注册的程序。

6—效用/计数器：切换到效用屏幕或用量计数器屏幕。

7—复位：按此键复位所有使用控制面板和触摸屏输入的设置（编程设置除外）。

8—中断：按此键进入中断模式。当机器处于中断模式时，中断键上的指示灯会亮起绿光，且触摸屏中出现［现在处于中断模式］信息。要取消中断模式，请再按一次中断键。

9—停止：复印、扫描或打印时按此键可暂时停止操作。

10—预复印：按此键可打印一张预复印件，在大量打印之前进行检查。也可以使用触摸屏中的当前设置显示结束图像（必须安装硬盘。）

11—开始：按下此键开始复印、扫描或传真操作。

12—数据指示灯：接收打印作业时闪烁蓝光。在打印作业排队等待打印或正在打印时发蓝光。当有保存的传真数据或未打印的传真数据时，指示灯亮起蓝光。

13—C（清除）：清除用数字键盘输入的数值（如份数、缩放比率和尺寸）。

14—数字键盘：允许用户指定份数，允许用户输入放大倍数，允许用户输入各种设置。

15—帮助：切换到帮助屏幕。可以显示功能和操作步骤的说明。

16—放大显示：进入放大显示模式。如果使用 Authentication Manager 进行认证，则放大显示屏幕无法使用。

17—辅助功能：按此键显示用于配置用户辅助功能设置的屏幕。

18—访问：如果应用了认证系统或账户跟踪设置，在输入用户名与密码（用于用户认证）或账户名称与密码（用于部门管理）之后按下访问键以使用本机。

19—亮度旋钮：允许调整触摸屏的亮度。

20—Box：按此键进入用户 Box 模式。当机器处于 Box 模式时，Box 键上的指示灯会亮起绿光。

21—传真/扫描：进入传真/扫描模式。当机器处于传真/扫描模式时，传真/扫描键上的指示灯会亮起绿光。

22—复印：按此键进入复印模式（机器默认为复印模式）。当机器处于复印模式时，复印键上的指示灯会亮起

（2）AD369 复印机的使用。

① AD369 复印机基本设置选项特点。

基本设置选项图如图 4-50 所示。

浓度/背景：按此按钮指定进行复印的浓度。

纸张：按此按钮配置进行复印的纸张类型和纸盒。

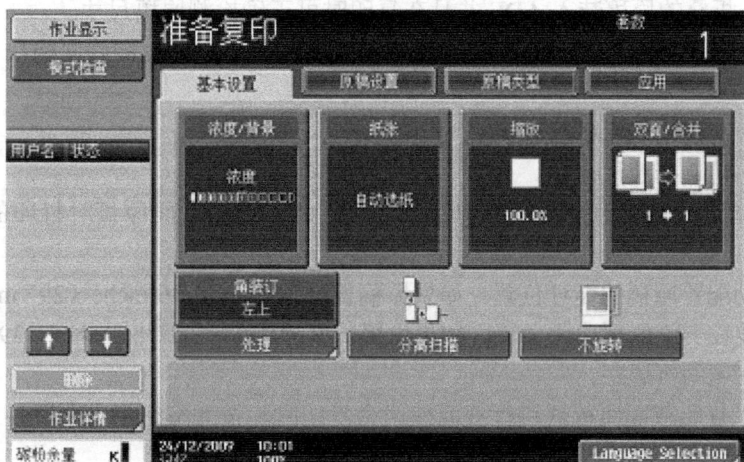

图 4-50　基本设置选项图

缩放：按此按钮选择要复印图像的缩放比率。

双面/合并：按此按钮配置双面复印和组合复印设置。

结束程序：事先配置经常使用的偏移设置和结束设置。只需按下该按钮即可启动优先的结束功能。

处理：按此按钮选择分页设置和复印件的排纸处理状态。

分离扫描：选择该项可分割大量原稿并分几批扫描。

不旋转：选择该项根据纸张方向复印原稿，而不旋转图像。

Language Selection：显示语言设置屏幕指定要在触摸屏上显示的语言。

② AD369 复印机原稿设置选项特点。

配置原稿状态或原稿方向以输出需要的份数，按【原稿设置】即可打开。

原稿设置选项图，如图 4-51 所示。

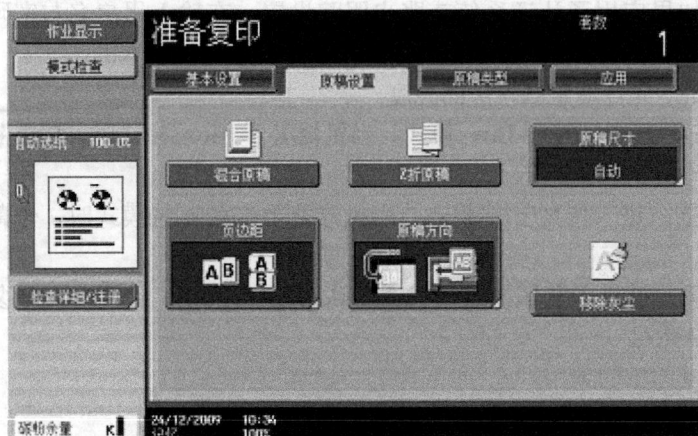

图 4-51　原稿设置选项图

混合原稿：将不同尺寸的原稿装入 ADF 并一次性扫描。

Z 折原稿：折叠的原稿装入 ADF 并且在复印时可正确检测原稿尺寸。

原稿尺寸：选择【自动】可自动检测原稿尺寸。如果未自动检测到原稿尺寸，请选择原稿尺寸。

自定义尺寸：请输入原稿尺寸。

照片尺寸：请选择照片尺寸。

页边距：指定原稿装订位置（页边距），以防止在扫描双面原稿时打印的复印件上下颠倒。

自动：自动配置原稿的装订位置。如果原稿长度为 11～11/16 inche（297 mm）或更小，则选择沿纸张较长一侧的页边距位置。如果原稿长度超过 11～11/16 inches（297 mm），则选择沿纸张较短一侧的页边距。

原稿方向：复印双面原稿或进行双面或组合复印时，按此按钮指定原稿装入 ADF 或放在稿台上的方向。

移除灰尘：减小当将原稿装入 ADF 时狭长扫描玻璃上的灰尘对复印输出件的影响。

③ AD369 复印机原稿类型选项特点。

选择原稿图像类型的设置，以便更好地调整复印质量，按【原稿类型】即可打开原稿类型选项图，如图 4-52 所示。

文本：复印仅包含文本的原稿。如果图像易于辨识，则清晰地再现所复印文本的边缘。

文本/照片：把来自包含文本及图像的原稿中的照片打印到照片纸上时选择此设置，可得到平滑的复印图像。

打印照片：复印包含文本及图像的打印原稿时（如小册子或目录）选择此设置。

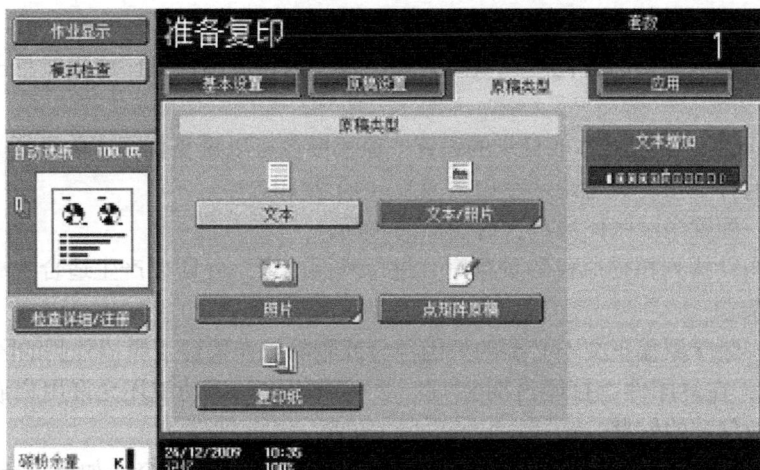

图 4-52　原稿类型选项图

照片：把原稿照片打印在照片纸上时选择此设置。选择该设置可以更好地再现使用普通设置无法再现的半色调原稿图像（照片等），可得到平滑的复印图像。

打印照片：复印打印原稿时（如小册子或目录）选择此设置。无法使用普通设置再现的半色调图像（照片等），会以尽可能接近原稿的状态进行再现。

点矩阵原稿：复印仅含暗淡文本的原稿时，如用铅笔书写的文本，请选择此设置。复印文本时使其变深，可使文本易于辨识。

复印纸：复印用本机打印的图像（原稿）时选择此设置。

文本增加：为照片覆盖文本（背景文本）的原稿调整文本再现级别，使背景上的文本变得清晰。为了在背景中强调文本，按【暗文本】，向"+"方向调整设置。为了强调背景图像，按【亮文本】，向"-"方向调整设置。选择【照片】以外的项目时，可以配置【文本增加】。

④ AD369 复印机应用选项特点。

应用选项主要进行复印的应用设置，应用选项示意图如图 4-53 所示。

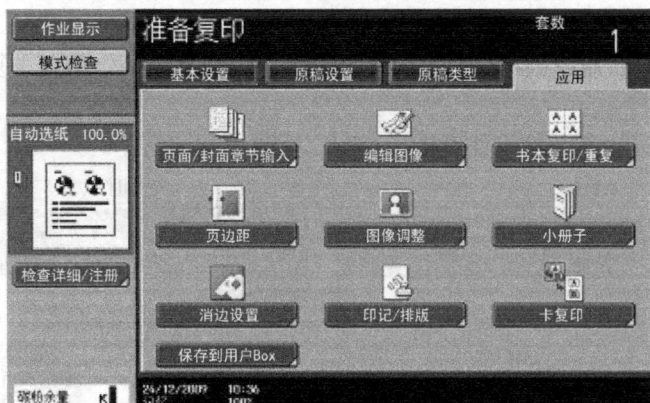

图 4-53　应用选项示意图

页面/封面章节插入：向进行复印的纸插入另一张纸或添加封页。也可以扫描多份具有不同设置的原稿。

编辑图像：颠倒原稿的对比度或灰度级别，或者以镜像图像打印原稿。单击此按钮调整图像质量。

书本复印/重复：配置书本或目录的设置。原稿图像可以重复打印在单张纸上。

页边距：选择纸张的页边距（空白区域），用于复印。

图像调整：配置当纸张比原稿大时图像的布局。

小册子：自动排列扫描原稿的页顺序并进行双面二合一复印以产生适合中央装订书籍的页面布局，如杂志。

消边设置：删除原稿正文不必要的外围部分或删除放在稿台上原稿外侧的区域。

印记/排版：在复印件上打印日期/时间、页码或印记。该功能还允许用户嵌入防止对文件进行未经授权复印的信息。

卡复印：在一张纸上复印卡片尺寸原稿正面和背面上的内容，如保险卡、驾驶执照或名片。

（3）AD369 复印机的维护。

① AD369 复印机有关纸张使用的注意事项：

● 不要使用有折痕、卷曲的、起皱的或破损的纸张；

● 不要使用开封时间很长的纸张；

● 不要使用潮湿的纸张、穿孔的纸张或打过孔的纸张；

● 不要使用极光滑或极粗糙的纸张，或表面不平的纸张；

● 不要使用经过处理的纸张（如复写纸）、热敏纸、压感纸或热转印纸；

● 不要使用装饰有箔片或浮雕效果的纸张；

● 不要使用非标准形状（非矩形的纸张）的纸张；

● 不要使用用胶、装订针或曲别针装订的纸张；

● 不要使用贴有标签的纸张；

● 不要使用贴有丝带、钩子、纽扣等物体的纸张。

纸张的储藏：将纸张储藏在阴凉干燥处。如果纸张受潮，可能会发生卡纸。储藏纸张时要平放，不要靠其边缘竖立。卷曲的纸张能引起卡纸。

② AD369 复印机的耗材更换。

到了需要更换炭粉瓶或鼓组件时，会在屏幕上方出现高级警告信息。复印机在出现信息后将停止工作。

AD369 复印机显影剂及鼓组件更换示意图，如图 4-54 所示。

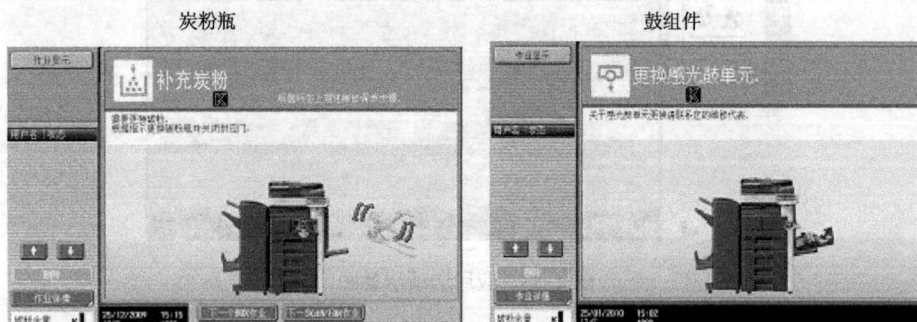

图 4-54　AD369 复印机显影剂及鼓组件更换示意图

检查耗材状态：在检查耗材寿命的界面中，可以检查耗材的状态（使用程度）。

a. 按下效用/计数器键。

b. 按【检查耗材寿命】。

如需打印使用水平列表，按【打印列表】，然后按【执行】或开始键。耗材寿命检测示意图如图 4-55 所示。

图 4-55　耗材寿命检测示意图

③ AD369 复印机的清洁步骤。

a. 清洁狭长扫描玻璃（见图 4-56）：打开 ADF；用干布擦拭狭长扫描玻璃；沿导板从后到前擦去污渍。

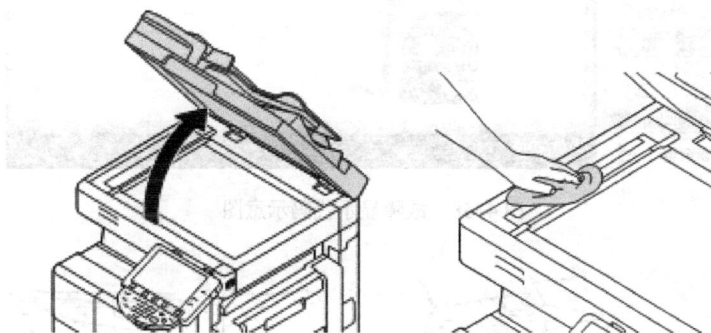

图 4-56　玻璃面板清洁示意图

b. 清洁稿台、控制面板、搓纸辊（见图 4-57）。

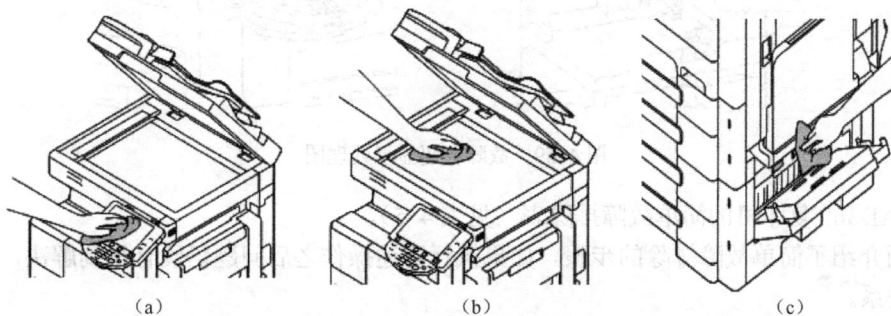

（a）　　　　　　　　　　（b）　　　　　　　　　　（c）

图 4-57　清洁稿台、控制面板、搓纸辊示意图

注意：切勿在控制面板上用力按压，否则按键和触摸面板可能会被损坏。用干燥的软布擦拭表面。机壳、原稿衬垫。切勿使用溶剂（如苯或稀释剂）清洁原稿衬垫。用蘸有中性家用洗涤剂的软布擦拭表面。当检测到问题时可呼叫维修人员）。

（4）AD369复印机的简单故障排除。

① 如检测到问题，执行信息中所述的操作。如果问题没有得到解决，请执行下列操作，然后与维修人员联系。通常情况下，维修人员的电话号码与传真号码位于屏幕的中央。故障显示代码示意图如图4-58所示，故障代码显示处理图如图4-59所示。

a. 在维修呼叫屏幕中写下故障代码；

b. 关闭副电源开关；

c. 关闭主电源开关；

d. 拔出本机的电源插头；

e. 与维修人员联系，并告知其记录下的故障代码。

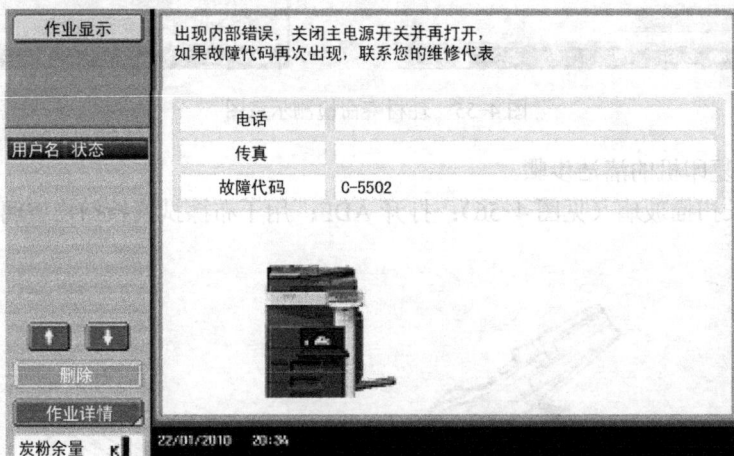

图4-58 故障显示代码示意图

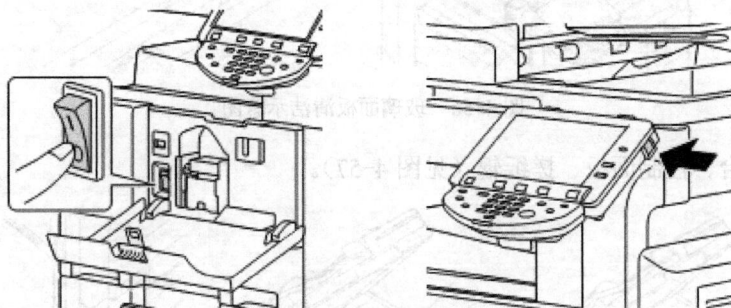

图4-59 故障代码显示处理图

② AD369复印机的简单故障排除表（见表4-5）。

下面介绍了简单故障排除的步骤。如果执行所述操作之后问题仍没有得到解决，请与维修人员联系。

表 4-5 AD369 复印机的简单故障排除表

问 题 说 明	检 查 点	排 除 方 法
打开主电源开关时机器不启动	电源插座是否有电	将电源插头正确地插入电源插座
	副电源开关是否打开	打开副电源开关
未开始复印	机器右侧门是否开启	关好机器右侧门
	是否没有与原稿匹配的纸张	将适当尺寸的纸张装入纸盒
图像太浅	复印浓度是否设为【亮】	按浓度屏幕中的【暗】，按照所需的复印浓度进行复印
	纸张是否潮湿	更换新纸张
图像太深	复印浓度是否设为【暗】	按浓度屏幕中的【亮】，按照所需的复印浓度进行复印
	原稿是否没有贴紧稿台	贴紧稿台将原稿放好
图像的某些部分变暗或模糊	纸张是否潮湿	更换新纸张
	原稿是否没有贴紧稿台	贴紧稿台将原稿放好
打印输出上遍布深色斑点或杂点；打印输出上有横条	稿台是否太脏	用干燥的软布擦拭稿台
	狭长扫描玻璃是否太脏	用干布清洁狭长扫描玻璃
	原稿衬垫是否太脏	用蘸有中性洗涤剂的软布清洁原稿衬垫
	原稿是否打印在高度半透明的材料（如重氮光纸或 OHP 胶片）上	在原稿上覆盖一页空白纸张
	是否在复印双面原稿	如果复印较薄的双面原稿，背面的打印内容可能也会出现在复印件的正面上。在背景调整屏幕中，选择亮的背景浓度
图像以角度打印	原稿是否正确放置	对照原稿刻度正确地放好原稿或将原稿装入ADF，滑动调整横向导板以适合原稿的尺寸
	原稿在 AD 中是否放置不当	如不能将原稿正确地送入ADF，把原稿放在稿台上进行复印
	狭长扫描玻璃是否太脏？（使用ADF时）	用干布清洁狭长扫描玻璃
	可调横向导板在贴紧纸张边缘时位置是否有误	将可调横向导板卡住纸张边缘
打印页卷曲	纸盒中是否装入了卷曲的纸张	将纸张装入纸盒前，将纸弄平
	是否使用了容易扭曲的纸张（如再生纸）	从纸盒中取出纸张，翻过来然后再重新装入。更换干燥的新纸张
打印图像的边缘较脏	原稿衬垫是否太脏	用蘸有中性洗涤剂的软布清洁原稿衬垫
	所选纸张尺寸比原稿大（使用"全尺寸"缩放设置（100.0%））	选择与文件尺寸相同的纸张。否则，选择自动将复印件放大到所选的纸张尺寸
	原稿的尺寸或方向是否与纸张不一致？（使用"全尺寸"缩放设置（100.0%））	选择与文件尺寸相同的纸张。否则，选择与原稿方向相同的纸张方向
	复印件是否被缩小到比纸张小（指定了缩小的缩放倍率）	选择缩放比率，将原稿尺寸调整到所选的纸张尺寸。否则，选择自动将复印件放大到所选的纸张尺寸
即使清除了卡纸，仍不能进行复印	在其他位置发生了卡纸	从其他位置清除卡纸
无法使用"双面>单面"或"双面"设置进行打印	是否选择了不能组合的设置	检查所选设置的组合

问 题 说 明	检 查 点	排 除 方 法
在已配置账户跟踪设置的机器上，即使输入了密码，仍不能进行复印	是否出现"你的部门已达最高限量"	与管理员联系
原稿不送入	ADF 是否略微开启	关好ADF
	原稿是否不满足规格要求	确认原稿可以装入ADF中
	原稿是否正确装入	正确放置原稿

4.4 拓 展 知 识

1. 复印机的选购及安装使用环境的要求

如何选购到一台令人满意而又经济实用的复印机，对没有专业经验的人来讲，是一件十分令人头痛的事。其实，在购买复印机之前明确几个问题，购机就会变得十分轻松。

（1）经济性：复印机的价格、档次与复印机的速度有很大关系，速度越高，一般价格也越高。如果对复印机价格要求不高，可选择价位较低的机型。

（2）适用性：复印机的复印量以满足办公需要为准。如果年复印量在 3 万张以下，建议选速度 15 张/分左右的低速机；年复印量在 4～7 万张间，考虑 20 张/分左右的中速机较佳；年复印量 7 万张以上，则建议使用 30 张/分以上的高速机。假如是新建单位，最好购买复印、传真、打印等一机多用的数码机，既节省了办公空间，又节约了办公费用。

（3）普遍性：购买时请选择市场占有率高、零配件好找的品牌。例如佳能、松下、理光、东芝等。

（4）低耗材：复印机的耗材主要包括墨粉、载体等，购买时建议选使用耗材价格比较低的机器。

（5）性能选择：目前复印机性能繁多，有基本复印、双面复印、缩放、配送稿、自动分页装订功能，数字机还有扫描上网、高速双面打印、双面发送或接收传真等强大功能，因此，选购时先确定所需要的功能，注意选用安装方便的品牌。

（6）环保功能：办公室的空气质量如何直接关系人的精神状态、工作效率，建议使用具有节能功能、环保功能的复印机。

（7）选择特色功能：每款复印机的基本功能大致相同，但又各具特色。如果当地气候比较潮湿，建议选择机器本身带有加热器、双组份的机器。

（8）售后服务：复印机的售后服务是个重要问题，购买时请选择信誉好、服务质量高的商家。

下面按具体使用用途分类介绍如何选购。

（1）便携式个人用机：复印幅面为 A4，薄型，可手提携带；复印速度为 5 张/分左右；装纸量为 50 张左右；无缩放功能。属于个人用机型，适合家庭用或经理办公室自用。一次复印量在 20 张以内，放置于桌面即可。特征：此种机型一般设计为显影仓单元更换型，或鼓粉一体装置。相对而言复印成本较高，消耗材料贵。如夏普 Z26、施乐 5350、佳能

FC220/230 等。

（2）小幅面经济型：复印幅面小，一般最大复印幅面为 A4～B4；复印速度慢，一般为每分钟 10～14 张；体积小，无需工作台，可直接放在办公桌或矮柜上。适用于 10 人左右、平均每月复印量较小的场合，使用这类复印机一次量不超过 100 页。推荐机型：施乐 XD-100、XE80、施乐 1040、美能达 1054、东芝 1568、施乐 5614。

（3）低速普及型：复印幅面为标准 A3；基本功能齐全；复印速度从每分钟 13～18 页，属于 A3 标准幅面最低档普及型机，供纸方式为单纸盒加手送的双纸路供纸方式。适用于 10 人左右、平均每月复印量在 3000 张以内的小型办公室，主要用于少量复印一些传真、通知、合同等文件。推荐机型：美能达 EP1054、EP1085、施乐 5615、东芝 1568、施乐 5618。

（4）中低档办公型：功能较齐全，复印速度从每分钟 20～28 页不等，供纸方式一般为双纸盒加手送。这类复印机是办公用的主要机型，可以满足日常的文印需求，还可偶尔承受小规模的批量复印。推荐机型：美能达 EP2030、东芝 2068、施乐 V250。其中，美能达 EP2030 稳定性较好，性能价格比最优，硒鼓寿命长，炭粉单支印量大。

（5）中速办公型：复印速度从每分钟 28～35 张，承印量较大；功能齐全；供纸容量大；一般为双纸盒加手送供纸，同时拥有手送多张、消边框/中缝等编辑功能。这类机型的适用范围较广。普通 50 人以下的单位均可选用，也可对外承印。推荐机型：美能达 3000、施乐 V338、东芝 2868、东芝 3560。其中，东芝 3560 功能最齐全；OPC 鼓耐用性高；炭粉印量大，性能价格比最优。

（6）中档功能型：性能基本同中速办公型，但此类型复印机可实现双面复印或双色等特殊功能，以节约纸张、提高办公效率，或满足用户的特殊文印要求，复印速度一般在 25～35 张。适合对复印机的速度和各项功能都有较高要求的办公场所，如要求复印机具有双面功能。推荐机型：美能达 EP3000、佳能 NP3050（可进行双色复印）、东芝 TH2870、东芝 TH3570、施乐 5026。双面双色型：佳能 NP3050（可选双面器）。

（7）高速高档型：复印速度快；40～50 张/分，自动化程度高；承印量大；多数本身带有双面复印功能。适用于大型办公室、小型文印中心等月印量在 20000～25000 印张的用户。推荐机型：美能达 EP4000、美能达 EP5000、东芝 4560/4570、施乐 5837。其中，美能达 EP4000/5000 及东芝 4560/4570 耐用性最好，性能价格比最优。

（8）高速柜式生产型：复印速度快，在 50 张/分以上；稳定性高；功能齐全；承印量大；带有液晶显示屏，全部为柜式一体且配有自动双面送稿器及分页器。适用场合：大型集团办公室的文印中心，需经常大量复印资料的培训中心、维修中心、资料室等月印量在此万份以上的场合。推荐机型：美能达 EP6001、东芝 6550、施乐 5845、施乐 5855。其中，美能达 EP6001 和东芝 6550 两种机型性能价格比最优，分页器均含装订功能。

（9）数码复印机：采用国际最先进的数码技术，所有原稿经数码一次性扫描存入复印机存储器中，即可随时复印所需的多页份数，降低了运动次数，减少磨损。超精细炭粉可印出超精确的网版、精密的文字及精美的文行，文字、图片均清晰再现，即使是细微的层次也能复印出来，数码化技术具有高技术、高质量、组合化、增强生产能力、可靠性强等一系列优点。适用场合：各种商务中心、外企、银行、高科技行业及高运作集团办公场所。

（10）工程复印机：复印幅面从 A4～A0，适合描图纸等多种复印材料，复印功能强且易于操作，适用于各种建筑公司、设计院及建筑工地设计事务所等。简易型：施乐 3001，只有复印机头，采用手动送纸。普通功能型：施乐 3030，可装工程图卷纸，有卷纸、输送及自动裁切装置。高功能型：施乐 8825/8830DDS，可进行放大和缩小复印操作，缩放范围为25%～400%，可进行网上数据传输，性能先进。

2. 复印机安装检验与环境要求

（1）环境温度应在 5～35℃之间，机器应远离热源，避免高温、高湿，以免机器元件损坏，复印品底灰大，图像质量差。

（2）环境相对湿度应为 20%～85%。环境湿度过大时，对复印机电晕充电、感光鼓表面电位、显影色粉、纸张等均有影响，不但使复印品质量下降，而且影响复印机元件的性能。

（3）环境的光线要适宜，避免安装在阳光直射或强光照射的地方。否则影响电控器件的性能、感光鼓的光电特性等，导致感光鼓、电子元件过早疲劳和老化，影响复印品的质量和机器的使用寿命。

（4）环境通风要良好，以保证空气新鲜，有利于调节室内的干湿度，减少或消除静电复印机在复印过程中产生的粉尘飞扬现象，并及时排出对人体有害的气体。

（5）环境粉尘每平方米应小于 0.5mg。否则会严重污染光学系统，影响传动部件的正常运转及复印品质量；严重时，会造成感光鼓划伤，使感光鼓的使用寿命缩短。

（6）安装场地空间要求因机型而异。一般工作间的面积要求为 12～15m²。

（7）机体上方不应堆放杂物，以免落下损坏机器。

（8）应避免放置在有腐蚀性气体的场所，否则会损害感光鼓、镜头、反射镜及其他精密机件。

（9）避免放置在任何高于海平面 2000 m 的场所。

（10）机器应平稳放置于机台或桌面上，支撑物必须坚固，不会随机器的运转而晃动。否则机件位置会失衡，导致复印品图像变形，甚至机器受损。

（11）避免将机器放置在可受到经常性强烈振动的场所。

（12）电源电压波动应在额定电压的 ±10%以下，避免与其他大功率电器共用同一插座。

（13）应确保机器接地良好，以保证操作人员的安全和机器的正常运转。

3. 静电复印机维护保养的常用材料

（1）砂纸：用来打磨需要焊接的零部件或打磨电极击穿烧焦的部分。

（2）酒精：用来清洁稿台玻璃、反光镜、电极丝及被污染的部件。

（3）丙酮：可用于清除墨粉或油污，但不能用来清洁感光鼓、塑料部件或电极丝。在使用时，应避免吸入其蒸气，并尽量减少与皮肤的接触。

（4）耐热润滑脂：用于润滑驱动机构，如稿台驱动齿轮、扭簧离合器。

（5）润滑油：通常用高级表油或缝纫机油，可润滑轴承、齿轮、稿台滑动轨等，但不可用于橡胶、尼龙、塑料部件等，以防老化。

（6）中性清洁剂：常用于擦拭机器的外部盖板、面板及其他注塑部件。

（7）棉绒布：该绒布柔软且不掉毛，常用于清洁感光鼓及其他怕磨损的部件。

（8）镜头纸：用于擦拭镜头、反光镜、防尘玻璃等光学部件。

（9）感光鼓清洁粉：用来清洁、擦拭感光鼓表面的指印、污迹或打磨、抛光感光鼓等。

（10）松香粉：有助于防止零部件的打滑或使稍有失灵的零部件恢复正常。

4. 静电复印机维护保养的常用工具

（1）十字改锥：因为复印机中绝大多数螺钉都是十字口的，且大小、位置不同，故应备三种十字改锥：长改锥、小改锥和 10 cm 以下的粗柄改锥。

（2）平头改锥：配备一把标准平头改锥和一把短平头改锥，用于直槽螺钉的紧固与拆卸。

（3）六角改锥：通常应准备几种不同尺寸规格的六角改锥，用于不同孔径的六角螺钉的紧固与拆卸。

（4）尖嘴钳：用于夹持零件，剪断各种金属材料。

（5）电工钳：用于安装终端接头、剥去导线的绝缘层、剪断导线和剪断小螺钉。

（6）扳手：用于螺帽和螺栓的拧紧与拆卸，通常有开口扳手和活动扳手等。

（7）镊子：用于安装零件，夹细小零件，以及取出掉进机器内部的纸屑、螺钉等物。

（8）钢片尺：通常应选用刻度从端头开始的钢尺片，以便可直接测量电晕器组件中电极丝的高度，以及测量其他部件间的距离。

（9）间隙规：用来调整两个物体间细微间隙的工具。

（10）拉力计：常与其他工具配合来测量清洁刮板对感光鼓的压力、传动钢丝绳的张力、纸盒弹簧的弹力等。

（11）涨圈钳：用来拆卸涨圈。

（12）门开关压板：在打开机门检修时，插在机门锁开关处接通电源，其外形有多个豁口，适用于不同类型的机门锁开关。

（13）水平仪：用来检查机器安放是否水平。

（14）数字万用表：用于电压、电流、电阻和半导体元器件的测量。

5. 复印机的维修

由于静电复印机的种类和型号繁杂，每一个生产厂生产的复印机的性能、结构、特点各不相同。再加上静电复印技术又是一门发展很快的技术，产品的更新换代十分迅速，各种新材料、新器件、新技术不断得到应用，因而出现故障的原因与排除的方法、手段有很大区别。

为了了解复印机产生故障的原因，掌握排除故障的方法，熟悉自己所使用的复印机的工作原理、结构、性能、特点及控制过程是十分必要的。应认真地学习该机的技术文件和有关维修资料，熟悉该机的维修保养、拆装方法，各零件、部件的更换、调整方法和步骤，这样才能正确分析故障的现象、区别故障的类型，最后正确地找出发生故障的原因，并采取最合适的排除故障的方法。

静电复印机在使用过程中所出现的故障可以分为复印品质量的故障和机器运转故障两大类。其中运转故障又可分为机械故障和电气故障。

（1）故障的判断。

当复印机出现故障时，一般不要急于处理。尤其对于不太熟悉的机型和不常见的故障，切不可贸然任意拆卸机器，以免造成更严重的故障。

① 了解故障情况。

故障发生之后，首先应了解故障发生的时间、起因、复印张数、发生故障以前的使用情况，以及造成故障的可能因素。因为故障的原因很多并且很复杂，往往一种故障现象可能受多种因素影响。有可能一种因素会产生多种故障。所以必须对故障的发生有一个全面的了解。

② 判断故障的性质。

根据故障现象首先确定故障的性质，是属于运转故障还是复印品质量故障，若为运转故障，是机械故障还是电器故障，或是机械、电气综合故障。这两种故障之间，还存在着一定的内在联系。许多运转故障、电气故障还会造成复印品质量故障。

a. 根据复印品质量分析故障原因。

根据复印品质量问题来分析判断故障所在部位是维修中经常采用的一种方法。它的基础是必须对复印机的整个复印过程、复印基本原理有所了解。虽然这种方法不是直接去查找某一故障的确切部位和原因，但通过分析复印品上存在的缺陷可以比较准确地发现大多数故障的大致部位，从而对症下药，提高故障排除的准确性。

在复印工作中，产生复印品质量问题是不足为奇的，即使一台十分完善的静电复印机，在使用过程中也或多或少地产生复印品质量故障。这是因为在整个静电复印技术中，影响复印品质量的因素是很多的。复印机出现复印品质量故障说明复印机客观或内在因素发生了变化。分析产生复印品质量故障的原因是一项既复杂而又有规律的工作。这是因为，某一复印品质量故障是由一个或几个因素综合形成的。例如，复印品上经常出现底灰，它的产生原因主要是光学系统污染，造成曝光量不足，但也可能是由显影器、显影剂参数失调，或充电、曝光灯、转印、清洁、消电等部分不正常造成的。这就使我们对故障分析复杂化。但所有复印品质量故障的产生又有它的规律性，一般对它的分析和检查应密切地与复印过程和基本原理联系在一起，从充电、曝光、显影、转印、清洁、消电方面逐一检查。

b. 根据显示出的故障代码分析故障。

现代复印机的自动化程度已达到了一个很高水平。对于一台具有自我诊断记忆功能的复印机，当某部位出现异常现象时将会自动停机报警，并会显示出代表故障性质或类别的代码。只要知道每一个故障代码所代表的故障现象与性质，就很容易采取措施排除故障。

现代高档复印机往往具有几十种故障代码，操作者很容易根据各种代码去分析故障和排除故障。

c. 应用输入、输出检查功能来分析故障。

具有自我诊断功能的复印机一般还具有输入、输出检查功能。各种传感器分布在静电复印机的各个部位。当静电复印机工作时，它们将产生反映各种现行状态的信息和数据，通过连接线路传送给控制电路。例如，紧贴在定影热辊表面的热敏元件（热敏电阻、热电偶）产生定影热辊表面温度检测信号；卡纸传感器用来检测卡纸位置，并由控制电路控制停机和显示卡纸位置，每一台复印机都有数十个、数种类型的传感器。

具有输入、输出功能的复印机都能以其固有的方式使其进入输入、输出检查状态。这时复印机不能进行一般的复印动作。根据输入、输出检查编码目录，用数字键输入所需检查项目的信号源编码，这时在操作面板上会显示所需检查项目信号源的状态。人为地改变所需检查项目信号源的状态，观察面板显示状态是否变化，从而可以判断所检查的传感器是否完好。例如，复印机中用于卡纸检测的光电传感器一般不易检测，采用输入检查方法就十分方便。使机器进入输入、输出检查状态，输入该传感器的编码，拨动传感器，观察面板显示的变化，就可以判断该光电传感器的好坏。

负载是静电复印机中具体执行某个复印动作的部件，也叫执行机构。它们接收来自控制电路的控制信号，并按照控制要求完成复印操作。扫描灯、定影加热器、电晕放电器及各种交流和直流电机、电磁离合器等都是控制系统中的负载。当某一负载发生问题时，复印机将会产生故障。而采用输出检查方法，可以很方便地查找故障所在。输出检查对，输入需检查的输出负载的编码代码后再按复印键，所选择的负载就会动作。根据负载的动作状态就可以判断该负载的好坏。例如，某复印机复印时经常在对位轮处卡纸，那么可以采用输出检查的方法，使该机进入输入、输出检查状态，输入代表该对位辊电磁离合器的代码。然后按复印键，观察该电磁离合器的动作，从而可以判断故障是电磁离合器损坏造成的还是控制电路有问题造成的。这样，就大大提高了处理故障的准确性。

（2）检修复印机的基本原则。

① 先易后难。检查复印机的故障，应遵循先易后难、逐个解决的原则。一般应根据自己的经验和故障现象，分析造成故障的可能因素，找出主要因素，逐个解决，直至排除故障。

② 尽量利用故障代码及输入、输出检查功能。对于有自我诊断功能的复印机，尽可能根据故障代码检查故障、检查传感器和负载的好坏。

③ 根据复印过程，由大到小，逐步压缩故障区段。具有自我诊断功能的复印机应采用逐段检查、逐步压缩故障区段方法。对于复印品质量故障，按充电、曝光、显影、转印、清洁、消电的顺序进行检修；对于纸路故障，应按搓纸、对位、分离、输纸、定影的顺序进行检修。

④ 出现故障时应立即切断电源。当复印机突然出现故障时，应当立即关机，再进一步对机器进行试运转，以免使故障扩大。

（4）排除故障的基本方法。

① 间接排除法。对一些比较常见、简单的故障，可以很直观地了解故障产生的原因。例如，取出卡纸，消除卡纸故障代码或信号，清洁搓纸轮，将复印纸取出并重新整理后放入纸盒，故障即可排除。

② 清洁法。这是一种比较常用而又非常实用的方法。不管产生的故障是什么类型的、有几个故障现象，首先按日常保养的要求进行一次全面的清洁保养。大部分故障可以在保养工作完成后消除。

③ 更换法。有些故障在采取清洁法以后还是不能排除，应考虑采取更换零件和消耗材料的方法。如光导体疲劳、显影剂疲劳、搓纸轮老化磨损、清洁刮板老化损伤等，只有采取更换的方法才能彻底排除故障。机械传动中应用的齿轮、链轮、轴承、轴套等发生磨损时也应及时给予更换。

④ 调整法。机器经一段时期的使用后，一些部件会发生质量下降、老化磨损等现象，但其中一些现象并不影响机器的正常运转，而只会造成复印品质量下降。对于这种情况，可以进行一些必要的调整来补偿。例如光导体老化，造成复印品有底灰，即可以采用适当提高充电电流的方法使复印品图像有所改善；又如，曝光灯老化造成复印品偏黑、有底灰，即可以采用适当提高曝光灯电压的方法使复印品图像有所改善。

⑤ 代换法。当有些故障的具体零部件难以确定时，可以利用代换法确定机器的故障。方法是，将怀疑有问题的零部件拆下，用同型号机器上的好的零部件代替，如果故障消除，说明换过的零部件是坏的；如果故障现象依旧，则说明换下的零部件是好的，可继续用此方法对别的零部件进行检查。当然，这样做的条件是：必须有同型号的机器或有相应的零部件。但应注意，在进行电路板代替时，一定要慎重。因为有些有故障的电路板装到好机器上时会损坏好机器上的其他电路板。而有些有故障的机器装上好的电路板会损坏好电路板。因此，电路板的代换，一定要由有丰富经验的技术人员对电路板进行仔细检查后才能进行。同样，对机器的调整，一定要由有维修经验的人员或专业维修技术人员进行。

习题与思考

一、选择题

1. 消电过程结束后，感光鼓表面电位值为（　　）。
   A. 零　　　　　B. 大于零　　　　C. 小于零　　　　D. 100
2. 静电复印机减少光疲劳的措施之一是（　　）。
   A. 更换新硒鼓　　　　　　　　B. 硒鼓翻新
   C. 清洁硒鼓　　　　　　　　　D. 降低充电电位
3. 静电复印机曝光不足时会使复印品（　　）。
   A. 图像变淡　　B. 硒鼓疲劳　　C. 产生底灰　　　D. 褪色
4. 提高静电复印机表面电位的方法为（　　）。
   A. 加大电极丝与硒鼓距离　　　B. 减少电极丝与硒鼓距离
   C. 增加曝光量　　　　　　　　D. 减少曝光量
5. 调节静电复印机曝光量的方法一般有（　　）。
   A. 调整电极丝的距离　　　　　B. 调整硒鼓的速度
   C. 控制光栅的大小　　　　　　D. 调整反光镜的角度
6. 静电复印机原稿反光能力差时，就需要（　　）。
   A. 减力曝光量　　　　　　　　B. 增大曝光量
   C. 提高充电电压　　　　　　　D. 降低充电电压
7. 静电复印机光学部件的清洁一般使用（　　）工具。
   A. 毛刷　　　　B. 刮刀　　　　C. 镜头纸　　　　D. 普通纸
8. 静电复印机热敏电阻接在（　　）上。
   A. 防潮加热器　　B. 硒鼓　　　　C. 温控板　　　D. 噪音滤波器
9. 静电复印机显影后，转印前对硒鼓表面进行消电的作用是（　　）。
   A. 降低静电潜影对墨粉的吸力　　B. 增加静电潜影对墨粉的吸力
   C. 增加纸对墨粉的吸力　　　　　D. 减少纸对墨粉的吸力
10. 静电复印机显影浓度的控制主要是（　　）。
    A. 墨粉充电的大小　　　　　　B. 墨粉刮刀的调节
    C. 墨粉回收　　　　　　　　　D. 墨粉的组分
11. 静电复印机图像线条变粗，并有漏粉现象的故障原因是（　　）。

A．墨粉量不够 B．载体过多 C．磁穗过短 D．磁穗过长

12．静电复印机图像断线，显影不良是（　　）造成的。

    A．磁穗过短   B．磁穗过长

    C．载体偏多   D．墨粉盒无粉

13．静电复印机磁穗的长度由（　　）控制。

    A．磁辊的磁性   B．墨粉量

    C．搅拌器   D．刮板

14．在静电复印机显影箱中装有（　　）传有感器，用来检测显影剂色粉含量。

    A．磁电   B．热敏   C．光电   D．霍尔

15．静电复印机的复印品无任何图像，纸张全黑故障所在不可能是（　　）。

    A．消电电极电极丝没装好

    B．温度保险损坏

    C．扫描车不工作

    D．光路上有异物

16．静电复印机的复印品有底灰的故障判断错误的是（　　）。

    A．镜头欠清洁   B．硒鼓疲劳

    C．载体失效   D．充电电极丝断了

17．关于静电复印机的日常保养描述不正确的是（　　）。

    A．硅油是通用的，适合任何机型

    B．更换载体之前必须把旧的载体倒干净

    C．可用镜头纸单方向擦拭清洁反光镜

    D．可用软棉布单方向擦拭清除硒鼓表面的墨粉

18．静电复印机的不是可调参数的是（　　）。

    A．显影剂色粉浓度   B．感光鼓表面电位

    C．曝光灯亮度   D．反光镜角度

19．复印机上的操作键上表示暂停的图形符号是（　　）。

    A．⊽   B．◇   C．⏽   D．⏻

20．复印机上的操作键上图形符号 8〜 表示（　　）。

    A．启动   B．制版   C．卡纸   D．收纸

21．不属于静电复印机的光学部件的是（　　）。

    A．镜头

    B．光缝调节板

    C．CCD 器件

    D．曝光灯

二、简答题

1．静电复印机包括哪 4 个方面的技术？

2．复印机的组成原理是什么？

3．复印机的分类及性能有哪些？

4. 光导体在静电复印机中的作用是什么？常见的光导体材料有哪些？

5. 静电复印过程中要经过哪几个基本工序？各自起什么什么作用？

6. 常见的复印纸有哪些规格？如何正确地保管它？

7. 什么是载体？它在复印过程中起什么作用？

8. 复印机的选购应注意哪些事项？

9. 如何进行复印机的维护与保养？

10. 如何保持复印机光学系统的清洁？

11. 模拟式复印机与数字式复印机的区别是什么？

12. 简述数字式复印机的工作原理。

13. 简述卡尔逊法复印的具体工作原理。

项目 **5**
一体化速印机的使用与维护

5.1 项 目 分 析

主要内容

本项目主要介绍办公设备中的一体化速印机，包括其组成结构、基本原理、使用维护等知识。整个项目都以理光（RICOH）JP785c 一体化速印机为例，从一体化速印机印刷操作、耗材补充及常见故障排除三个方面进行详细的介绍。

学习目标

1．知识目标
（1）理解一体化速印机的工作原理；
（2）掌握一体化速印机的日常使用与维护方法。
2．技能目标
（1）能够正确理解一体化速印机的工作过程和结构；
（2）能够根据工作需要独立完成一体化速印机的制版、印刷操作规程；
（3）能够掌握一体化速印机补充日常易耗品的操作技能；
（4）能够识别一体化速印机一般故障的产生原因，并能排除常见的故障。

5.2 相 关 知 识

5.2.1 概述

一体化速印机亦称高速数码印刷机，它能够准确清晰地印刷各种文件资料和图纸，是一种新型的现代办公设备。它具有操作简单、印刷速度快、质量高、印刷成本低等优点，广泛应用于政府机关、企业（工厂）/事业单位、医疗、金融、学校、专业图文制作中心等各类用户的大批量印刷工作中。

一体化速印机是指通过数字扫描、热敏制版成像的方式进行工作，从而实现高清晰的印刷质量，印刷速度在 200 张每分钟以上的印刷设备。同时它还具有对原稿进行缩放印刷、拼接印刷、自动分纸控制等多种功能，如今绝大多数的机型还可以支持计算机打印直接输出的功能。

5.2.2 一体化速印机的整体结构

下面以理光（RICOH）JP785c 一体化速印机为例，说明一体化速印机的整体结构。JP785c 一体化速印机的结构图如图 5-1 和图 5-2 所示。

（1）前门——打开前门可进入机器内部，从该门可取出印刷筒或安放墨盒。

（2）原稿输出托盘——放置扫描后被输出的原稿。

（3）控制面板——操作控制键和指示灯都在该面板上。

（4）送稿器盖——打开该盖便可清洁送稿器。

（5）右侧盖——打开该盖便可更换版纸卷或清理版纸卡纸。

（6）搓纸辊压力杆——可根据纸张厚度，调整搓纸辊的接触压力。

（7）进纸盘——用于放置要印刷的纸张。

（8）进纸侧导向板——用来调整纸张放置方向，避免放纸歪斜。

（9）进纸侧导向板锁定杆——用于锁定或释放进纸侧导向板。

（10）分离压力杆——用来防止进纸时夹带多张。

（11）进纸盘调整杆——可用来调整进纸盘高度。

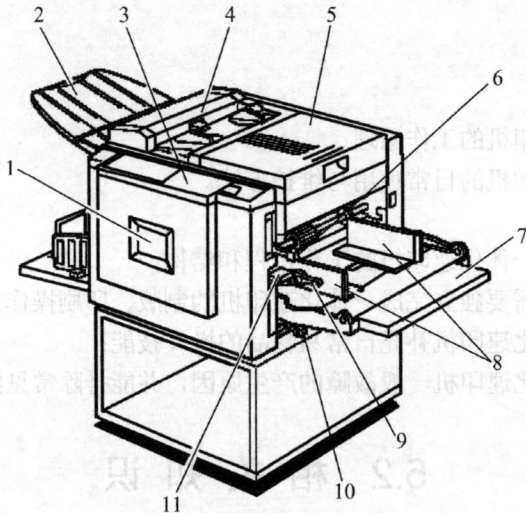

图 5-1　理光 JP785c 一体化速印机的结构图（一）

（1）送稿器——放置需要制版的原稿。

（2）主开关——接通或断开电源。

（3）版纸排出盒——存放用过的版纸（蜡纸）。

（4）纸张输出侧导向板——用来对齐纸张输出托盘上的印刷件。

（5）纸张输出尾部挡板——用来对齐印刷件的前端。

（6）纸张输出托盘——放置被输出的印刷件。

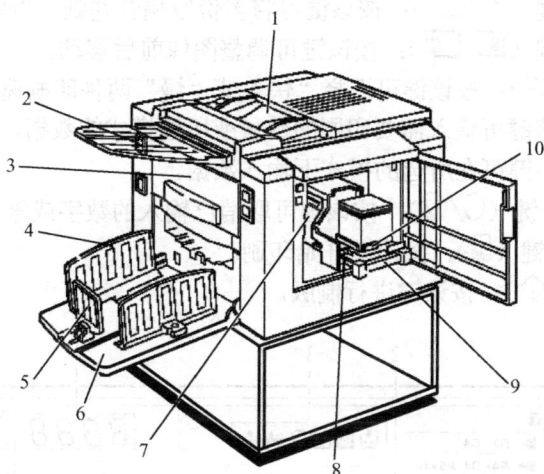

图 5-2　理光 JP785c 一体化速印机的结构图（二）

（7）印筒单元——版纸（蜡纸）包卷在该印筒上。

（8）墨盒托架锁定杆——释放该杆可拉出墨盒托架。

（9）印筒单元锁定杆——抬起该杆可释放并拉出印筒单元。

（10）墨盒托架——在该托架上放置墨盒。

5.2.3　一体化速印机的控制面板

图 5-3 和图 5-4 所示为理光 JP785c 一体化速印机的控制面板示意图。

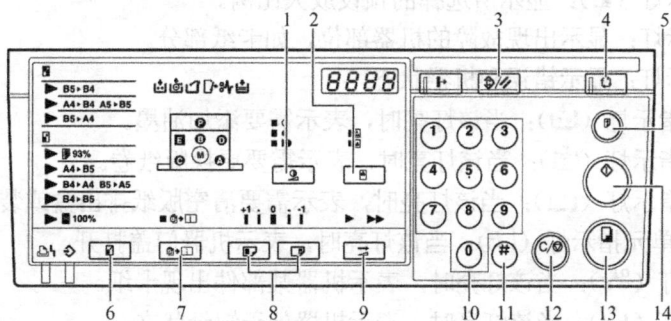

图 5-3　理光 JP785c 一体化速印机的控制面板示意图（一）

（1）【图像浓度】键（🔆）：该键可使印刷件的图像浓度变深或变浅。

（2）【原稿类型】键（📄）：按该键选择文字、照片或文字/照片模式。

（3）【消除模式/清除】键（⟳//）。

● 消除模式：按该键可清除此前输入的作业设置。

● 清除：消除卡纸后，按该键可恢复错误指示灯。

（4）【自动循环】键（⟳）：按该键可自动处理版纸并进行印刷。

（5）【试印】键（📄）：按该键可进行试印。

（6）【放大/缩小】键（▣）：按该键可按预设比例放大或缩小图像。

（7）【原稿合并】键（▣→▯）：按该键可将多份原稿合并到一份印刷件上。

（8）【图像位置】键（▣ ▣）：按该键可调整图像前后移动。

（9）【调速】键（⇄）：按该键可选择"快"或"慢"两种印刷速度。

（10）数字键：按该键可输入需要印刷的数量或所选模式的数据。

（11）【#】键：按该键可在所选的模式下输入数据。

（12）【清除/停止】键（C/▽）：按该键可取消已输入的数字或停止印刷。

（13）【印刷启动】键（▯）：按该键开始印刷。

（14）【制版】键（◇）：按该键进行制版。

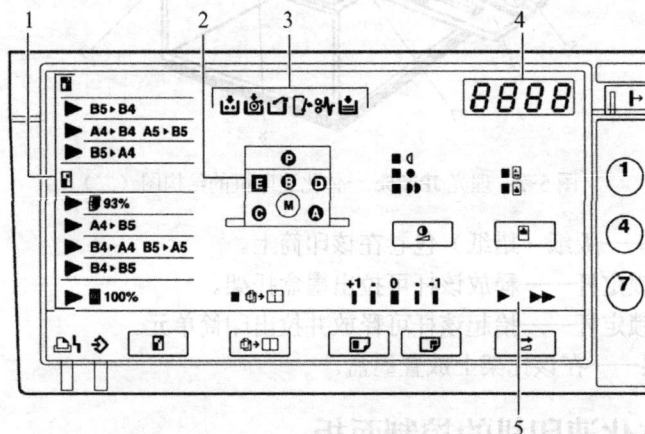

图 5-4　理光 JP785c 一体化速印机的控制面板示意图（二）

（1）放大指示灯（▣）：显示所选择的预设放大比例。

（2）机器指示灯：显示出现故障的机器部位，如卡纸部分。

（3）错误指示灯：显示错误和机器状态。

● 添加油墨指示灯（▥）：当该灯亮时，表示需要添加油墨。

● 版纸用尽指示灯（▣）：当该灯亮时，表示需要更换版纸卷。

● 版纸弹出指示灯（▣）：当该灯亮时，表示需要清空版纸排出盒或装入版纸排出盒。

● 打开门盖/单元指示灯（▣）：当该灯亮时，表示机器门盖打开。

● 卡纸指示灯（丩）：当该灯亮时，表示机器某部件出现卡纸。

● 装纸指示灯（▣）：当该灯亮时，表示机器处于缺纸状态。

（4）计数器：显示所输入的印刷数量；在印刷过程中，显示剩余的印刷数量。

（5）速度指示灯：显示所选择的印刷速度。

5.2.4　一体化速印机的功能与主要规格

1．理光 JP785c 一体化速印机的功能

（1）高速制版。将印刷原稿放在走纸式自动进稿器上，原稿会被自动居中而无须调整原稿位置，按制版后 45 s 即可通过热敏装置做出第一张版纸。

（2）三种加强纸张输入的能力。可调节 16 级纸张输入压力去适应各种类型和重量的纸张，不管是薄的还是厚的，机器都能应付自如。用户可根据纸张特性，自由调节 5 级纸张分离压力，进一步降低卡纸的机会，确保走纸顺畅。当出现纸张误送时，机器的重输纸装置将发挥作用，从而加强了延续供纸能力，确保机器不停地运作，更适合超薄的纸张走纸。

（3）用纸范围广，适用 $35\sim128 \text{ g/m}^2$ 的纸张。

（4）对于同一张原稿，印刷数量越多，每张的印刷成本就越低，这是传统复印机所无法比拟的。特别适合于需要大批量印刷的客户。

（5）拥有 300×300 的分辨率，可选择文字模式、图片模式、文字/图片模式，从而保证清晰再现细小的文字和线条，令图像效果完美展现。

（6）放大和缩小功能。设有 4 个缩小和 3 个放大比例，使原稿与纸张的配合更具选择性，同时大大地节省了纸张成本。

（7）2 合 1 原稿合并功能。节省了约 50%的纸张、油墨和版纸的消耗。

（8）自动消除底灰功能。用数码处理技术矫正深色及灰暗背景，无须工人调校或预设扫描，也能一次得到清晰的印刷件。

（9）与计算机接驳能力。可配上打印控制器与计算机串联，利用计算机进行自由创作、编辑、排版后，就可以直接把原稿输出到一体化速印机进行制版印刷，这样不仅提高了印刷速度，更可以大大地提高图像的精细度和印刷质量。

（10）理光 JP785c 一体化速印机的印筒单元和 12 种颜色油墨更换简单，这将使彩色印刷非常方便。

（11）大容量供纸和卸版系统。JP785c 一体化速印机拥有超大容量的 500 张供纸盘及 30 张废版盒，大大地避免了用户需要添加纸张或清理废版纸而造成的停顿，令印刷作业一气呵成。

2. 理光 JP785c 一体化速印机的主要规格

理光 JP785c 一体化速印机的主要规格见表 5-1。

表 5-1 理光 JP785c 一体化速印机的主要规格

制 版 方 式	数 码 制 版
印刷速度	60～90 ppm
首页印刷时间	45 s
分辨率	300×300
原稿类别	单页
印刷颜色	黑、红、蓝、绿、棕、黄、紫、藏青、褐红、橙、水鸭绿
原稿尺寸	275 mm×395 mm/90 mm×140 mm
用纸尺寸	275 mm×395 mm/90 mm×140 mm
最大印刷面积	250 mm×355 mm
缩小比例	71%、82%、87%、93%
放大比例	115%、122%、141%
供纸器容量	500 张
进纸方式	全自动控制

5.2.5 一体化速印机的工作过程与基本原理

一体化速印机的工作过程可分为卸版、扫描、制版（挂版）、进纸、印刷、出纸六个步骤，如图 5-5（图中序号与下面所述 6 个步骤的序号相同）所示。

（1）卸版：将原稿制成新版纸前，把围绕在印筒上已用过的版纸卸下，并送到版纸排出盒内。

（2）扫描：CCD 光电耦合器件通过反光镜和镜头对在送稿器上的原稿进行图像扫描，如图 5-6 所示。

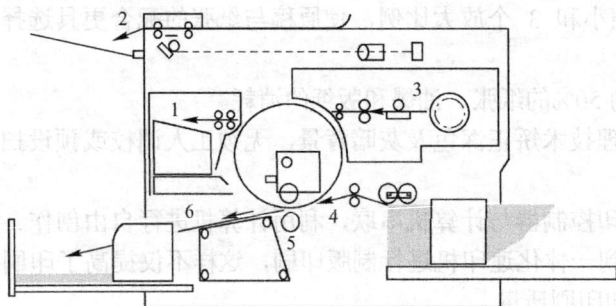

图 5-5　印刷过程示意图　　　　　　　　图 5-6　扫描过程示意图

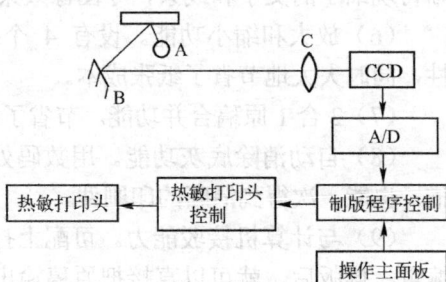

A—曝光灯；B—反光镜；C—透镜

（3）制版：CCD 光电耦合器件将阅读到的原稿图像信号转换成数字信号送到热敏打印头，热敏打印头在版纸上打出与原稿图像相对应的孔。挂版：机器自动把制好的版纸安装到印刷滚筒上。

（4）进纸：采用分离辊和分离片组成的中央分离系统，把印刷纸张送到印筒的下方。

（5）印刷：进纸机构将印刷纸张送到印筒下方，让油墨通过印筒上的网及版纸，在印刷纸张上形成油墨图像。

（6）出纸：应用风吹及分离爪，把印刷后的纸从滚筒上分离并输送到纸张输出托盘上，完成印刷全过程。

注意，一体化速印机的版纸通常是热敏蜡纸。

5.3 项 目 实 施

5.3.1 任务一：一体化速印机的制版与印刷

1. 实施要求

掌握一体化速印机印刷操作步骤与设置规程，包括进纸、制版、试印、标准印刷、出纸等操作。

视频：一体化速印机的制版与印刷

2. 实施步骤

（1）印刷前的准备。

① 向下压进纸盘调整杆，如图 5-7 所示。

② 释放进纸侧导向板锁定杆，调整进纸侧导向板使之与纸张尺寸匹配，如图 5-8 所示。

③ 将纸装入进纸盘，如图 5-9 所示。注意装纸前，请弄平卷曲的纸张。如果无法弄平，请将纸张卷曲面向下摞起来，如图 5-10 所示。

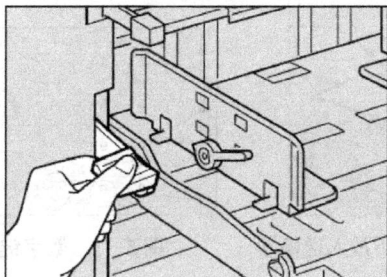

图 5-7 向下压进纸盘调整杆

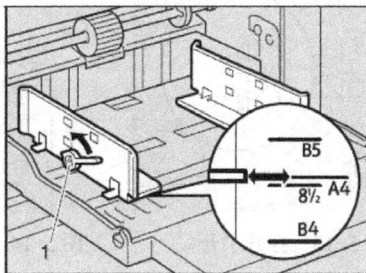

图 5-8 调整进纸侧导向板

图 5-9 将纸装入进纸盘

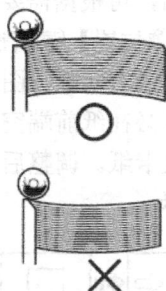

图 5-10 卷曲面向下摞放卷曲纸张

④ 务必让进纸侧导向板与纸张轻轻接触，将锁定杆移回到原来的位置，并将进纸盘调整杆移到进纸位置，调整进纸的合适位置如图 5-11 所示。开始印刷前，进纸盘必须与进纸位置对齐，否则，可能会导致卡纸。

⑤ 调节纸张输出侧导向板及纸张输出尾部挡板，使之与纸张尺寸匹配，如图 5-12 所示。

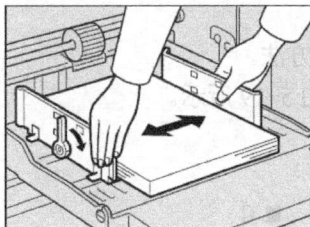

图 5-11 调整进纸的合适位置

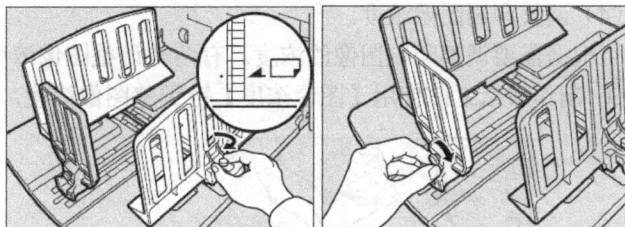

图 5-12 调节纸张输出侧导向板和纸张输出尾部挡板

⑥ 打开主开关，如图 5-13 所示。

（2）标准印刷。

① 将原稿正面朝下放入送稿器中，如图 5-14 所示。调整原稿侧导向板使之与原稿尺寸相匹配，并按【制版】键。注意，一次只能放置一张原稿。

② 按【试印】键并检查试印件上的图像浓度和图像位置。如果图像位置不正确，可按【图像位置】键进行调整；如果图像浓度偏深或偏浅，可按【图像浓度】键调整图像浓度。

③ 用数字键输入所需的印刷数量，数字键如图 5-15 所示。若要更改已输入的数字，请按【清除/停止】键，然后输入新数字。

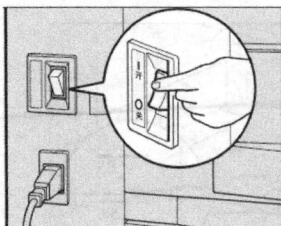 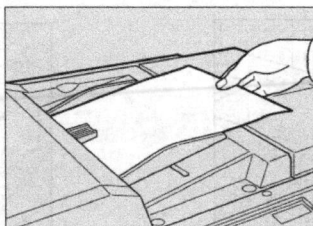 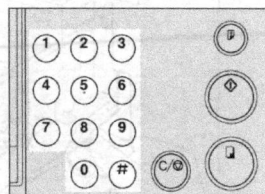

图 5-13　打开主开关　　　图 5-14　将原稿正面朝下放入送稿器　　　图 5-15　数字键

④ 按【印刷启动】键。

（3）调整印刷图像位置。

制作完版纸后，可根据需要调整印刷图像位置。有两种调整图像位置的方法。

① 通过【图像位置】键调整，将图像位置前移或后移，如图 5-16 所示。每按一次【图像位置】的左向键或右向键，图像位置被移动 1 mm，图像位置方向键如图 5-17 所示。当向前移动图像时，务必在纸前端空出大于 5 mm（0.2″）的页边。如果未留页边，纸张可能会卷在印筒上，并导致卡纸。调整后可按【试印】键检查调整效果。

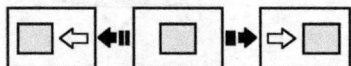

*为进纸方向

图 5-16　调整图像位置

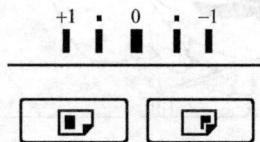

图 5-17　图像位置方向键

② 通过移动进纸盘中的纸张，将图像位置右移或左移。

● 向下压进纸盘调整杆，然后调整进纸侧导向板，如图 5-18 所示；

● 锁定进纸侧导向板，将进纸盘调整杆移回到进纸位置；

● 按【试印】键检查图像位置。

（4）调整印刷图像浓度。

可根据需要调整印刷图像的浓度。有两种调整图像浓度的方法。

① 制作版纸之前使用【图像浓度】键调整图像浓度，如图 5-19 所示。

图 5-18　调整进纸侧导向板　　　图 5-19　用【图像浓度】键调整图像浓度

② 制作版纸之后使用【调速】键调整图像浓度，如图 5-20 所示，按【调速】键降低印

刷速度，再次按该键则使印刷速度回到"快"。印刷速度越快，印刷图像浓度越低。

（5）印刷后的操作。

① 向下压进纸盘调整杆，从进纸盘中取出纸张，如图 5-21 所示。

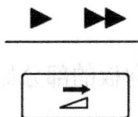

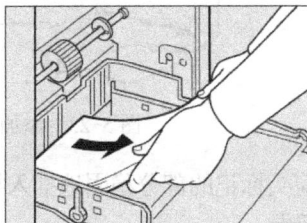

图 5-20 用【调速】键调整图像浓度　　　　图 5-21 从进纸盘中取出纸张

② 从纸张输出托盘中取出印刷件。

③ 关闭主开关。

5.3.2 任务二：一体化速印机的耗材补充

1．实施要求

掌握一体化速印机补充常用耗材的操作方法，包括添加油　视频：一体化速印机的耗材补充
墨、更换版纸卷和更换（安装）印筒。

2．实施步骤

（1）添加油墨。

当需要添加油墨时，添加油墨指示灯（🗑）将点亮。

① 打开前门，释放墨盒托架锁定杆，拉出墨盒托架，并取出用过的墨盒。取出墨盒的
操作示意图如图 5-22 所示。

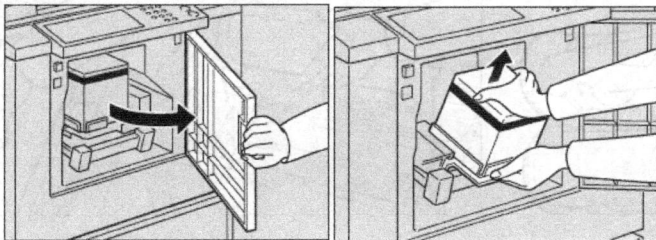

图 5-22 取出墨盒的操作示意图

② 去除新墨盒盖，将新墨盒插入墨盒托架中。添加新墨盒的操作示意图如图 5-23
所示。

③ 将墨盒托架重新滑入机器，直到墨盒托架卡到位为止；关上前门，机器会开始空转
以便使油墨到达印筒。

④ 注意事项：

● 务必使用原机器类型的油墨；

● 务必使用同颜色的油墨；

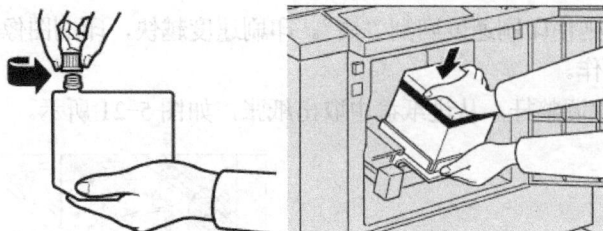

图 5-23　添加新墨盒的操作示意图

● 务必将带箭头标记的部分稳固地插入导向板，墨盒插入导向板的部分如图 5-24 所示。

（2）更换版纸卷。

当版纸用尽时，指示灯（📷）将点亮。此时，即使版纸卷上还有残留的版纸，也需要更换新的版纸卷。

① 先打开右侧盖，然后再将版纸器盖打开，如图 5-25 所示。

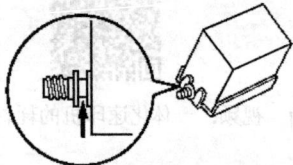

图 5-24　墨盒插入导向板的部分　　　　　图 5-25　打开版纸器盖

② 取出已用完的版纸卷，拉出两端卷轴，再将两端卷轴插到新的版纸卷中，如图 5-26 所示。

③ 新版纸卷必须安装到正确位置，对齐版纸卷的前缘，并拉紧松弛的版纸，如图 5-27 所示。

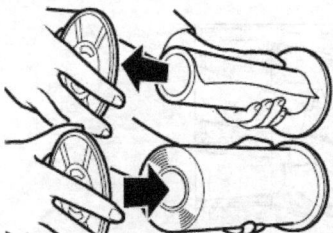

图 5-26　更换新版纸卷　　　　　　　　图 5-27　安装新版纸卷

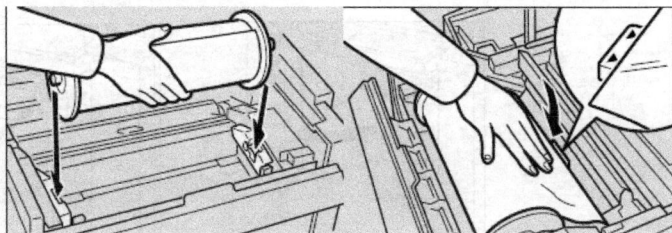

④ 用双手关闭版纸器盖，直到卡到位为止，并关上右侧盖，如图 5-28 所示。

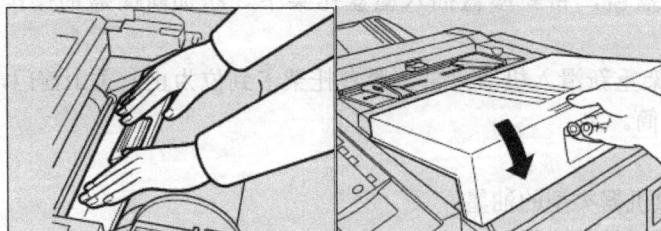

图 5-28　关闭版纸器盖

（3）更换（安装）印筒。

① 打开前门盖，抬起印筒单元把手，释放印筒单元，如图 5-29 所示。

图 5-29 释放印筒单元

② 手握手柄，从轨道慢慢拉出印筒单元，如图 5-30 所示。

注意，若无法拉出印筒单元，请关闭主电源再试。

③ 提着印筒单元上部的支撑，将旧印筒单元从机器中卸下，如图 5-31 所示。

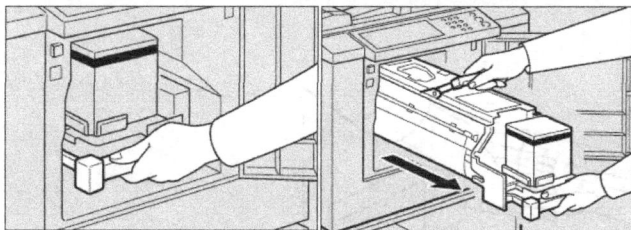

图 5-30 拉出印筒单元

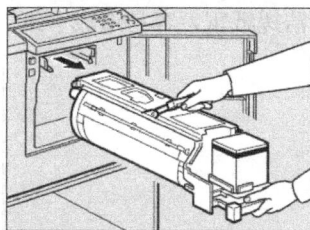

图 5-31 卸下旧印筒单元

注意，小心勿让印筒掉落。

④ 将新的印筒单元放置到导轨上，印筒单元上的滑轮按箭头方向沿着导轨滑入，并放下印筒单元锁定杆，如图 5-32 所示。

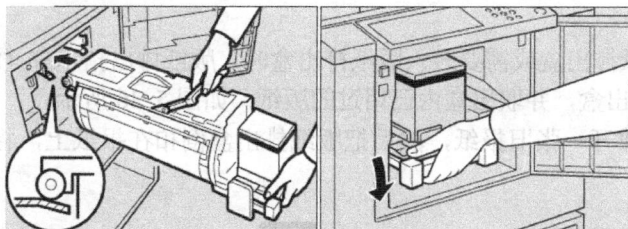

图 5-32 放置印筒单元

⑤ 关上前门，请确认盖打开指示灯（ ） 已熄灭。

5.3.3 任务三：一体化速印机的清洁保养

1. 实施要求

掌握一体化速印机对主要部件清洁与保养的方法，其中包括清洁送稿器、搓纸辊、热敏打印头、曝光灯和清理版纸。

2. 实施步骤

（1）清洁送稿器。

① 打开送稿器盖，如图 5-33 所示。

② 用一块湿布清洁图 5-34 中送稿器的两个区域，然后用一块干布擦拭干净，如图 5-34 所示。如果不清洁送稿器，送稿器上的污迹将会被印刷出来。

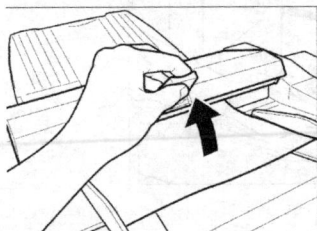

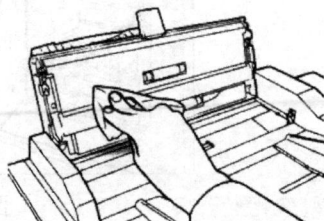

图 5-33　打开送稿器盖　　　　　　图 5-34　清洁送稿器的区域（请见图中数字）

（2）清洁搓纸辊。

用一块湿布擦掉搓纸辊上的纸尘，然后用一块干布将其擦拭干净，如图 5-35 所示。如不清洁搓纸辊，容易造成卡纸。

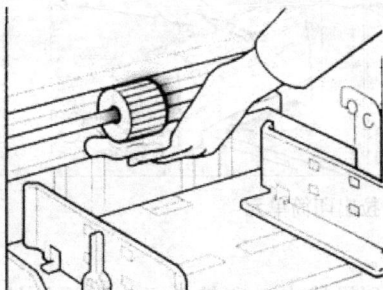

图 5-35　清洁搓纸辊

（3）清理版纸。

当需要清空版纸排出盒或需要装入版纸排出盒时，版纸排出指示灯（⬜）将点亮。

① 取出版纸排出盒，并取出盒内已用过的版纸，如图 5-36 所示。

注意，最好是摊开一张旧报纸，然后把版纸排出盒倒扣在报纸上，将用过的版纸倒出，再丢弃这些版纸。

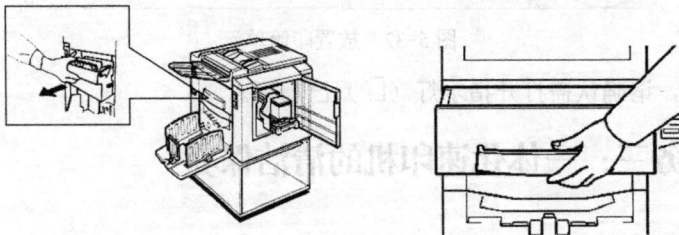

图 5-36　取出版纸排出盒

② 将版纸排出盒重新推入，直到听到"咔"的一声卡到位为止，如图 5-37 所示。

（4）清洁热敏打印头。

通常是每用完 2 卷蜡纸后清洁一次热敏打印头。

① 关掉主开关，打开原稿台，取出版纸筒。切记将压力杆拨向分离位置，如图 5-38 所示。

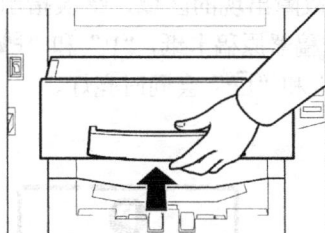

图 5-37　装回版纸排出盒

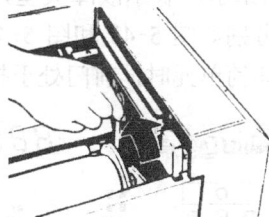

图 5-38　释放压力杆

② 松开压力辊两边的螺丝，如图 5-39 所示。

③ 将压力辊平放取出，如图 5-40 所示。

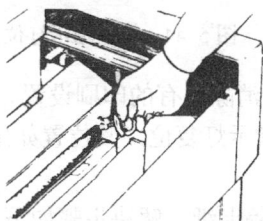

图 5-39　松开压力辊两边的螺丝

图 5-40　取出压力辊

④ 按下列程序清洁热敏打印头，如图 5-41 所示。

● 用布清洁热敏打印头表面；

● 用随机赠送的清洁笔或清洁药水，清洁热敏打印头数次；

● 用布擦干净热敏打印头，然后装回压力辊。

（5）清洁曝光灯。

用吹气球、毛刷、镜头纸或软布，定期清洁曝光灯，如图 5-42 所示。

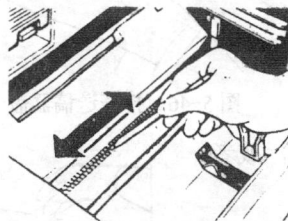

图 5-41　清洁热敏打印头

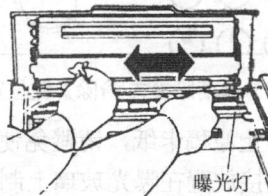

曝光灯

图 5-42　清洁曝光灯

5.3.4　任务四：掌握一体化速印机常见故障检修

1. 实施要求

掌握一体化速印机常见故障的检修方法，如卡纸、门盖打开、印刷质量差等故障的排除。

视频：一体化速印机
常见故障维修

2. 实施步骤

（1）通过指示灯确定故障（以卡纸为例）。

① 如果机器内部出现故障，错误指示灯和机器指示灯都会点亮。

② 错误指示灯表示故障类型，机器指示灯表示故障出现的区域，错误指示灯和机器指示灯的位置分别如图 5-43 和图 5-44 所示。例如，送稿器原稿卡纸，"P" 和 "℔" 会同时亮灯；当装入印筒单元时，前门处于打开状态，则 "M" 和 "⬚" 会同时亮灯。

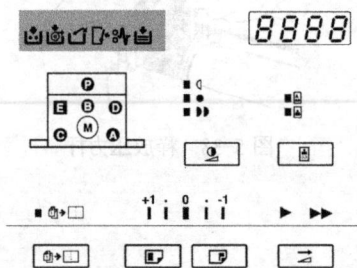

图 5-43　错误指示灯位置（见阴影部分）

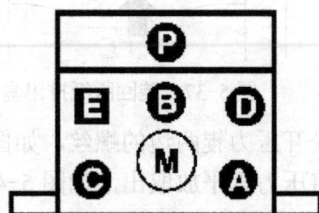

图 5-44　机器指示灯位置

③ 消除故障时，请勿关闭主电源开关；否则，将会消除原有的印刷设置。

④ 消除故障后，可按【消除模式/清除】键使错误指示灯复位，其位置如图 5-45 所示。

（2）解决卡纸故障。

① 当 "℔" 和 "P" 亮灯时，表示送稿器中出现原稿卡纸，解决步骤如下：

● 打开送稿器盖，如图 5-46 所示；

● 轻轻拉出原稿，如图 5-47 所示；

● 关闭送稿器盖。

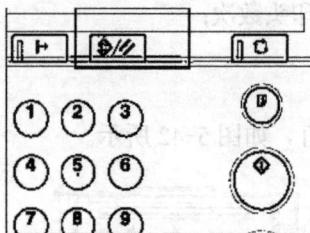

图 5-45　【消除模式/清除】键位置

图 5-46　打开送稿器盖

注意，为防止原稿卡纸，请避免使用下面的原稿，或者将下面的原稿直接放置在曝光玻璃上制版。

② 当 "℔"、"⬆" 和 "A" 亮灯时，表示进纸部位发生卡纸，解决步骤如下：

● 向下压进纸盘调整杆；

● 慢慢地用力拉出进纸盘卡纸，如图 5-48 所示。

③ 当 "℔" 和 "B" 亮灯时，表示版纸或纸张卷在印筒上，或在机器内部发生卡纸，解决步骤如下：

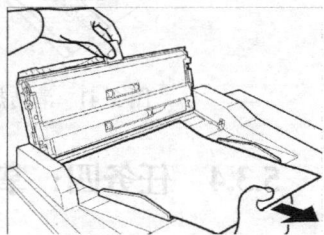

图 5-47　拉出原稿

● 拉出印筒单元，如图 5-49 所示（详见任务二的更换印筒部分）；

● 取出卡纸；

● 重新将印筒单元插入，直到印筒单元卡到位为止，然后将印筒单元锁定杆推回原位；

● 关上前门。

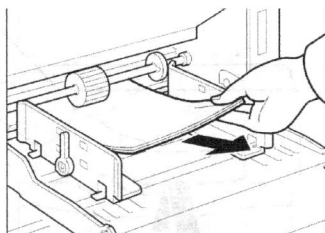

图 5-48 拉出进纸盘卡纸

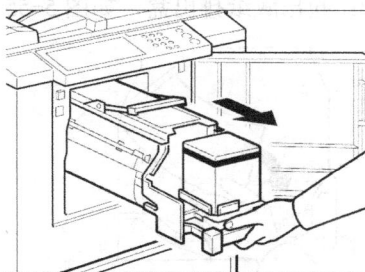

图 5-49 拉出印筒单元

④ 当"8↓"和"C"亮灯时，表示纸张输出部发生卡纸，解决步骤如下：

● 从纸张输出部取出卡纸，如图 5-50 所示；

● 如果纸张完全卷住印筒，先拉出印筒单元，然后从印筒上取出卡纸，如图 5-51 所示；

● 重新插入印筒单元直到卡到位为止，然后将印筒单元锁定杆推回原位；

● 关上前门。

⑤ 当"8↓"和"D"亮灯时，解决步骤如下。

● 打开右侧盖，如图 5-52 所示；

图 5-50 从纸张输出部取出卡纸

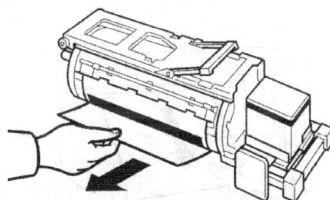

图 5-51 从印筒上取出卡纸

● 打开描绘器盖，轻轻取出卡住的版纸，如图 5-53 所示；

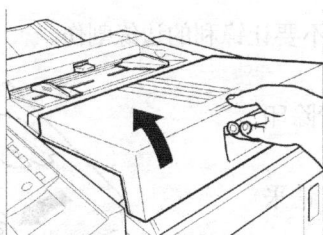

图 5-52 打开右侧盖

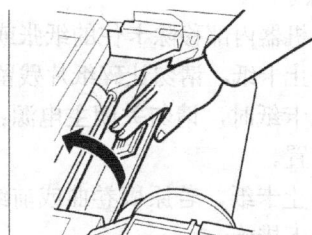

图 5-53 打开描绘器盖

● 若无法取出卡住的版纸，可以拉出印筒单元，然后再从里面取出卡住的版纸，如图 5-54 所示；

● 关上右侧盖。

⑥ 当"8↓"和"E"亮灯时，需要检查版纸卡纸位置，并取出卡住的版纸。

● 当版纸卡纸出现在版纸排出部位时，解决步骤如下。

步骤一：拉出版纸排出盒，如图5-55所示。

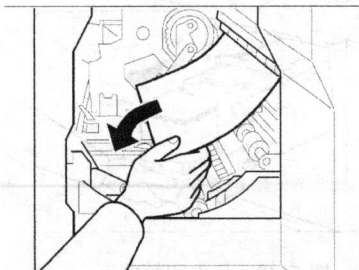

图5-54　拉出印筒单元后取卡纸

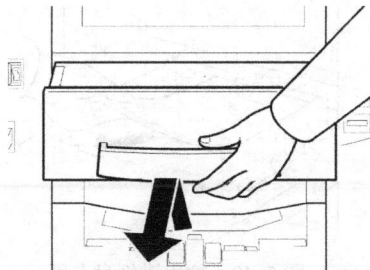

图5-55　拉出版纸排出盒

步骤二：取出卡住的版纸，如图5-56所示。

步骤三：将版纸排出盒放回原位。

● 当版纸卡纸出现在印筒时，解决步骤如下。

步骤一：抬起印筒单元锁定杆，解除印筒单元的锁定，拉出该单元。

步骤二：从印筒单元中取出版纸，如图5-57所示。

步骤三：重新将印筒单元插入，直到印筒单元卡到位为止，然后将印筒单元锁定杆推回原位。

图5-56　取出卡住的版纸

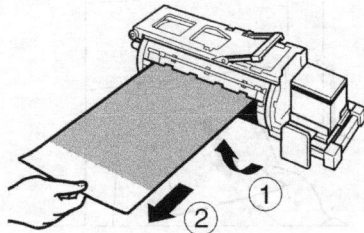

图5-57　从印筒单元中取出版纸

⑦ 注意事项。

● 伸入机器内部移除卡住的纸张或版纸时，小心不要让锋利的边缘割伤。

● 为防止卡纸，请勿让碎纸片残留在机器内。

● 清除卡纸时，请勿关闭主电源；否则，将会清除印刷设置。

● 为防止卡纸，若原稿卷曲或前缘页边距太窄，请采取如下措施。

使用卷曲的纸张时，请按如图5-58所示先将它弄平。

如果无法弄平卷曲的纸张，可使卷曲面向下将纸张摞放在一起，如图5-10所示。

图5-58　弄平卷曲纸张

如果原稿前缘页边小于5 mm（0.2″）或前缘有单色实心图像，请将页边最宽的一端先插入，或者将原稿复印一张，使前缘页边变宽。

（3）解除"打开门盖/单元"指示灯亮的故障。

"打开门盖/单元"指示灯（⬚•）亮灯时，常见原因如下：

● 右侧盖，稳固地关闭右侧盖直到锁定到位为止；

● 前门，请完全关闭前门；

● 印筒单元，将印筒单元完全装入，直到卡到位为止。

（4）解决印刷品效果差的故障。

① 纸张背面有污痕，如图 5-59 所示。

注意：

● 当使用小于原稿的纸张时，请选择合适的缩小比例；否则，可能会弄脏印刷件的背面。

● 当使用明信片等类似纸张时，由于明信片不吸墨，可能会使背面弄脏。

● 当在低速和高温下印刷时，印刷纸背面可能弄脏。

排除故障具体步骤如下：

● 关闭主开关；

● 拉出印筒单元；

● 用一块干净的布清洁压力辊，如图 5-60 所示；

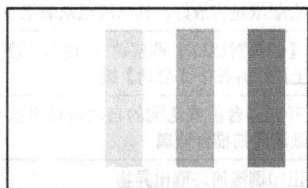

图 5-59 纸张背面污痕

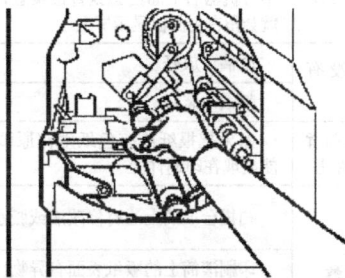

图 5-60 清洁压力辊

● 用一块干布清除累积在印筒单元尾边的油墨，如图 5-61 所示；

● 插入印筒单元直到卡到位为止，然后压下印筒单元锁定杆；

● 关上前门；

● 打开主开关。

② 印刷出现白版或印刷不完整的现象，如图 5-62 所示。

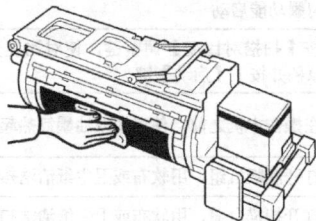

图 5-61 清洁印筒单元尾边的油墨

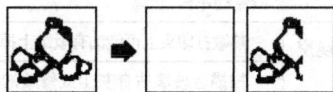

图 5-62 白版或印刷不完整的现象

注意，让进纸侧导向板与纸张轻轻接触，向后推进纸侧导向板锁定杆，如图 5-63 所示调整纸张。

进行上述确认操作后，若还出现白版或不完整印刷，则执行如下步骤：

- 拉出印筒单元；
- 从印筒单元中取出版纸；
- 取出粘在印筒上的纸张；
- 插入印筒单元直到卡到位为止，然后压下印筒单元锁定杆；
- 关上前门。

③ 其他故障。

图 5-63　调整进纸

故障表现、原因及解决方法见表 5-2。

表 5-2　故障表现、原因及解决方法

故　障	故　障　原　因	解　决　方　法
按下电源开关，机器不启动	可能电源没接好	1. 检查电源导线是否牢固地接在电源插座上 2. 检查电源导线是否接在机器上 3. 检查电闸是否接通了
机门关着，但仍显示"请关妥机门"信息	在机门的右下面有一块金属板。如果金属板不与机器右下面的磁铁直接触，此提示信息就会留在主面板显示屏上	用力按一下机门右下角，把机门关好
印刷件上没有图像	原稿未放好	检查原稿是否放好，确保原稿面朝下放置
	版纸未装好	检查版纸是否放好，确认版纸从版纸卷下面拉出
不需要的原稿背景显现在印刷件上	如果把报纸或有色纸用作原稿，背景就可能显现在印刷件上	按【扫描对比度】调整键，使对比度变小，然后重新放上原稿并按下【启动】键
印刷件不完整，部分图像残缺或不清晰	扫描台玻璃上沾有修改液或胶水	打开扫描台盖或选购的自动进稿机组台，用软布或卫生纸清洁扫描台玻璃
	印刷滚筒上的版纸表面有异物	拉出印刷滚筒，取出异物
	在扫描时，扫描台盖被打开，图像扫描不良	确保扫描时扫描台盖已盖上
	显示在主面板显示屏上的纸张尺寸可能比装在进纸台上的印刷纸张的尺寸小，此时，放在显示纸张尺寸之外的原稿图像可能印不出来	使显示的纸张尺寸等于实际尺寸
在多面连写印刷中出现半边或 3/4 空白的印刷件	多面连写印刷功能的初始设定为 15 s 的间隔，用以放置下一张原稿	改变多面连写印刷功能的初始设定，取消间隔时间
	在原稿扫描中误按下【停止】键	从头开始重新操作
印刷图像模糊不清	如果机器长期未使用，印刷滚筒上的油墨可能干掉。印刷滚筒上的干油墨会使印刷件变得模糊不清	按【试印】键数次，直到印刷图像变清晰为止 为避免由于长期停用而使图像很淡，操作前要将自动匀墨功能启动
	原稿图像太淡	按【扫描对比度】调整键，使对比度变浓，然后重放原稿并按下【启动】键
	如果温度低或油墨筒放于寒冷处，油墨可能流动不畅	在操作本机之前，使房间或油墨筒热起来
印刷件上出现空白纵线	热敏打印头上可能沾有版纸上掉下来的粉末	打开制版机组，用软布或卫生纸清洁热敏打印头
	扫描台玻璃沾有灰尘或修改液	打开扫描台盖，用软布或卫生纸清洁扫描台玻璃
印好的印刷件背面沾有油墨	在印刷中把印刷纸压在印刷滚筒上的橡胶压辊可能沾有油墨	拉出印刷滚筒单元，用软布或卫生纸轻轻清洁橡胶压辊
	显示在主面板显示屏上的纸张尺寸可能比装在进纸台上印刷纸张的实际尺寸大，此时，图像可能印在纸的外面，使得橡胶压辊沾上油墨	使显示的纸张尺寸等于实际尺寸

续表

故　障	故 障 原 因	解 决 方 法
纸张粘在印刷滚筒表面	印刷纸张不合适	使用合适的印刷纸张
	印刷位置不正确	用【垂直印刷位置】调整键降低垂直印刷位置 调转原稿并从头开始重新印刷
进纸不良	纸张打滑	把搓纸辊压力杆置于厚纸位置 根据使用的纸张类型，改变进纸模式
印刷件的排出不良	排纸翼板的位置不良	根据所用的纸张尺寸和质量，调整排纸翼板调节杆的位置

5.4　拓 展 知 识

一体化速印机提供彩色印刷、预设比例放大和缩小印刷、合并印刷、不同厚度纸张的印刷等功能。

1. 彩色印刷

以理光 JP785c 为例，除了标准配置的黑色印筒单元外，还有彩色印筒单元可供选购（黑、红、蓝、绿、棕、黄、紫、藏青、褐红、橙、水鸭绿）。若要进行彩色印刷，必须为每种颜色配备独立的印筒单元。

2. 预设比例放大和缩小印刷

当使用该放大和缩小功能印刷图像时，印刷图像的前缘和中央不会移位。放大和缩小印刷的工作原理图如图 5-64 所示。

可从 7 个预设比例中选择一个（3 个放大比例、4 个缩小比例，如图 5-65 所示）。选择某比例时，不必考虑原稿或印刷纸的尺寸。使用某些比例时，部分图像可能印刷不出来或页边会出现在印刷件上。

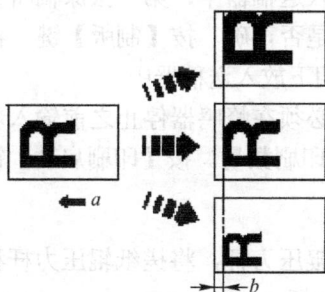

其中a是进纸方向，b是常量

图 5-64　放大和缩小印刷的工作原理图

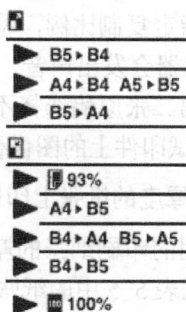

图 5-65　放大和缩小比例

使用【放大/缩小】键选择所希望的缩小或放大比例，见表 5-3 和表 5-4。确认原稿和印刷纸的尺寸是否正确后，将原稿放入送稿器并指定印刷数量，按【制版】键。检查试印件上的图像位置，如果图像位置不正确，可按【图像位置】键进行调节。最后按【印刷启动】键完成印刷。

表5-3　缩小（公制）比例表

指　示　灯	原稿尺寸	印　刷　件	尺　寸
93%	印刷带较大页边距的印刷件		93%
A4▶B5	A4	B5	87%
B4▶A4	B4	A4	82%
B5▶A5	B5	A5	82%
B4▶B5	B4	B5	71%

表5-4　放大（公制）比例表

指　示　灯	原稿尺寸	印　刷　件	尺　寸
B5▶B4	B5	B4	141%
A4▶B4	A4	B4	122%
A5▶B5	A5	B5	
B5▶A4	B5	A4	115%

3. 合并印刷（将2张原稿合并为1份印刷品）

可将2张独立的原稿印刷到一张纸上。合并印刷示意图如图5-66所示。

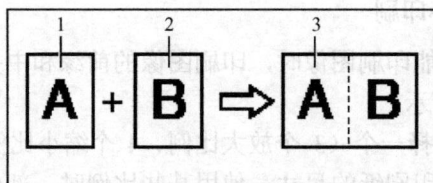

图5-66　合并印刷示意图

按【原稿合并】键，将第一张原稿正面朝下放入送稿器中，第一张原稿将被印刷在纸张的前半部分，指定复制比例，检查装入纸张的尺寸是否正确，按【制版】键。在储存好第一张原稿后，蜂鸣器会发出声音，将第二张原稿正面朝下放入送稿器中。

若希望为第二张原稿选择不同的复制比例，则必须在蜂鸣器停止之前输入新的设置。按【制版】键检查试印件上的图像位置。用数字键输入印刷数量。按【印刷启动】键进行印刷。

4. 在不同厚度的纸张上印刷

根据所使用的印刷纸张的厚度，可以调整搓纸辊压力杆，将搓纸辊压力杆移到厚纸或标准纸位置。根据表5-5中的纸张重量移动搓纸辊压力杆。

表5-5　厚纸与标准纸的数据

	公　制	英　制
厚　纸	81.6～127.9 g/m²	21.7～34.0 磅
标准纸	35～81.5 g/m²	9.3～21.6 磅

当搓纸辊压力杆位于标准纸张位置时，即使使用指定范围内的纸张仍然发生卡纸，请将

搓纸辊压力杆移到厚纸位置，请注意务必让进纸侧导向板与纸张轻轻接触，如图 5-67 所示。完成印刷后，请将搓纸辊压力杆移动到标准纸张位置。

为了防止夹带，请使用分离压力杆调节纸张分离压力，如图 5-68 所示。

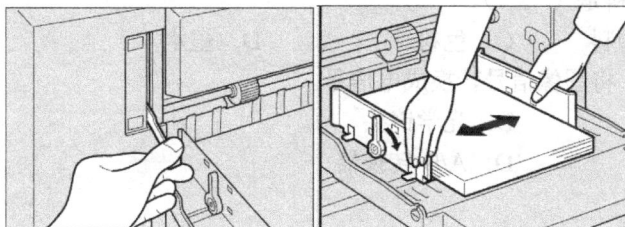

图 5-67　调节搓纸辊压力杆　　　　　　　　　　　　　　图 5-68　调节分离压力杆

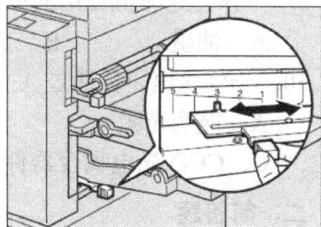

5.5　小　　结

本项目以分任务的方式细致地讲授了一体化速印机的使用与维护方法，包括了一些最基本的操作。本项目一共四个任务，每个任务均配以说明图，让读者可以一步步地按照说明独立进行操作，并能承担常见的检修保养工作。

教学重点：一体化速印机的工作原理、印刷制版操作、清洁保养操作。

教学难点：一体化速印机常见故障的检修方法。

习题与思考

一、选择题

1. 一体化速印机中运用了 CCD 光电耦合器件的（　　）功能。

　　A. 放大　　　　　　B. 信息处理　　　　C. 信息储存　　　　D. 摄像

2. 不属于一体化速印机的结构功能的是（　　）。

　　A. 曝光　　　　　　B. 制版　　　　　　C. 定影　　　　　　D. 收纸

3. 一体化速印机的六大系统不包括（　　）。

　　A. 进纸系统、控制系统　　　　　　　B. 进稿系统、制版系统

　　C. 收纸系统、定影系统　　　　　　　D. 印刷系统、控制系统

4. 一体化速印机是集制版与（　　）于一体的复制设备。

　　A. 控制　　　　　B. 印刷　　　　　　C. 打印　　　　　　D. 进稿

5. 属于一体化速印机的工作过程是（　　）。

　　A. 充电　　　　　B. 制版　　　　　　C. 显影　　　　　　D. 转印

6. 一体化速印机的热敏打印头或扫描台被灰尘或油墨污染后的保养方法是（　　）。

　　A. 用吸尘器吸除　　　　　　　　　　B. 用毛刷扫除

　　C. 用软布蘸酒精擦拭　　　　　　　　D. 用砂布擦磨

7. 一体化速印机每分钟可印（　　）张。

A. 10   B. 50   C. 120～130   D. 200

8．一体化制版机构在版纸上采取（   ）打孔的方法。

    A．机械   B．加热   C．激光   D．加压

9．一体化速印机使用的成像材料是（   ）。

    A．油墨   B．热熔塑料   C．色粉   D．墨水

10．一体化速印机通过（   ）将图像信号转换成电信号。

    A．照明光源   B．光学镜头

    C．CCD 光电耦合器件   D．A/D 转换器

二、简答题

1．简述一体化速印机的定义。

2．试述一体化速印机的主要功能。

3．试述一体化速印机的主要工作原理。

4．试述一体化速印机的制版印刷操作步骤。

5．试述解决卡纸故障的方法和注意事项。

项目 **6**

投影机多媒体系统及办公辅助设备的使用

6.1 项 目 分 析

主要内容

随着我国国力的大大增强以及现代信息处理技术的飞速发展，各企事业单位、各大院校等对办公、教学现代化的要求也越来越高。因此，会议室、教室已从一个单纯的以听、闻为主的交流场所，逐渐演变成为一个具有多种功能的综合性信息资源交流场所，由于幻灯机、投影机、摄录放像器材、扩声器材等各类电子设备大量进入会议场所，使多媒体系统的配置越来越专业，功能也越来越强大。所以，对多媒体会议系统的设计及应用已产生了非常大的需求。

学习目标

1. 知识目标

（1）了解投影机的工作原理；

（2）懂得投影机的日常使用与维护方法；

（3）掌握多媒体会议系统的布局安装。

2. 技能目标

（1）能进行投影机的安装，并进行维护；

（2）能正确使用投影机多媒体系统；

（3）能正确使用其他办公自动化辅助设备并进行维护。

6.2 相 关 知 识

6.2.1 投影机的基本知识

随着现代化教学系统在各大院校的不断推进，传统的方式已经不再适应现代化的需要，集多功能会议系统、多媒体教学系统、演播系统于一体的新型现代化多媒体系统在办公、教育行业得到了日益广泛的运用。

1. 投影机的工作原理

由于不同类型的投影机采用的投影技术不同，因此，它们的工作原理也不尽相同。

（1）CRT 投影技术。这种投影机可把输入信号源分解到 R（红）、G（绿）、B（蓝）三个 CRT 管的荧光屏上，在高压作用下，经光学系统放大、会聚，在大屏幕上显示出彩色图像。光学系统与 CRT 管组成投影管，通常所说的三枪投影机就是由三个投影管组 成的投影机，由于使用内光源，也叫主动式投影机。图 6-1 是一台典型的 CRT 投影机。图 6-2 为 CRT 投影机的工作原理。

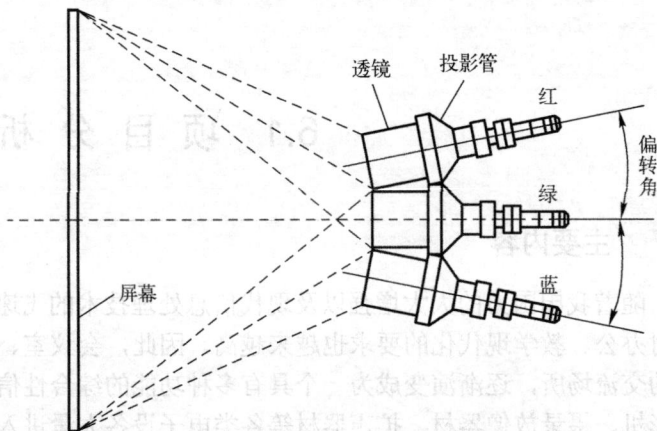

图 6-1　CRT 投影机　　　　　　　　　　图 6-2　CRT 投影机工作原理

（2）LCD 投影技术。LCD 投影机主要由三部分组成：液晶体、光路系统、电路系统。

液晶体是介于液体和固体之间的物质，本身不发光，工作性质受温度影响很大，其工作温度为-55～+77℃。投影机利用液晶的光电效应，即液晶分子的排列在电场作用下会发生变化，影响其液晶单元的透光率或反射率，从而影响它的光学性质，产生具有不同灰度层次及颜色的图像。

液晶投影机的灯泡发出明亮的白光，经过光路系统中的分光镜，将白光分解为 R、G、B（红色、绿色、蓝色）三种颜色的光线。电路系统会根据图像源的图像信号产生控制液晶单元的信号，精确地控制液晶单元的动作。

液晶板投影技术利用外光源金属卤素灯或 UHP（冷光源），若是由三块 LCD 板设计的，则把强光通过分光镜形成 R、G、B 三束光，分别透射过 R、G、B 三色液晶板；信号源经过模数转换、调制加到液晶板上，控制液晶单元的开启、闭合，从而控制光路的通过、断开，再经镜子合光，由光学镜头放大，显示在大屏幕上。

R、G、B 三种光线在精确的位置上穿过液晶单元，通过投影仪镜头投射到屏幕上，组成了色彩斑斓的图像。RGB 三色成像示意图如图 6-3 所示。

（3）DLP 投影技术。DLP 投影技术中的 DLP 是英文 Digital Light Processor 的缩写，译为数字光处理器。这一新的投影技术的诞生，使我们在拥有捕捉、接收、存储数字信息的能力后，终于实现了数字信息显示。DLP 技术的出现是显示领域划时代的革命，正如 CD 在音频领域产生的巨大影响一样，DLP 将为视频投影显示翻开新的一页。它以 DMD（Digital Micromirror Device）数字微反射器作为光阀成像器件。

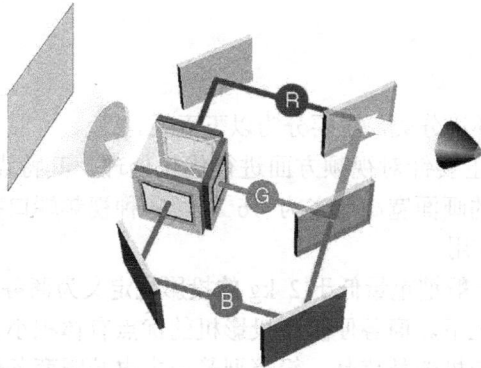

图 6-3　RGB 三色成像示意图

DLP 投影机（见图 6-4）的关键技术如下：首先是数字优势。数字技术的采用，使图像灰度等级达到 256～1024 级，色彩达 256^3～1024^3 种，图像噪声消失，画面质量稳定，精确的数字图像可不断再现，而且历久常新。其次是反射优势。反射式 DMD 器件的应用，使成像器件的总光效率达到 60%以上，对比度和亮度的均匀性都非常出色。在 DMD 块上，每一个像素的面积为 16 μm×16 μm，间隔为 1 μm。根据所用 DMD 的片数，DLP 投影机可分为单片机、两片机、三片机。DLP 投影机清晰度高、画面均匀、色彩锐利，三片机光通量可达 2000 lm 以上，它抛弃了传统意义上的会聚，可随意变焦，调整十分便利；分辨率高，不经压缩分辨率可达 1024×768（有些机型的最新产品的分辨率已经达到 1280×1024）。

图 6-4　采用 DLP 技术的明基 W1070 投影机

① 双片 DLP 系统。这种系统利用了金属卤化物灯红光缺乏的特点。色轮不用红、绿、蓝滤光片，取而代之使用两个辅助颜色的滤光片，品红滤光片和黄色滤光片。色轮的品红片段允许红光和蓝光通过，同时黄色片段可通过红光和绿光。结果是，红光在所有时间内都可通过，蓝光和绿光在品红—黄色色轮交替旋转中通过，每种光实质上占用一半时间。一旦通过色轮，光线直接射到双色分光棱镜系统上，在这连续的红光被分离出来而射到专门用来处理红光和红色视频信号的 DMD 上，顺序的蓝色光与绿色光投射到另一个 DMD 上，专门处理交替颜色，这一 DMD 由绿色和蓝色视频信号驱动。

② 三片 DLP 系统。另外一种方法是将白光通过棱镜系统分成三原色。这种方法使用三个

DMD，一个 DMD 对应于一种原色。应用三片 DLP 投影系统的主要原因是为了增加亮度。通过三片 DMD，来自每一原色的光可直接连续地投射到它自己的 DMD 上。结果更多的光线到达屏幕，给出一个更亮的投影图像。这种高效的三片投影系统被用在超大屏幕和高亮度应用领域。

2. 投影机类型

根据投影机的应用环境分类，主要分为以下五类。

（1）家庭影院型：主要针对视频方面进行优化处理，其特点是光通量都在 1000 lm 左右，对比度较高，投影的画面宽高比多为 16：9，各种视频端口齐全，适合播放电影和高清晰电视，适于家庭用户使用。

（2）便携商务型：一般把重量低于 2 kg 的投影机定义为商务便携型投影机，这个重量跟轻薄型笔记本电脑不相上下。商务便携型投影机的优点有体积小、重量轻、移动性强，是传统的幻灯机和大中型投影机的替代品，轻薄型笔记本电脑跟商务便携型投影机的搭配，是移动商务用户在进行移动商业演示时的首选搭配。

（3）教育会议型：一般定位于学校和企业应用，采用主流的分辨率，光通量在 2000～3000 lm，重量适中，散热和防尘做得比较好，适合短距离移动，功能接口比较丰富，容易维护，性价比也相对较高，适合大批量采购普及使用。

（4）主流工程型：相比主流的普通投影机来讲，工程投影机的投影面积更大、投影距离更远、亮度更高，而且一般还支持多灯泡模式，能更好地应付大型多变的安装环境，对教育、媒体和政府等领域都很适用。

（5）专业剧院型：这类投影机更注重稳定性，强调低故障率，其散热性能、网络功能、使用的便捷性等方面做得很强。当然，为了适应各种专业应用场合，工程投影机最主要的特点还是其高光通量，其光通量一般可达到 5000lm 以上，高者可超过 10 000 lm。由于体积庞大，重量重，通常用在特殊用途，如剧院、博物馆、大会堂、公共区域，还可应用于监控交通、公安指挥中心、消防和航空交通控制中心等环境。

3. 投影机的主要参数

（1）亮度。

投影机的亮度（light out）是衡量发光体（或称反光体）的表面发光（或反光）强弱的物理量，是投影机主要的技术指标。"light out" 通常以光通量来表示，光通量是描述单位时间内光源辐射产生视觉响应强弱的能力，单位是流明（lm）。投影机表示光通量的国际标准单位是 ANSI 流明，ANSI 流明是美国国家标准化协会制定的测量投影机光通量的方法，测定环境如下：

① 投影机与屏幕之间距离为 2.4 m；

② 屏幕为 60 英寸；

③ 用测光笔测量屏幕 "田" 字形内九个交叉点上的亮度乘以面积，得到投影画面的 9 个点的光通量；

④ 求出 9 个点的平均值，就是 ANSI 流明。

ANSI 流明测试示意图如图 6-5 所示。

一般情况下，投影机的亮度越高，投射到屏幕上相同尺寸的图像越明亮，图像也越清晰，亮度体现了投影机投影下图像的明亮程度。

亮度与投影机与屏幕距离的远近、视角的大小、屏幕的尺寸有关。图像的清晰度、色彩的明锐度、灰度层次都是衡量投影机性能的重要指标。亮度高的投影机图像更清晰，色彩明锐度、灰度层次越分明。

同时，投影机所投射的图像亮度也会受到环境光、屏幕材质的影响。环境光越强，投影机投射的图像亮度就相对暗淡。不同类型的屏幕对投影投射图像的显示效果也会有所不同，所以在选择投影机时，应当结合实际使用的空间大小、使用环境等来进行选择。

图 6-5　ANSI 流明测试示意图

（2）分辨率。

图像信号的分辨率分为数字图像分辨率（见图 6-6）和模拟图像分辨率，数字图像分辨率是指整个图像画面垂直和水平方向像素的乘积；模拟图像分辨率是指整个画面最多的扫描线数。

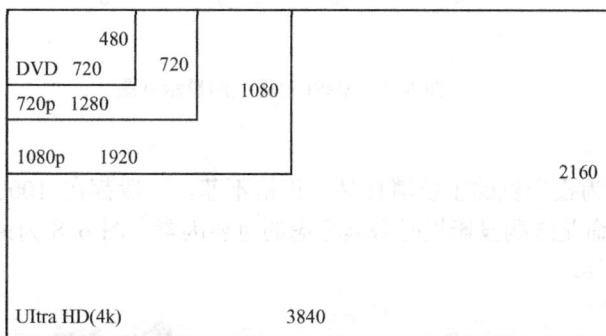

图 6-6　数字图像分辨率

投影机的分辨率也分为数字分辨率和模拟分辨率，数字分辨率是指硬件本身所能反映的垂直和水平方向像素的乘积；模拟图像分辨率是指硬件本身所能够达到的最多扫描线数。

最大分辨率也称可显示的最高分辨率，它是指投影机可显示的输入信号的最高分辨率。投影机通过图像处理算法，可对输入信号进行缩放处理，实现信号满屏显示，如果超出该范围，投影机就无法正常显示画面。

标准分辨率是指投影机投出的图像原始分辨率，也叫真实分辨率或物理分辨率。和物理分辨率相对应的是压缩分辨率，决定图像清晰程度的是物理分辨率，决定投影机的适用范围的是压缩分辨率。物理分辨率即 LCD 液晶板的分辨率。在 LCD 液晶板上通过网格来划分液晶体，一个液晶体为一个像素点。那么，当输出分辨率为 1024×768 时，就是指在 LCD 液晶板的横向上划分了 1024 个像素点，竖向上划分了 768 个像素点。物理分辨率越高，则可接收分辨率的范围越大，投影机的适应范围就越广。通常用物理分辨率来评价液晶投影机的档次。以下是几种分辨率表示：SVGA=800×600；XGA=1024×768；SXGA=1280×1024。

（3）对比度。

对比度也称为对比率，是指屏幕上同一点最亮（白色）与最暗（黑色）的亮度比值，也就是从黑到白的渐变层次。比值越大，从黑到白的渐变层次就越多，从而色彩表现越丰富。

在投影机行业有两种对比度测量方法：一种是全开/全关对比度测试方式，即测量投影机输出的全白屏幕与全黑屏幕亮度的比值；另一种是 ANSI 对比度，它采用 ANSI 标准测量方法测量对比度。ANSI 对比度测量方法采用 16 点黑白相间色块，8 个白色区域亮度平均值和 8 个黑色区域亮度平均值之间的比值即为 ANSI 对比度，ANSI 对比度测量示意图如图 6-7 所示。这两种测量方法得到的对比度值差异非常大，这也是不同厂商的产品在标称对比度上差异大的一个重要原因。

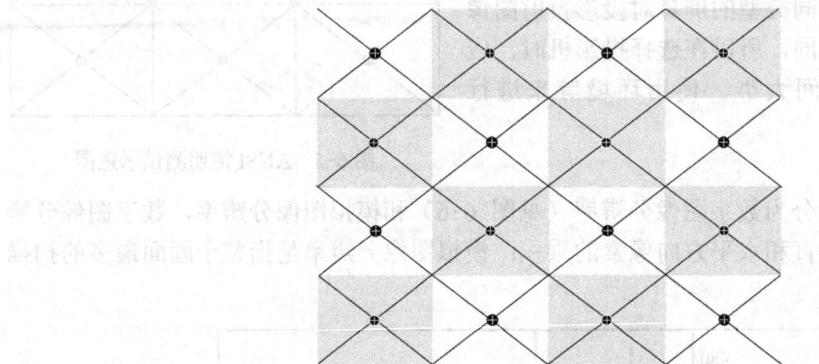

图 6-7　ANSI 对比度测量示意图

（4）灯泡寿命。

投影机灯泡作为投影机的主要消耗品，价格不菲，一般都在 1000～3000 元之间，所以投影机灯泡使用寿命是选购投影机时必须考虑的重要因素。图 6-8 为爱普生 EB-C2040XN 投影机灯泡及灯泡组件。

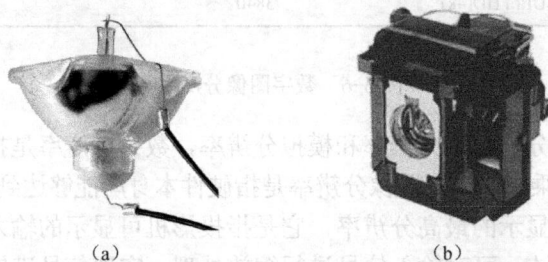

（a）　　　　　　　　　　　　（b）

图 6-8　爱普生 EB-C2040XN 投影机灯泡及灯泡组件

常用的投影机灯泡分为两大类：采用金属卤化物填充的，俗称"金属卤素灯"；采用高压汞填充的，称为"超高压汞灯"。

金属卤素灯：用于产生液晶投影器的光源，在灯泡的石英泡壳中加入钨丝灯丝，冲入氩气并添加微量的卤素气体；投影机的光源要求高效率与高色温，才能表现出高亮度与真实感，而钨卤素灯在这方面表现较差，另外，寿命短、体积大等缺点均不适合现代投影机的发展趋势，所以将慢慢被淘汰，不过，其价格比超高压汞灯便宜。

超高压汞灯：用于产生液晶投影器的光源，原灯管通电后，极间距间产生高电位差的同时产生高热，将汞汽化，汞蒸气在高电位差下受激发而放电，内部的卤素元素就有催化及保护的功用。其优点为发光亮度强，使用寿命长，所以市面上的投影机多半采用超高压汞灯。

如图 6-9 所示，无论是金属卤素灯还是超高压汞灯，灯泡亮度都会随着使用时间的增加而降低，使用一段时间后其亮度会逐渐下降直至无法正常使用。

不同品牌的投影机使用的灯泡是不能互换使用的，同一品牌、不同型号的投影机使用的灯泡也不一样，也不能互换。所以在更换投影机的时候一定要弄清楚是什么品牌、什么型号的投影机，然后再选择需要的投影机灯泡。

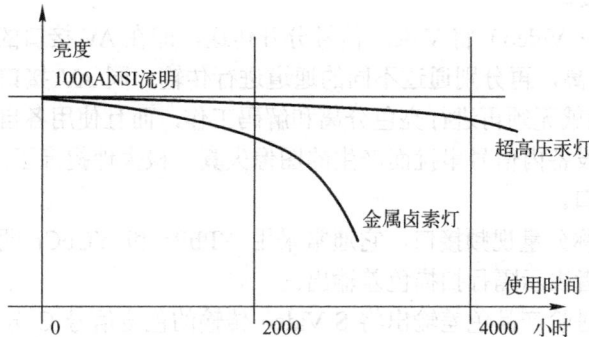

图 6-9　投影灯泡使用时间与亮度关系曲线

4. 投影机接口

投影机的功能决定了其接口的类型和数量，常见的投影机接口如图 6-10 所示。

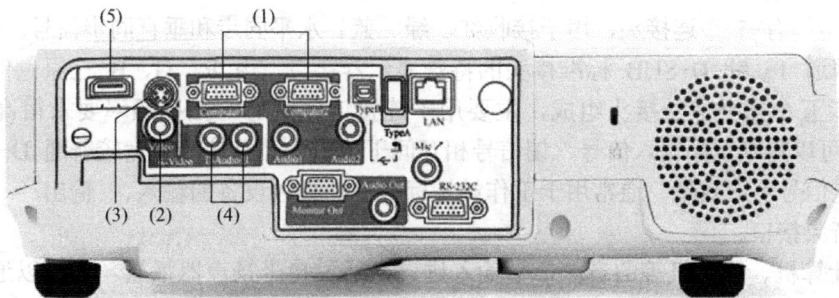

图 6-10　爱普生 EPSON EB-C2040XN 接口示意图

（1）VGA 输入/输出接口。

VGA（Video Graphics Array）是使用模拟信号的一种视频传输标准，目前大部分设备制造商仍然共同支持这一连接标准。VGA 接口（15 针 D-Sub）是一种 D 形接口，上面共有 15 针孔，分成三排，每排 5 个。绝大多数投影机都有提供 VGA 输入接口。

（2）DVI 输入接口。

DVI 输入接口主要用于与具有数字显示输出功能的计算机显卡相连，显示计算机的 RGB 信号。DVI（Digital Visual Interface）数字显示接口比标准 VGA 接口效果更好，数字接口保证了全部内容采用数字格式传输，保证了主机到显示器的传输过程中数据的完整性（无干扰信号引入），可以得到更清晰的图像。

（3）标准视频输入（RCA）接口。

标准视频输入（RCA）接口也称 AV 接口，通常都是成对的白色的音频接口和黄色的视频接口，它通常采用 RCA（俗称莲花头）进行连接，使用时只需将带莲花头的标准 AV 线缆与相应接口连接起来即可。

AV 接口实现了音频和视频的分离传输，这就避免了因为音/视频混合干扰而导致的图像质量下降。但由于 AV 接口传输的仍然是一种亮度/色度（Y/C）混合的视频信号，仍然需要显示设备对其进行亮度/色度分离和色度解码才能成像，这种先混合再分离的过程必然会造成色彩信号的损失，这一缺点导致其无法在一些追求高清显示的场合中使用。

（4）S 视频输入接口。

S-Video（Separate Video）将 Video 信号分开传送，即在 AV 接口的基础上将色度信号 C 和亮度信号 Y 进行分离，再分别通过不同的通道进行传输。同 AV 接口相比，由于它不再进行 Y/C 混合传输，也就无须再进行亮色分离和解码工作，而且使用各自独立的传输通道在很大程度上避免了视频设备内信号串扰而产生的图像失真，极大地提高了图像的清晰度。

（5）视频色差接口。

视频色差接口也称分量视频接口，它通常采用 YPbPr 和 YCbCr 两种标识，前者表示逐行扫描色差输出，后者表示隔行扫描色差输出。

作为 S-Video 的进阶产品色差输出将 S-Video 传输的色度信号 C 分解为色差 Cr 和 Cb，这样就避免了两路色差混合解码并再次分离的过程，也保持了色度通道的最大带宽，只需要经过反矩阵解码电路就可以还原为 RGB 三原色信号而成像，这就最大限度地缩短了视频源到显示器成像之间的视频信号通道，避免了烦琐的传输过程所带来的图像失真，显示效果比 S 视频输入接口更好。

（6）BNC 端口。

BNC 电缆有 5 个连接头，用于接收红、绿、蓝、水平同步和垂直同步信号。BNC 接头是有别于普通 15 针 D-SUB 标准接头的特殊显示器接口，由 R、G、B 三原色信号及行同步、场同步五个独立信号接头组成，主要用于连接工作站等对扫描频率要求很高的系统。BNC 接头可以隔绝视频输入信号，使信号相互间干扰减少，且信号频宽较普通 D-SUB 大，可达到最佳信号响应效果。通常用于工作站等标准专业视频设备的输入、 输出。

（7）音频接口。

可将计算机、录像机等的音频信号输入进来，通过自带扬声器播放。还可以通过音频输出接口，连接功放、外接喇叭输出接口。

（8）HDMI 接口。

HDMI 接口（High Definition Multimedia Interface，高清晰度多媒体接口）是一种数字化视频/音频接口技术，是适合影像传输的专用型数字化接口，其可同时传送音频和影像信号，最高数据传输速度为 5Gbps。

HDMI 是数字接口，无须在信号传送前进行数字/模拟或模拟/数字信号间的转换，因此它能提供最佳的视频质量。这种差别在更高分辨率（如 1080p）时特别明显。比分量视频接口效果更清晰，消除了分量视频中发现的柔和度和拖尾现象。诸如文本这类微小、高对比度的细节将这种差别发挥到极致。同时 HDMI 在单线缆中集成视频和多声道音频，从而消除了当前 AV 系统中使用的多线缆的成本、复杂性和混乱。这在升级或添加设备时特别有用。HDMI 已经成为视频设备的标准接口。

5. 投影机距离与投影尺寸

选购投影机时，用户首先注意到投影机的亮度、分辨率、对比度等重要参数，另外，也要弄清楚投影机的焦距和液晶片尺寸等参数，以便保证投影安装距离和画面尺寸符合用户的实际需要，投影距离和画面尺寸是与投影机的焦距和液晶片尺寸紧密相关的。屏幕的尺寸是指屏幕对角线的长度，单位为英寸（1 英寸=2.54 cm=0.0254 m），用户需要根据投影画面尺寸来选择投影屏幕高度（m）和宽度（m）。

相关计算公式如下。

- 已知画面尺寸得到投射距离：

  最小投射距离（m）= 最小焦距（m）×画面尺寸（英寸）÷液晶片尺寸（英寸）

  最大投射距离（m）= 最大焦距（m）×画面尺寸（英寸）÷液晶片尺寸（英寸）

- 已知投射距离得到画面尺寸：

  最大投射画面（m）= 投射距离（m）×液晶片尺寸（英寸）÷最小焦距（m）

  最小投射画面（m）= 投射距离（m）×液晶片尺寸（英寸）÷最大焦距（m）

- 普通屏幕的宽度和高度的比为 4∶3，于是由勾股定理得到：

  屏幕宽度（m）=屏幕尺寸（英寸）×0.025 4 米/英寸×0.8 =屏幕尺寸÷50

  屏幕高度（m）=屏幕尺寸（英寸）×0.025 4 米/英寸×0.6 =屏幕尺寸÷66

- 依此公式，可以得到60 英寸、150 英寸、200 英寸屏幕的大小：

  60 英寸的屏幕的宽度为 60÷50=1.2（m），高度为 60÷66=0.909（m）

  150 英寸的屏幕的宽度为 150÷50=3（m），高度为 150÷66=2.27（m）

  200 英寸的屏幕的宽度为 200÷50=4（m），高度为 200÷66=3（m）

6.2.2　幻灯机的基本知识

幻灯机（见图 6-11）是一种形象化的展示工具，主要用于医学、教育等领域。幻灯机构造简单、体积小，幻灯机主要用于放映 135 幻灯片，操作简单、使用方便、画面形象。

1. 幻灯机的种类与特点

（1）幻灯机的种类。

按用途分，幻灯机可分为单片插入式幻灯机、卷片式幻灯机和显微幻灯机。单片插入式幻灯机放映外框为 82 mm×102 mm（120 单片）和 50 mm×50 mm（135 单片）两种。这类幻灯机的特点是可以根据使用需要，随意调换放映次序，增减内容。卷片式幻灯机能放映有连续画幅的 35 mm 宽度的长条片。一般每条

图 6-11　幻灯机

都有一个完整的内容，画面一般不会颠倒和遗漏。面幅规格有 18 mm×24 mm 和 24 mm×36 mm 两种。显微幻灯机可直接放映细微的物体，如生物切片、半透明小动物、小植物等，比挂图更生动直观。

按操作功能分，幻灯机可分为手动式幻灯机、自动式幻灯机（包括自动换片与调焦幻灯机）和声画同步幻灯机。

（2）幻灯机的特点。

手动式幻灯机结构简单、重量轻、价格低廉，一般很少出现故障，适合于片数不多的放映。自动式幻灯机的特点是操作方便，且幻灯片的次序预先排好，不易搞乱，适合

放映片数较多的场合。声画同步幻灯机装有同步录音机，将画面的解说词与交换片信号一起录在录音磁带上。放映时可以随解说词自动换片，达到声画同步的效果。

2. 幻灯机的构造原理

幻灯机的种类、型号虽多，但光学原理基本相同。幻灯机的光学原理示意图如图 6-12 所示。

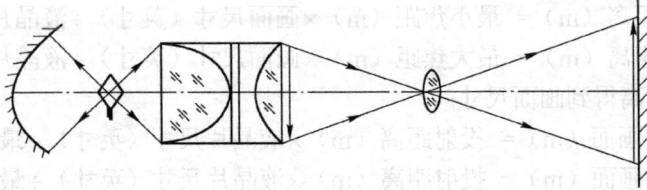

图 6-12　幻灯机的光学原理示意图

（1）光源部分。

幻灯机靠光源发出光线照亮幻灯片，使图像通过镜头放大成像在银幕上。对幻灯机光源有以下要求：点光源、亮度高、色温好、启动快和寿命长。

老式幻灯机光源采用 220 V 交流电白炽灯泡，由于电压高、灯丝长、面积大，对成像有影响。现在幻灯机采用的是低电压卤钨灯泡，相对来说灯的面积小、成像质量高，须装置变压器。幻灯机常用的卤钨灯有 24 V、150 W 和 24 V、500 W 等规格。

（2）聚光部分。

聚光部分包括反光镜和聚光镜。

① 反光镜。它的作用是把光源向后发射的光线反射回去，以加强银幕上的亮度。光源后面的反光镜常用金属抛光的凹面镜，光源应置于反光镜焦点上。

② 聚光镜。它由两片凸透镜组成，其作用是会聚光源发出的光线，并把通过幻灯片的光线聚到放映镜头上。聚光镜的两片凸透镜之间放置一块隔热玻璃。

（3）成像部分。

成像部分包括放映镜头和银幕，其作用是在银幕上形成一个放大清晰的幻灯片图像。

① 镜头的成像原理。镜头由透镜组成。幻灯机把幻灯片放置在镜头一倍焦距和二倍焦距之间，并使镜头可在一定范围内移动，这个范围称为调焦范围。当镜头移到靠近一倍焦距的位置时，银幕上得到的画面最大；当镜头移动到离幻灯片接近二倍焦距的位置时，银幕上画面影像最小。

② 放映镜头的构造。幻灯机放映镜头有的用单片凸透镜做成，它具有结构简单、价格低廉的优点，一般用于低档幻灯机。其缺点是所成的像不仅有一定的变形，而且四周还会出现物体本来没有的彩色边缘，这种现象叫作像差。因此，比较高档的幻灯机镜头是由多片凸透镜和凹透镜组合在一起利用凹透镜所成像差与凸透镜所成像差相反的道理，减少甚至消除像差，使影像更清晰。幻灯机放映镜头通常由 3 片以上的透镜组成，各片透镜之间均有严格的排列间距。为了支撑镜片和防止镜头相对位置变动，通常多将这些镜片组合在一个金属壳——镜头筒内。为了避免光线在镜头筒内互相反射而影响新像的反差，镜头筒内壁多涂无光黑漆。

③ 镜头的焦距。银幕上放映画面的大小与放映距离和放映镜头的焦距有关。放映距离

是指放映镜头到银幕平面的距离。如果放映距离为 D 不变，则放映镜头焦距越短时，映出的画面（指宽或高）越大。反之，焦距越长时，画面越小。

（4）散热装置、机身部分。

① 散热装置。幻灯机光源所使用的功率较大，故其工作时所发出的热量也越多。如不采用散热降温措施，就会由于温度过高而产生如下现象：烧断灯泡灯丝，烤裂反光镜、聚光镜等光学部件，烤坏幻灯片。故在使用功率为 150 W 以上灯泡的幻灯机上，必须安装散热装置。一般幻灯机采用风扇驱热法，即在靠近光源部位安装一个小型电风扇，将机内热空气排出以达到散热的目的。

② 机身。幻灯机有固定不动的物体用来装置各种零件，称为幻灯机的机身，是支撑幻灯机各部件的主体。机身分为金属的和塑料的两种。

3．幻灯机的选用

幻灯机的选用，根据实际需要除了从用途和功能来选择外，还要从技术性能上来选择，主要考虑以下几个方面。

（1）镜头的焦距。一般来说，放映镜头焦距越大，幻灯机距离银幕越远，反之，镜头焦距越短，距离银幕越近。选用时根据办公室大小和讲台与银幕的远近来决定，短焦距的镜头放在讲台上也能放出大的画面，使主讲人操作方便。

（2）亮度要大。现在幻灯机光源功率比较小，只有 150 W，其平均亮度为 400 lx 左右。一般在室内亮度为 80～150 lx 时放映才能达到较好的效果，所以有条件的应选用亮度大的幻灯机，放映效果更好。

（3）机械传动性可靠。在正常情况下，采用直片盒导桥的推挽式幻灯机对幻灯片适应性最好，一般较少出现卡片现象。

（4）片门温度要低。这关系到幻灯片的使用寿命，对珍贵稀少的幻灯片尤为重要。温度高容易把幻灯片烤变形，严重时甚至烧焦。

（5）均匀度要好。要求幻灯机的亮度均匀，即放映画面暗点与最亮点的差别越小越好。

6.2.3　碎纸机的基本知识

1．碎纸机的分类及特性

碎纸机按照使用方式以及处理的纸的类型可分为两类：个人碎纸机和商用碎纸机。

个人碎纸机（见图 6-13）是为不经常使用的个人用户设计的。这种类型的碎纸机通常对一次吞进的纸张数量有严格的限制，以避免产生堵塞或者损坏。个人碎纸机一次能够处理 2～8 页纸张。商用碎纸机体积要大得多，能够一次处理更多的文档。这种碎纸机由大功率的马达驱动以便长时间地处理文档。

图 6-13　科密 C-838 型碎纸机

办公型产品通常放置在门厅或者收发室里。由于噪声比较大，大型碎纸机一般放置在仓库或者储物间里。

碎纸机有一项表现碎后物尺寸大小的技术指标——碎纸效果，通常以 mm 为单位。

从安全的角度考虑，将纸张简单地切割成小片已经能够满足保密要求了。这样的碎纸机

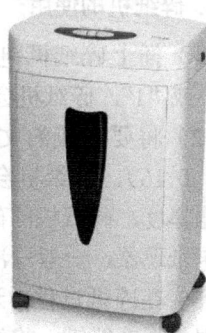

将纸张切割成带状碎片，宽度从 0.25 mm 到 3 mm 不等。一般来说，碎纸机至少要能够将纸片切割成 0.7 mm 的纸带才行。但是，对于更加机密的文档来说，十字形的切割机才是符合安全要求的。这些机器沿长、宽两个方向进行切割，把纸张变成 500～800 片的碎片。对于最高的保密等级（比如军事协议），相应的有高度安全的颗粒状粉碎型号，能够将纸张切割成超过 1500 片的颗粒。不同保密等级碎纸机碎纸效果如图 6-14 所示。

(a) 一级保密（条状：6.3～12mm）　　(b) 二级保密（条状：3.9～5.8mm）

(c) 五级保密（粒状：0.78 mm×11mm）　　(d) 六级保密（粒状：1mm×5mm）

图 6-14　不同保密等级碎纸机的碎纸效果

2. 碎纸机的工作过程

碎纸机是由一组旋转的刀片（见图 6-15）、纸梳和驱动马达组成的。纸张从相互咬合的刀刃中间送入，被分割成很多细小的纸片。

3. 碎纸机的使用

（1）插上碎纸机电源线，将碎纸机电源开关打至"ON"或"I"，碎纸机会开启并处于待机状态。

（2）将要销毁的文件资料放入碎纸机的进纸槽中（见图 6-16），碎纸机会自动吸入并开始粉碎。需要根据纸张厚度、碎纸机的碎纸能力来确定进纸量，为了不产生卡纸现象，一般一次进纸以 2～8 张为宜。

图 6-15　碎纸机刀片

（3）在碎纸过程中遇到卡纸现象，可以使用碎纸机的"退纸"功能键，将纸张吐出后再次进行碎纸操作。

（4）碎纸完成后，将碎纸机电源开关打至"OFF"或"O"，打开纸屑篓并按照保密要求对纸屑进行处理。图 6-17 所示为纸屑篓中经过粉碎的文件碎片。

4. 碎纸机的购买

选购碎纸机需要考虑的三个主要方面是：处理对象的材质、处理的纸张量和保密等级。

（1）处理对象的材质。绝大多数碎纸机是设计成处理纸张的，通常是纸片或纸条。如果您打算粉碎计算机的打印件，那么最好选择入口比较宽大的型号，这样纸张能够直接进入机器内进行处理；还有一些碎纸机采用了进纸斗，这样就能够处理揉成一团的纸张了；还有一些碎纸机能够处理更多的东西，如信用卡、录像带或者软盘都能够被这些机器所粉碎。

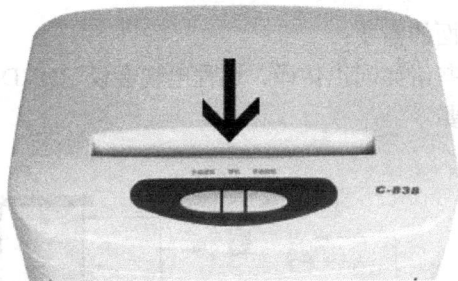

图6-16　科密c-838型碎纸机进纸槽　　　　图6-17　纸屑篓中经过粉碎的文件碎片

（2）处理的纸张量。碎纸机能够处理的纸张量是另外一个需要考虑的因素。这方面的关键因素是单位纸张量，也就是一次能够吞进处理的纸张量。另外，还有处理速度，因为碎纸机并不是设计成总在最大容量下运行的状态，所以选购时最好考虑那种容量比您需要的大25%左右的型号，这样可以避免机器的损坏。

（3）保密等级。当然，保密等级越高，需要配备的碎纸机的要求也就越严格。对于保密要求一般的，中档的碎纸机是既合适又经济的选择。

5．碎纸机的维护和维修

（1）碎纸机的维护。

① 机器内刀具精密、锐利，使用时应注意请勿将衣角、领带、头发等卷入进纸口，以免造成意外损伤。

② 碎纸桶纸满后，请及时清除，以免影响机器的正常工作。

③ 请勿放入碎布料、塑料、胶带、硬金属等。

④ 为了延长机器寿命，每次碎纸量应低于机器规定的最大碎纸量，没说明碎光盘、磁盘、信用卡的机器，请勿擅自放入机器粉碎。

⑤ 清洁机器外壳前，请先切断电源，用软布蘸上清洁剂或软性肥皂水轻擦，切勿让溶液进入机器内部，不可使用漂白粉、汽油刷洗。

⑥ 请勿让锋利物碰到外壳，以免影响机器外观。

（2）碎纸机的维修。

基本的经济型办公用碎纸机的设计寿命是7～10年。个人型号的碎纸机并没有设计成可维修的。如果产品在保修期内损坏，厂商一般会更换而不是维修。为了减小损坏的可能，尽量避免连续使用时间超过15 min，并且避免纸张容量超过最大容量。

6.3 项目实施

任务：构建摄影机多媒体会议系统

1. 实施要求

构建如图 6-18 所示的多媒体会议系统，要求满足如下需求：

（1）满足会议、讨论等方面的需要；

（2）满足演讲、讲座、培训、学术交流等方面的需要；

（3）根据具体使用要求的不同，满足其他一些诸如同声传译、远程电视会议、DVD 碟片式的环绕声电影播放、卡拉 OK 演唱等方面的需要。

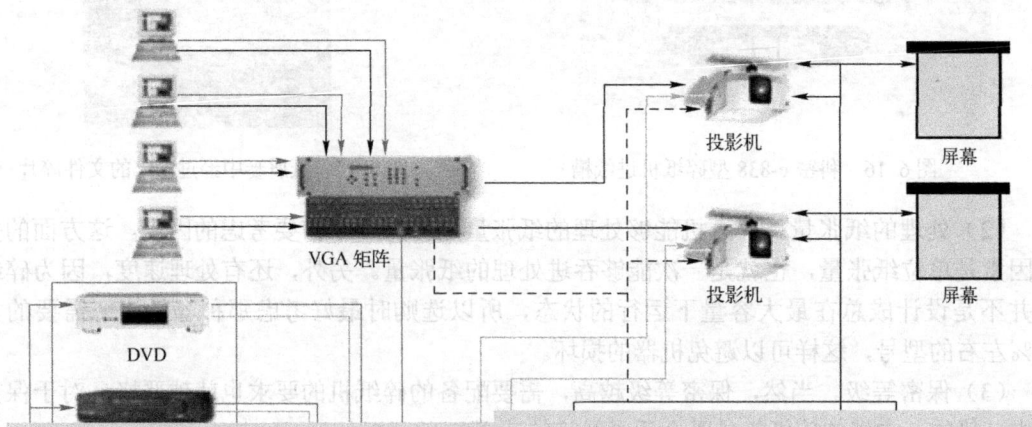

图 6-18　投影机多媒体会议系统结构图

以上基本涵盖了目前现代型会议室的用途及使用功能需要，虽然这些要求看似简单，但由于目前计算机多媒体技术和数字通信技术的飞速发展，信息量越来越大，处理信息的手段也越来越先进，各种针对不同需求的电子设备越来越细化，需要操作的设备也越来越多，所以，如果要满足上述功能要求，则多媒体会议系统至少要提供如下操作功能：

（1）具备良好的现场拾音、扩（放）音、录音功能，简而言之是说得清楚、听得明白、记得牢固；

（2）具有良好的现场摄像、放像、录像功能，能播放多种记录载体上的视频信号；

（3）具有计算机多媒体信息播放、存储功能；

（4）具有各种文件、照（底）片或实物等的展示功能；

（5）具有使系统操作简单化的集中控制功能等。

除此之外，根据其他一些具体用途的不同，多媒体会议系统还需要提供诸如同声传译（至少应配备同声传译扩展接口）操作、远程电视会议（至少应配备远程电视会议接口）操作、环绕声解码及扩音操作，以及满足卡拉 OK 演唱的混响效果及混音操作等。根据需求分析，我们确定采用的投影机多媒体会议系统结构图如图 6-18 所示。

2. 多媒体会议系统的基本解决方案

（1）音频系统。

听、说是会议中最重要的交流手段之一，因此，音频系统便成为了现代多媒体会议系统中最重要的组成部分之一。同时，由于其用途及使用功能的特殊要求，该音频系统又和演出厅堂扩声等其他音频系统在系统构成、设备选型等方面有所不同。

在设计多媒体会议中的音频系统时，除首先要满足有关的国家或行业标准外，还要特别注意系统的反馈抑制能力以及使用操作的简便性等方面。下面探讨一下其具体设备选型和信号流程。

一般来说，多媒体会议音频系统由信号源（拾音器、节目播放设备）部分、控制及处理（调音台及各种周边设备等）部分、扩音（功率放大器及扬声器）部分以及信号记录部分等组成。其中拾音器方面首先要考虑配备专用的会议传声器（如鹅颈会议话筒、界面话筒或手拉手式会议话筒等），此外，考虑到演讲、讲座及学术交流等方面的需要，还应配备一定数量的手持、领夹（或头戴）式无线传声器。考虑到抑制反馈的需要，啸叫抑制器或移频器也应列入设备配置清单中。

经过以上的简单罗列后，我们就可以搭建一套基本的音频系统了。自动增益调音台大多带有逻辑输出接口，根据需要可以触发其他进行配合的设备联动，如自动跟踪的摄像机等，这一点在多媒体会议系统中也是非常重要的。

经自动增益调音台输出的信号应该首先进入一台啸叫抑制器（或移频器），通过陷波（或移频）对传声器混合信号进行处理，以进一步降低发生啸叫的可能性。多数音频处理矩阵带有网络控制及传输接口，可通过以太网实现远程的系统控制及数字化的信号传输。数字音频处理矩阵在经过专业人员的调试后，可以工作得非常专业，非专业的人员也可以很轻松地操作使用，这恰恰是目前多媒体会议系统在实际应用中的一个非常值得注意的需求。经音频处理矩阵处理后的信号，即可通过功率放大器进入扬声器进行扩声了。

上面所阐述的系统，已经基本可以满足通常会议的需要了。如果本会议室还有其他的功能要求，则上述系统还需进行一定的变化。

此外，目前市场上还有大量的手拉手式会议系统，它们也得到了广泛的应用。

（2）视频及显示系统。

在设计会议视频及显示系统时，最主要的无外乎要考虑三个层面，即信号源、信号调度及信号显示。下面分别予以说明。

所谓信号源，即为在会议系统中经常需要提供给与会者观看的信号载体及播放设备。

对于相关信号调度问题，会议系统中主要通过视频切换矩阵、VGA（RGB）切换矩阵以及相应分配器来实现。此外，同前述视频节目源设备一样，对于这些信号调度设备的选型，同样应该考虑其与集中控制系统的兼容问题，即这些设备都要具备开放通信协议的相应控制端口。

对于最终的显示设备，根据当今的技术发展，目前基本采用多媒体投影机、等离子显示屏等向与会者进行显示，操作人员可通过小型监视器进行系统信号的监视。其中多媒体投影机大多采用正投方式，如有必要且空间允许，也可采用单台背投方式或多台背投拼接方式，当然这样的资金投入会高一些。同时，这些显示终端根据其先进性以及性能指标的不同，价格也会有非常大的差异，作为一个系统设计人员要根据具体需要选择适当的产品。

上述视频及显示系统已基本可满足通常会议的需要了，当然对于某些具有特殊用途的场所，如多媒体教室等，还需要另行探讨。同时因为该系统设备（如 DLP 技术投影机和一般 LCD 投影机）的价格差异非常之大，因此，在进行系统设计及设备选型时，当确定系统投资后，一定要充分考虑系统各设备之间的性能匹配问题。前端信号处理设备的指标一般，即使投影机再好，也无法再现完美画面，只能是白白地浪费投资。

（3）投影机的安装。

投影机吊顶安装示意图如图 6-19 所示。

投影机的位置要尽可能与投影屏幕成直角才能保证投影效果（如图 6-19 所示），如果无法保证二者的垂直，画面就会产生梯形。在这种情况下，用户需要使用"梯形校正功能"来校正梯形，保证画面成标准的矩形。梯形校正功能示意图如图 6-20 所示。

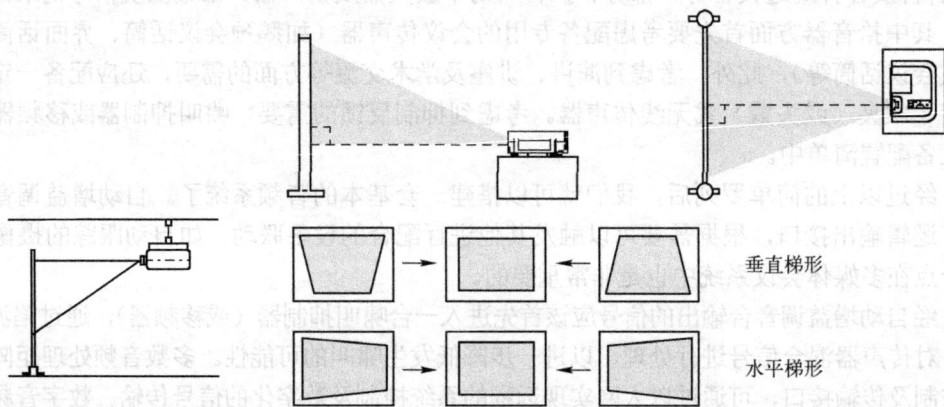

图 6-19　投影机吊顶安装示意图　　　　图 6-20　梯形校正功能示意图

梯形校正通常有两种方法：光学梯形校正和数码梯形校正。光学梯形校正是指通过调整镜头的物理位置来达到调整梯形的目的，另一种数码梯形校正是通过软件的方法来实现梯形校正。目前几乎所有的投影机厂商都采用了数码梯形校正技术，而且采用数码梯形校正的绝大多数投影机都支持"垂直梯形校正功能"，即投影机在垂直方向可调节自身的高度，由此产生的梯形，通过投影机进行垂直方向的梯形校正，即可使画面成矩形，从而方便了用户的使用。

但在实际应用中，除了需要垂直梯形校正之外，还常常碰到因投影机水平位置的偏置而产生的梯形。许多投影机厂商已经研发出"水平梯形校正功能"。水平梯形校正与垂直梯形校正都属于数码梯形校正，都是通过软件插值算法对显示的图像进行形状调整和补偿。水平梯形校正解决了由于投影机镜头与屏幕无法垂直而产生的水平方向的图像梯形失真，从而使投影机可以在屏幕的侧面同样实现标准矩形投影图像。

数码梯形校正对图像精度要求不高的时候，可以很好地解决梯形失真问题，实用性非常强，但对于那些对图像精度要求较高的应用则不甚适宜。因为，图像经校正后，画面的一些线条和字符边缘会出现毛刺和不平滑现象，导致清晰度不是特别理想。

（4）集中控制系统。

对于目前市场上大部分集中控制系统来说，其主要工作方式是通过红外线控制、数据控制（RS-232、RS-485 等）、继电器控制、逻辑 I/O 控制以及总线控制等接口将中央控制主机与其他被控设备连接起来，而工作人员则通过计算机、触摸屏、控制面板等控制界面向中央控制主机发布动作指令，从而经由控制主机实现对其他设备的控制。控制内容主要包括：

- 录音机、录像机、投影机、摄像机、音频矩阵等设备的工作状态，包括预置程序调用、转换等复杂功能；
- 窗帘开合、投影机幕布升降等机械状态；
- 灯光开关、明暗，设备及系统电源的开关等电源管理；
- 其他相关外部信号的触发联动，如传声器语音信号对摄像机跟踪的触发等；
- 上述控制功能的联动等。

以上所罗列的内容看似简单，实则基本涵盖了会议系统中所有需要的操作，十分繁杂，如果仅通过集中控制系统将各个分散的操作集中到控制界面上，那么也没有多少实际的意义，相信任何做过相关系统设计的人员都会认识到这一点。集中控制系统的实际意义其实在于：工程技术人员在详细了解系统需要并充分开动脑筋后，能够根据自己的思路和理解将各种繁杂的操作联动或简化，即通过集中控制系统化繁为简，使用户只需经过简单的培训便能掌握系统常用的操作方法。

因为会议系统中的操作不会过于复杂且任何与会人员都有可能进行操作，因此，有关控制界面应选择最具直观性以及移动灵活的无线触摸屏为好，如有必要可在个别地点设置墙面嵌装控制板，供其他人员临时使用。

操作界面设置应友善、简洁，可省略某些会议系统并不使用的操作，且通过细致周到的编程考虑对设备起到保护作用，如投影机关闭后，其电源部分要经过一段时间的延迟才可予以关闭，以及合理设定系统设备电源的开关顺序等。

6.4　拓展知识：投影机的维护及常见故障处理

1. 投影机维护方法

投影机是一种精密电子产品，它集机械、液晶或 DMD、电子电路技术于一体，因此在使用中要从以下几个方面加以注意（以 LCD 投影机为例）。

（1）严防强烈的冲撞、挤压和震动。

因为强震能造成液晶片的位移，影响放映时三片 LCD 的会聚，出现 RGB 颜色不重合的现象；光学系统中的透镜、反射镜也会产生变形或损坏，影响图像投影效果；变焦镜头在冲击下会使轨道损坏，造成镜头卡死，甚至镜头破裂，无法使用。

（2）注意使用环境的防尘和通风散热。

目前常用的多晶硅 LCD 板一般只有 1.3 英寸，有的甚至只有 0.9 英寸而分辨率已达 1024×768 或 800×600，也就是说，每个像素只有 0.02 mm 的灰尘颗粒足够把它阻挡。而由于投影机 LCD 板充分散热一般都有专门的风扇以每分钟几十升空气的流量对其进行送风冷却，高速气流经过滤尘网后还有可能夹带微小尘粒，它们相互摩擦产生静电而吸附于散热系统中，这将对投影画面产生影响。因此，在投影机使用环境中防尘非常重要，一定要严禁吸烟，因烟尘微粒更容易吸附在光学系统中。因此要经常或定期清洗进风口处的滤尘网。

目前的多晶硅 LCD 板都比较怕高温，较新的机型在 LCD 板附近都装有温度传感器，当进风口及滤尘网被堵塞，气流不畅时，投影机内温度会迅速升高，这时温度传感器会报警并立即切断灯源电路。所以，保持进风口的畅通、及时清洁过滤网十分必要。

（3）严禁带电插拔电缆，信号源与投影机电源最好同时接地。

这是由于当投影机与信号源（如 PC）连接的是不同电源时，两零线之间可能存在较高的电位差。当用户带电插拔信号线或其他电路时，会在插头插座之间发生打火现象，损坏信号输入电路，由此造成严重后果。

投影机在正常关机时，散热风扇会持续工作一段时间，能够使投影机内部的热量充分排出，如果投影机在工作中突然断电，散热风扇无法正常运转散热，会导致投影机内部热量堆积而不能及时排出，有可能导致元件加速老化甚至损坏。

在使用投影机时，有些用户要求信号源和投影机之间有较大的距离，如吊装的投影机一般都距信号源 15 m 以上，这时相应的信号电缆必须延长。由此会造成输入投影机的信号发生衰减，投影出的画面会发生模糊拖尾甚至抖动的现象。这不是投影机发生故障，也不会损坏机器。解决这个问题的最好办法是在信号源后加装一个信号放大器，可以保证信号传输 20 m 以上而没问题。

（4）注意开关机顺序。

开关顺序不能错。正如计算机有严格的开关流程一样，投影机对开关机的要求比计算机的要求更加严格。因为错误的操作步骤会对投影机造成极大的损害。正确的操作流程如下。

① 开机：按 Power 键接通电源，持续按住投影机面板上的"Lamp"指示灯，直到绿灯停止闪烁。

② 关机：持续按住"Lamp"指示灯直到绿灯不闪且投影机散热风扇停止转动，这时再关闭电源。

③ 不能频繁开关机：投影机内部有许多光学器件，它们对电流大小有严格限制，一旦出现电流不稳定或有较大冲击电流，很容易损坏。为了避免这些器件受损，不要频繁开关投影机，因为开关投影机时会产生较大的冲击电流，而投影机内部的光学器件在多次受到冲击电流的撞击后，寿命会大大缩短。日常使用中，一般在关闭 5 min 后才能再次开机。

以上以 LCD 投影机为例介绍了一些投影机使用中的要点，DLP 投影机与其相似，但可连续工作时间比液晶机长，而 CRT 投影机的维护相对较少，由于基本不搬动，所以故障率相对很低。但无论何种投影机发生故障，用户都不可擅自开机检查，机器内没有用户可自行维护的部件，并且投影机内的高压器件有可能对人身造成严重伤害。

2. 投影机的清洁

定期对投影机进行清洁是避免投影机出现故障、性能（亮度）下降明显、灯泡过早报废、保持正常运转、延长机器寿命最有效的方法，这其中最简单、有效的方法就是对滤网定期进行清洁，必要时更换新过滤网。

为保证用户的投影机持续、稳定地使用，建议用户每三个月对过滤网进行一次清洁。如果在灰尘较多的环境中使用投影机，则适当缩短清洁周期（特别是在学校使用的用户）。当投影画面上出现"投影机过热。不要在通风孔处放置任何东西。经常清理或更换空气过滤网"提示时，表示投影机内部温度过高，请用户立即清洁或更换过滤网，以保护投影机。

当清洁后的过滤网放回原位置，投影机仍然提示"投影机过热，不要在通风孔处放置任何东西。经常清理或更换空气过滤网"时，建议用户更换新的过滤网。图 6-21 为新旧滤网对比。

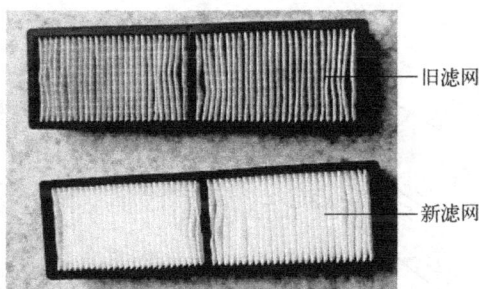

图 6-21　新旧滤网对比

爱普生投影机所使用的滤网主要有三种类型（见图 6-22）。

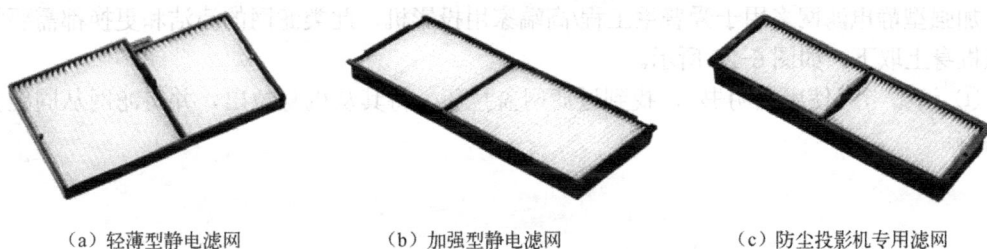

（a）轻薄型静电滤网　　　（b）加强型静电滤网　　　（c）防尘投影机专用滤网

图 6-22　爱普生投影机使用的三种滤网

爱普生投影机过滤网清洁方法及操作前的准备如下：清洁前，请关闭投影机并断开电源线。请勿在水中漂洗过滤网。请勿使用洗涤剂或溶剂。清洁后，投影机恢复运行前，请确保投影机四周没有异物遮挡，保证通风顺畅。清洁后短时间仍然出现过热提示或清洁中发现滤网有损坏，请及时更换新滤网。

（1）轻薄型静电滤网。

轻薄型静电滤网多用于爱普生商用/短焦/超短焦投影机，此类滤网的清洁更换比较简单。清洁时使用吸尘器清洁投影机进气口即可，如图 6-23 所示。

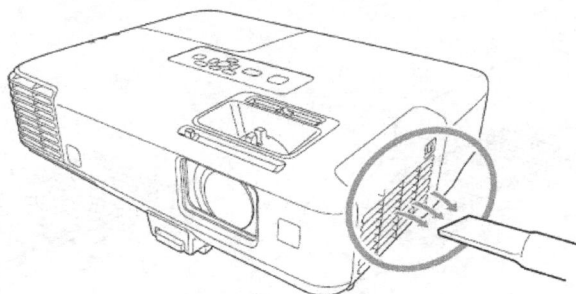

图 6-23　使用吸尘器清洁进气口

更换时，只需打开锁扣，打开滤网盖，即可看到滤网并取出，换上新滤网即可，如图 6-24 所示。

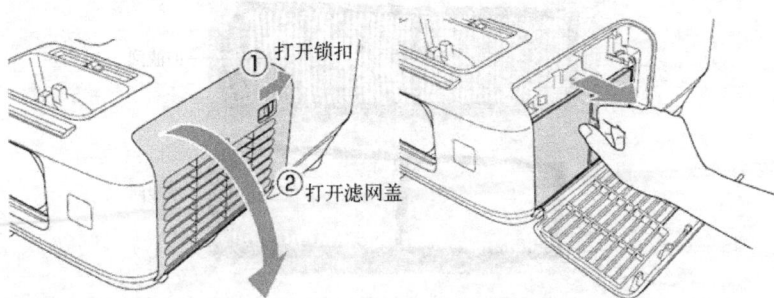

图 6-24　更换轻薄型静电滤网

（2）加强型静电滤网。

加强型静电滤网多用于爱普生工程/高端家用投影机，此类滤网的清洁和更换都需要将滤网从机身上取下，如图 6-25 所示。

① 请参考《使用说明书》，找到过滤网盖拉环，将其从机身拉出，并将滤网从固定壳中取出。

图 6-25　取下加强型静电滤网

② 将滤网的前面（灰尘较多一面）朝下，轻敲 4~5 次，抖落灰尘。再将滤网翻过来，按同样的方式敲击另一面。然后使用吸尘器清洁滤网的前面，以清除滤网深层的灰尘，如图 6-26 所示。

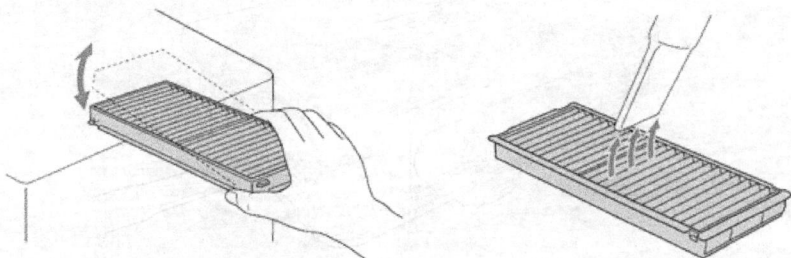

图 6-26　滤网除尘

③ 将滤网装回固定壳后，再装回投影机，如图 6-27 所示。

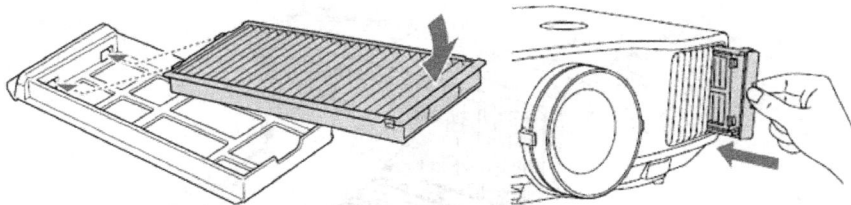

图 6-27　安装清洁好的滤网

（3）防尘投影机专用滤网。

防尘投影机专用滤网是防尘投影机的唯一进气通道，如果投影机出现过热提示，请务必及时清洁。此类滤网的清洁和更换需要将滤网从机身上取下。

① 请参考《使用说明书》，找到过滤网盖位置，打开滤网盖，将滤网从机身内取出，如图 6-28 所示。

图 6-28　取出防尘投影机专用滤网

② 将滤网的前面（灰尘较多一面）朝下，轻敲 4～5 次，抖落灰尘。再将滤网翻过来，按同样的方式敲击另一面。然后使用吸尘器清洁滤网的前面，以清除滤网深层的灰尘，如图 6-29 所示。

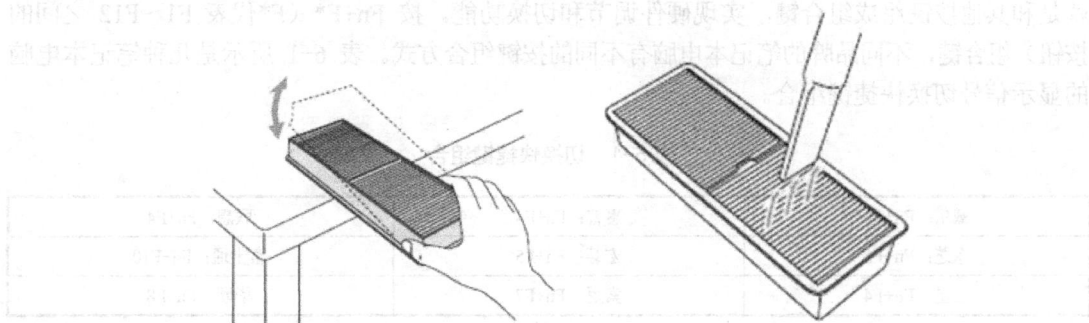

图 6-29　清洁滤网

③ 滤网装回投影机内，并关闭滤网盖，如图 6-30 所示。

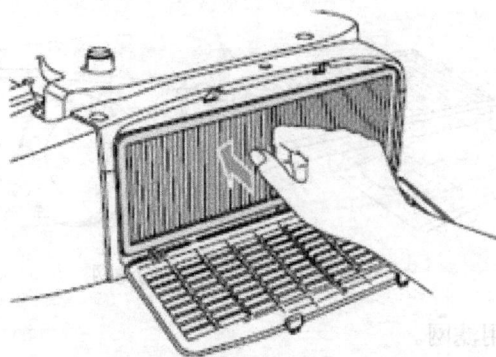

图 6-30　安装清洁好的滤网

3. 故障示例

现以 InFocus LP130 型投影机为例，说明投影机常见故障的处理。

（1）故障现象：投影机没有开动。

处理方法：确保电源线与功能正常的交流电插座正确连接，同时检查电源线是否与投影机正确连接；如果投影机连接于电源插板，请检查电源插板是否开着；确保投影机已开动。

（2）故障现象：投影机已开动，但屏幕没有显示。

处理方法：请检查是否已将投影机前方的投影镜头盖拿开；请检查投影灯是否安全地连接在灯泡模块内，并确保灯泡盒门已装妥。

（3）故障现象：只显示启动屏幕。

处理方法：请检查接线是否连接正确；确保连接线并没有拗弯的针头；确保已连接到正确的输入信号源；请尝试将机器关闭并重新按正确顺序启动；请检查笔记本电脑的外部视频接口是否已开启；请检查计算机的显示卡的安装和配置是否正确；请检查计算机的分辨率设置是否超过投影机的最大分辨率。

笔记本电脑外部视频接口一般通过显卡驱动软件进行设置或使用快捷键进行切换，使用功能键 Fn（是 Function（功能）一词的简写），几乎所有的笔记本电脑都有 Fn 键，它的作用就是和其他按键组成组合键，实现硬件调节和切换功能。按 Fn+F*（F*代表 F1～F12 之间的按钮）组合键，不同品牌的笔记本电脑有不同的按键组合方式。表 6-1 所示是几种笔记本电脑的显示信号切换快捷键组合。

表 6-1　切换快捷键组合

戴尔：Fn+F8	惠普：Fn+F4	联想：Fn+F4
东芝：Fn+F5	宏碁：Fn+F5	富士通：Fn+F10
三星：Fn+F4	索尼：Fn+F7	华硕：Fn+F8

第一次切换，投影仪显示，电脑屏幕不显示；

第二次切换，投影仪与电脑屏幕都显示；

第三次切换，投影仪不显示，电脑屏幕显示。

（4）故障现象：投影没有颜色或文本。

处理方法：调整光亮度直至看到文本。

（5）故障现象：屏幕的解像度不合适。

处理方法：请检查计算机显示卡的解像度是否设置在1280×1024之内。

（6）故障现象：图像在屏幕上没有置中。

处理方法：移动投影机将图像重新定位；使用菜单将图像重新定位；请检查投影机是否与屏幕成90°角。

（7）故障现象：屏幕上的图像太宽或太窄。

处理方法：调整焦距或投影机位置；如果显示卡解像度大于1280×1024，请调整。

（8）故障现象：图像对焦不准。

处理方法：转动投影机镜头进行对焦；确认投影屏幕与投影机的距离在5英尺（1.5 m）以上；请检查投影机镜头是否需要清洗。

（9）故障现象：图像和菜单左右反转。

处理方法：可能是开动了背投模式。请关掉控制菜单上的背投模式，这时图像会立即转为前方投影。

（10）故障现象：投影机投射出垂直线、模糊块或斑点。

处理方法：调整光亮度；请检查投影机镜头是否需要清洁。

（11）故障现象：图像干扰或带条纹。

处理方法：请按如下顺序操作，退出计算机上的屏幕保护，关掉"自动图像调整"，然后再打开；关掉"自动图像调整"，然后手调同步和间距，寻找最佳设置。问题可能是来自计算机的显示卡，如果可能的话，请连接到另外一台计算机。

（12）故障现象：投影的颜色与计算机或视频播放机的颜色不匹配。

处理方法：不同的显示器具有不同的显示效果。同样，被投影图像与计算机图像也经常不同。请调整显示菜单上的光亮、色调及对比度。

（13）故障现象：投影灯泡变暗。

处理方法：当长时间使用后，投影灯亮度将会下降，需要更换投影灯泡。

（14）故障现象：投影灯泡关闭。

处理方法：微小的电涌可能引起投影灯自动关闭，请拔出投影机插头，并至少等待1 min，然后再插回去；请检查投影通风口是否堵塞。

6.5　小　　结

通过本项目学习，了解投影机的工作原理及日常使用与维护方法，能进行多媒体会议系统的布局并进行维护，能正确使用投影机多媒体系统。

习题与思考

一、选择题

1．投影机亮度的国际标准单位是（　　　）。

　　A. 伏特　　　　B. ANSI 流明　　　　C. 流明/平方米　　　　D. 像素

2. 投影机的主要性能参数不包括（　　）。

　　A. 亮度　　　　B. 分辨率　　　　C. 对比度　　　　D. 外形

3. 关于投影机灯泡的说法正确的是（　　）。

　　A. 灯泡可以无限使用，寿命很长

　　B. 投影在工作的过程中突然断电，灯泡可能会损坏

　　C. 投影机的灯泡是 LED 灯

　　D. 金属卤素灯泡的寿命比超高压汞灯泡的长

4. 当信号源分辨率大于投影机最高分辨率时可能（　　）。

　　A. 投影机无法输出信号源图像　　　　B. 没有影响

　　C. 图像会变形　　　　D. 图像会偏色

5. 投影机的功率主要与（　　）有关。

　　A. 灯泡功率　　　　B. 音箱功率

　　C. 散热风扇功率　　　　D. 焦距

6. 下列不属于投影机常用接口的是（　　）。

　　A. HDMI 接口　　　　B. VGA 接口

　　C. PS/2 接口　　　　D. RCA 接口

7. 选购碎纸机不需要考虑的因素是（　　）。

　　A. 处理对象的材质　　　　B. 处理的纸张量

　　C. 保密等级　　　　D. 接口数量

二、简答题

1. 幻灯机的光学部分由哪几部分组成？

2. 投影机的参数有哪些？

3. 简述投影机的维护方法。

4. 简述投影机的安装连线方式、使用方法。

5. 简述碎纸机的操作使用步骤。

6. 碎纸机的选购要注意哪些方面的问题？

7. 简述 LCD 投影机的工作原理。

8. 投影机可以分成哪些类型？

9. 简述 LCD 投影机与 DLP 投影机的区别。

办公自动化系统的构建

7.1 项目分析

主要内容

目前，办公自动化技术的内涵及外延都在发生改变。在企业信息系统中各种综合技术的应用使办公人员可以处理更为广泛的业务和办公信息，并使所经营业务与办公事务互相融合，即根据业务分析形成公文文档和报告，根据办公流程中的公文信息形成或修改业务系统信息。

计算机网络技术是计算机应用的一个空前活跃的重要领域，同时也是计算机技术、通信技术和自动化技术相互渗透而形成的一门学科分支，是当今计算机科学与工程中正在迅速发展的新技术之一，它已被广泛应用于政府机关、企业和办公自动化、工厂管理、军事指挥系统及其他科学实验系统中，并引起了社会广泛的关注和极大的兴趣。如何把计算机技术和办公自动化相互融合、相互促进，其理论、方法和实现手段仍处于不断发展和逐步完善之中。

本项目将讲述计算机网络的基础知识及介绍在 Internet/Intranet 下的网络办公自动化系统的构建。

学习目标

1．知识目标

（1）了解计算机网络的基本知识；

（2）了解计算机组网技术；

（3）了解办公自动化系统的概念；

（4）掌握利用计算机网络技术搭建办公自动化系统。

2．技能目标

（1）了解计算机网络的基本技术和组网技术；

（2）理解计算机网络技术和办公自动化技术之间的联系，把计算机网络技术应用到办公自动化系统里，并学会使用。

7.2 相 关 知 识

7.2.1 计算机网络基础知识

1. 计算机网络的发展

计算机网络的发展大致可分为以下 4 个阶段。

（1）面向终端的计算机通信网，如图 7-1 所示。用一台计算机专门进行数据处理，用一个通信处理机或前端处理机 FEP（From End Processor）（早期为线路控制器）通过调制解调器与远程终端相连，通信处理机完成全部通信任务。由于可采用较便宜的小型计算机充当大型计算机的前端处理机，因此这种面向终端的计算机通信网就获得了很大的发展。

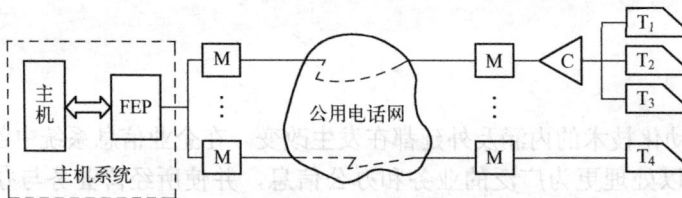

注：T_1、T_2、T_3—低速终端；　T_4—高速终端；　M—调制解调器；　C—集中器；　FEP—前端处理机。

图 7-1　面向终端的计算机通信网

（2）分组交换网。20 世纪 60 年代中后期，随着计算机拥有量的增加，人们试图将多台计算机连接起来，以实现计算机间的数据传输。1964 年 8 月，巴兰（Baran）首先提出了分组交换的概念。1969 年，美国国防部高级研究计划局（ARPA）建成了连接 4 台计算机的实验性网络 ARPANET 并投入运行，从此计算机网络进入了一个崭新的发展阶段，标志着现代通信时代的开始。ARPANET 首次引入了通信子网和资源子网的概念，实现了分层结构的网络协议。ARPANET 的试验成功使计算机网络的概念发生了根本变化，由以单个主机为中心的面向终端的计算机网络转变为以通信子网为中心的分组交换网（见图 7-2），而主机和终端则处于网络的外围，构成用户资源子网。用户不仅共享通信子网的资源，还可共享资源子网的硬件资源和软件资源。这种以通信子网为中心的计算机网络常称为第二代计算机网络，它的功能比第一代计算机网络扩大了很多。今天著名的全球性网络 Internet 就是在此基础上形成的。

（3）网络体系结构的标准化和网络的高速发展。随着社会的发展，不同网络体系结构的用户迫切要求能互相交换信息。为了使不同体系结构的计算机网络都能互联，国际标准化组织 ISO 于 1978 年提出了异种机联网标准的框架结构，这就是著名的开放系统互连参考模型 OSI（见图 7-3）。OSI 得到了国际上的承认，成为其他各种计算机网络体系结构靠拢的标准，大大地推动了计算机网络的发展。从这以后，开始了所谓的第三代计算机网络的新时代。

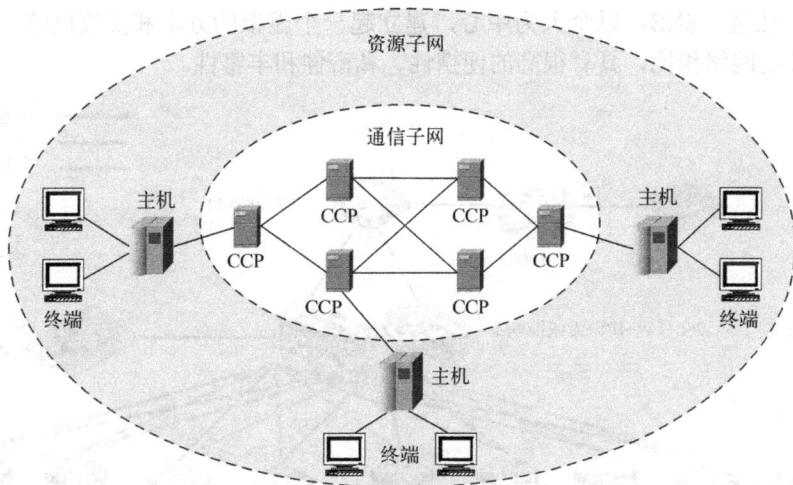

图 7-2 分组交换网

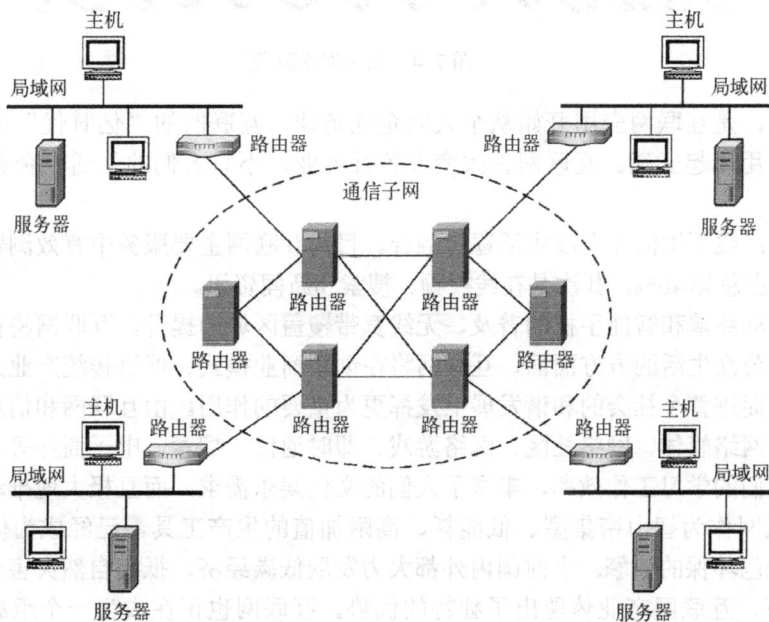

图 7-3 网络标准化阶段

（4）高速网络技术。进入 20 世纪 90 年代，计算机网络开始进入其发展的第四代时期（见图 7-4），其主要标志可归纳为：网络传输介质的光纤化、信息高速公路的建设、多媒体网络及宽带综合业务数字网的开发和应用、智能网络的发展，比计算机网络更高级的分布式系统的研究，促使高速网络技术飞速发展，相继出现高速以太网、光纤分布式数据接口FDDI、快速分组交换，包括帧中继、异步转移模式等。

2. 未来互联网的发展趋势

趋势一，以个人为中心的社会化网络形成，是未来互联网发展的一大趋势。即通过博客、微博、社区、SNS，以个人为中心，建立起一个虚拟的分享和交友网络。这一社会化网络和传统社会网络相比，具有很高的便携性、私密性和丰富性。

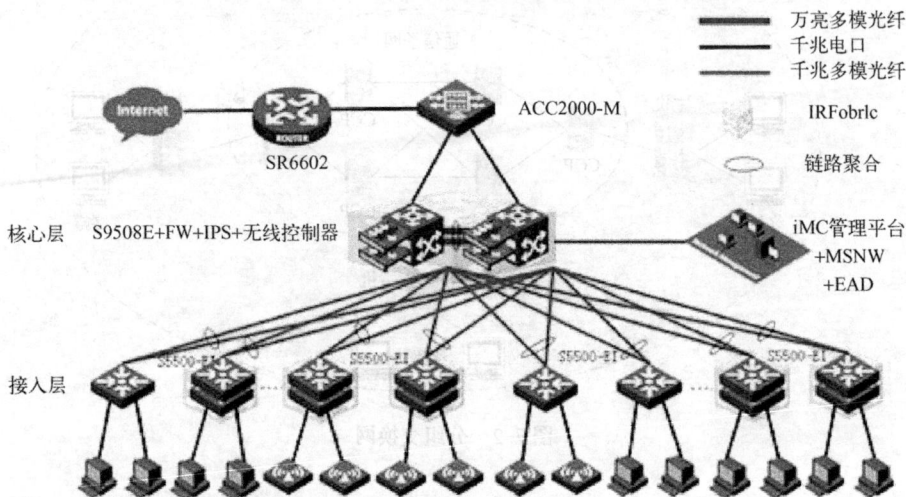

图7-4　高速网络阶段

趋势二，是互联网应用开始从个人向企业延伸。互联网的"亿时代"也将驱动企业级的互联网应用风起云涌。互联网正改变着各行各业，不只人们的生活，企业商业同样离不开网络。

趋势三：线下生活和在线生活逐步融合。目前互联网主要服务中有效浏览时间最长的是社区交友，占总体40%，其次是在线视频、搜索和新闻资讯。

随着移动终端和智能手机的普及、无线宽带覆盖区域的提升，互联网将在现有基础上更进一步影响公众生活的方方面面，互联网将在创新商业模式、促进传统产业升级、承载社会价值、最终促进整个社会的和谐发展上发挥更为重要的作用。由互联网和信息化所创新的商业模式，如网络媒体、网络社区、网络游戏、即时通信、搜索、电子商务等，不但高效便捷地提升了人们的学习工作效率，丰富了人们的文化娱乐需求，而且极大地推动了社会经济的发展。互联网作为智力密集型、低能耗、高附加值的生产工具，已经成为促进传统产业升级、倡导绿色环保的引擎。当前国内外都大力发展低碳经济，抵御自然灾害对人类破坏的紧迫需求之下，互联网产业体现出了独特的优势。互联网也正在成为一个承载社会价值的平台。互联网的信息快速传递和互动特性，让公众在社会舆论监督、公益志愿事业等方面发挥出了越来越大的作用。

3. 计算机网络的定义与功能

计算机网络是指将地理位置不同的具有独立功能的多台计算机及其外部设备，通过通信线路连接起来，在网络操作系统、网络管理软件及网络通信协议的管理和协调下，实现资源共享和信息传递的计算机系统。

计算机网络的出现和发展，为实现网络范围内协同完成大型任务提供了很好的物质条件。归纳起来，计算机网络具有以下功能。

（1）实现资源共享。共享网络资源是开发计算机网络的目标之一。在计算机网络中，网络用户可以共享位于网中所有主计算机的资源。这里所述的资源包括系统的硬件设备、软件和数据。通过资源共享，使得网络上分散的资源不受地理位置的限制，互通有无分工合作，避免了资源的重复设置所造成的浪费，降低了费用。

（2）实现数据信息的集中和综合处理。数据库技术是和计算机网络联系最紧密的一项技术。在网络应用中，普遍借助数据库管理系统来实现大量数据的集中存储和处理。

（3）提高资源的可用性和可靠性。当网络中某一计算机负担过重时，可以将任务传送给网中另一计算机进行处理，以平衡工作负荷。计算机网络能够不间断地工作，可用在一些特殊部门中，如铁路系统或工地控制现场。

（4）实现任务分布处理。这是网络追求的目标之一。计算机网络中的用户可以根据需求，选择网络中最合适的资源，把任务分散到不同的计算机上进行分布式处理。这大大地提高了计算机系统的效率。

（5）提供了非常灵活的工作环境。用户通过网络把终端连接到自己的网络办公系统上，这样人们办公地点就不用局限于某个地方，可以在家里、旅店等地方工作，实现了移动办公。

除此之外，计算机网络还具有性价比高、扩充方便、通信手段多等功能。

4．计算机网络的分类

对计算机网络进行分类可以从不同的角度出发，主要有以下几种分类方法。

（1）按网络的拓扑结构进行分类。计算机网络拓扑结构是指网络中各个站点相互连接的形式，现在最主要的拓扑结构有总线拓扑、星型拓扑、环型拓扑、树型拓扑、网状拓扑、蜂窝拓扑。

（2）按网络的交换功能进行分类。常用的交换方式有：电路交换、报文交换、分组交换和混合交换。最后一种混合交换是指同时采用电路交换和分组交换。混合交换采用了时分复用技术，将网络带宽按适当的比例在这两种交换方式中进行动态的分配，使得它们各自得到充分的利用。

（3）按网络的分布范围进行分类。按网络的分布范围大小分类，把各种网络类型划分为局域网、城域网、广域网和无线网四种。

5．计算机网络体系结构

计算机网络是一个由多个同型或异型的计算机系统及终端通过通信线路连接起来实现资源共享的系统。网络中的计算机之间进行通信时，它们之间必须使用一种双方都能理解的语言，这种语言被称为协议。正是由于有了协议，在网络上的各种大小不同、结构不同、操作系统不同、处理能力不同、厂家不同的产品才能够连接起来，互相通信、实现资源共享。协议定义了网络上的各种计算机和设备之间相互通信、数据管理、数据交换的整套规则。通过这些规则（也称为约定），网络上的计算机才有了彼此通信的共同语言。

通常将网络功能分层结构及各层协议统称为网络体系结构。不同的网络体系结构中分层的数量、各层的名称、内容和功能不尽相同。

6．ISO/OSI 开放系统互连参考模型

随着社会科学技术的进步和计算机的发展，计算机和数据终端的种类不断增多，尤其是通信功能的不断增强，使通信软件的开发工作变得越来越复杂，为了使计算机网络中的

各种设备能够在统一的原则指导下相互协调工作，以得到合理有效的利用，各大计算机制造商在 20 世纪 60 年代后期开始纷纷组织力量开发自己的网络体系结构。由于网络环境相当复杂，体系结构常常采用模块化的分层结构。随着不同计算机厂商关于网络体系结构的相继发表，把研究网络标准化的问题推向了高潮。为了打破各厂商不同的网络体系结构之间的封闭性，真正解决网络间互联问题，以使不同的计算机、终端和各类通信软件方便入网，形成更大范围的资源共享，ISO 于 1977 年 3 月在 ISO/TC 97 第九次全会上成立了 SC 16 新的委员会，以着手研究和制定统一的计算机网络技术标准，即计算机网络体系结构。1983 年，"开放系统互连参考模型"（OSI/RM：The Reference Model of Open Systems Interconnection）正式得到了 ISO 和 CCITT 的批准，并分别以 ISO 7498 和 X.200 文件公布。"开放系统互连"的含义是任何两个遵守 OSI 标准研制的系统是相互开放的，可以进行互连。

在 OSI 这套模型中，每两个端点之间都定义七个层次（7 Layers），如图 7-5 所示。

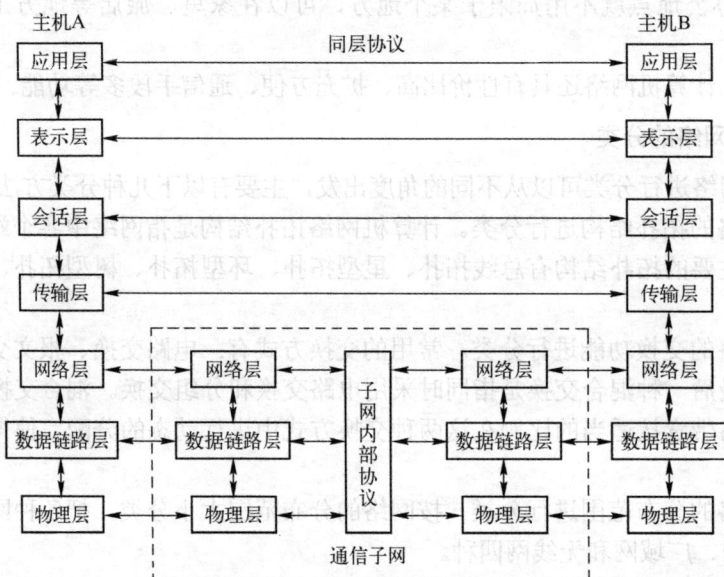

图 7-5 OSI 网络系统结构模型

这七层中的每一层都有一个特殊的网络功能。例如，顶层是使用者所运行的应用程序，而最低层的物理层负责数据位的传送。每一层的工作情况只与它们的上一层和下一层有关。所以，当在顶层的应用层时（即应用程序），只需下达命令就可以让计算机进行工作，而不必考虑究竟较低层到底发生了什么事。

7.2.2 Internet /Intranet 概述

1．Internet 概况

Internet（因特网）最早起源于美国 ARPANET 计算机网络。在 1969 年，美国国防部 DOD 的高级研究计划局（ARPA）为了研究分组交换网络而建立了一个实验性计算机网络 ARPANET，目的在于通过该网络将远程计算机连接起来，使科研人员能够共享网络中的硬件和软件资源。1983 年，原来的 ARPANET 自行分裂成两个网络，即 ARPANET 和 MILNET，但它们之间仍保持着互联状态，彼此之间仍能进行通信和资源共享。这种网际互联的网络最初被称为 "DARPA Internet"，随后不久就被简称为 "Internet"，它标志着 Internet 的诞生。为了规范网络环境，便于网络互联，美国国防通信局 DCA 规定 ARPANET 中所有的主机都必须使用 TCP/IP 协议，并通过修改分组交换软件来促进 TCP/IP 协议的推行。结果 ARPANET 中所有主机都开始使用 TCP/IP 协议，这导致了 Internet 网络环境的形成，也意味着无论现存的或将来的网络及主机结构差异有多大，只要使用 TCP/IP 协议都可以接入 Internet。到了 20 世纪 90 年代初，Internet 实现了向商业化的迈进。此时，Internet 已不再全部由政府机构出钱，私人机构和公司也纷纷介入 Internet 的运营。首先使 Internet 进军商业活动的是 General Atomics、Performance Systems International、UUNet Technologies 三家公司，在他们的带动下，各个 Internet 的商业子网也纷纷向用户提供各种用途的商业应用。面对 Internet 给商业活动和用户交流带来的种种便利，世界各地无数的企业和个人相继涌入 Internet。到 1994 年年底，Internet 已经通往全世界 150 个国家和地区，连接 3 万多个子网和 320 多万台计算机主机，直接用户超过 3500 万。NSFNET 与商用通信骨干网共同形成了今天的 Internet。

2. Internet 的 TCP/IP 协议

TCP/IP 协议的全称是：Transmission Control Protocol /Internet Protocol，即传输控制协议/网际协议，它是目前最常用的一种协议。TCP/IP 协议最早用于 UNIX 系统中，现在是 Internet 的基础协议。

TCP/IP 通信协议具有灵活性，支持任意规模的网络，几乎可连接所有的服务器和工作站。灵活性也带来了它的复杂性，它需要针对不同网络进行不同的设置，且每个节点至少需要一个 "IP 地址"、一个 "子网掩码"、一个 "默认网关" 和一个 "主机名"。但是在局域网中为了简化 TCP/IP 协议的设置，在 NT 中配置了一个动态主机配置协议（DHCP），它可客户端自动分配一个 IP 地址，避免出错。

3. Internet 的 IP 地址

IP 是英文 Internet Protocol 的缩写，意思是 "网络之间互连的协议"，也就是为计算机网络相互连接进行通信而设计的协议。在因特网中，它是能使连接到网上的所有计算机网络实现相互通信的一套规则，规定了计算机在因特网上进行通信时应当遵守的规则。任何厂家生产的计算机系统，只要遵守 IP 协议就可以与因特网互连互通。正是因为有了 IP 协议，因特网才得以迅速发展成为世界上最大的、开放的计算机通信网络。因此，IP 协议也可以叫作 "因特网协议"。通俗地讲：IP 地址也可以称为互联网地址或 Internet 地址。是用来唯一标识互联网上计算机的逻辑地址。每台连网计算机都依靠 IP 地址来标识自己。

（1）IP 的互联。

IP 是怎样实现网络互连的？各个厂家生产的网络系统和设备，如以太网、分组交换网等，它们相互之间不能互通，不能互通的主要原因是它们所传送数据的基本单元（技术上称之为 "帧"）的格式不同。IP 协议实际上是一套由软件程序组成的协议软件，它把各种不同 "帧" 统一转换成 "IP 数据包" 格式，这种转换是因特网的一个最重要的特点，使所有各种计算机都能在因特网上实现互通，即具有 "开放性" 的特点。

那么，"数据包"是什么？它又有什么特点呢？数据包也是分组交换的一种形式，就是把所传送的数据分段打成 "包"，再传送出去。但是，与传统的"连接型"分组交换不同，它属于"无连接型"，是把打成的每个"包"（分组）都作为一个"独立的报文"传送出去，所以叫作"数据包"。这样，在开始通信之前就不需要先连接一条电路，各个数据包不一定都通过同一条路径传输，所以叫作"无连接型"。这一特点非常重要，它大大提高了网络的坚固性和安全性。

IP 协议中还有一个非常重要的内容，那就是给因特网上的每台计算机和其他设备都规定一个唯一的地址，叫作"IP 地址"。由于有这种唯一的地址，才保证了用户在连网的计算机上操作时，能够高效而且方便地从千千万万台计算机中选出自己所需的对象来。

（2）IPv4 地址。

所谓 IP 地址就是给每个连接在 Internet 上的主机分配的一个 32 位的地址。

按照 TCP/IP（Transport Control Protocol/Internet Protocol，传输控制协议/Internet 协议）协议的规定，IP 地址用二进制数来表示，每个 IP 地址长 32 位的，比特换算成字节，就是 4 字节。例如一个采用二进制形式的 IP 地址是"00001010000000000000000000000001"，这么长的地址，人们处理起来太费劲了。为了方便人们的使用，IP 地址经常被写成十进制的形式，中间使用符号"."分开不同的字节。于是，上面的 IP 地址可以表示为"10.0.0.1"。IP 地址的这种表示法叫作"点分十进制表示法"，这显然比 1 和 0 容易记忆得多。

将 IP 地址分成网络号和主机号两部分，设计者就必须决定每部分包含多少位。网络号的位数直接决定了可以分配的网络数（计算方法 2^网络号位数）；主机号的位数则决定了网络中最大的主机数（计算方法 2^主机号位数–2）。然而，由于整个互联网所包含的网络规模可能比较大，也可能比较小，设计者最后聪明地选择了一种灵活的方案：将 IP 地址空间划分成不同的类别，每一类具有不同的网络号位数和主机号位数。

IP 地址是 IP 网络中数据传输的依据，它标识了 IP 网络中的一个连接，一台主机可以有多个 IP 地址。IP 分组中的 IP 地址在网络传输中是保持不变的。

① 基本地址格式（IPv4）。

现在的 IP 网络使用 32 位地址，以点分十进制表示，如 192.168.0.1。

地址格式为：IP 地址=网络地址+主机地址 或 IP 地址=网络地址+子网地址+主机地址。

网络地址是因特网协会的 ICANN（the Internet Corporation for Assigned Names and Numbers）分配的，下有负责北美地区的 InterNIC、负责欧洲地区的 RIPENIC 和负责亚太地区的 APNIC。目的是保证网络地址的全球唯一性。主机地址是由各个网络的系统管理员分配的。因此，网络地址的唯一性与网络内主机地址的唯一性确保了 IP 地址的全球唯一性。

② 保留地址的分配。

根据用途和安全性级别的不同，IP 地址还可以大致分为两类：公共地址和私有地址。公用地址在 Internet 中使用，可以在 Internet 中随意访问。私有地址只能在内部网络中使用，只有通过代理服务器才能与 Internet 通信。

（3）IP 地址的分类。

网络号：用于识别主机所在的网络。

主机号：用于识别该网络中的主机。

IP 地址分为五类：A 类保留给政府机构，B 类分配给中等规模的公司，C 类分配给任何需要的人，D 类用于组播，E 类用于实验，各类地址的范围见表 7-1。

表 7-1 各类地址的范围

地 址 类	地 址 范 围
A	0.0.0.0～127.255.255.255
B	128.0.0.0～191.255.255.255
C	192.0.0.0～223.255.255.255
D	224.0.0.0～239.255.255.255
E	240.0.0.0～247.255.255.255

（4）新一代 IP 地址——IPv6。

IPv6 是"Internet Protocol Version 6"的缩写，也被称作下一代互联网协议，它是由 IETF 小组（Internet 工程任务组 Internet Engineering Task Force）设计的用来替代现行的 IPv4（现行的 IP）协议的一种新的 IP 协议。

我们知道，Internet 的主机都有一个唯一的 IP 地址，IP 地址用一个 32 位二进制的数表示一个主机号码，但 32 位地址资源有限，已经不能满足用户的需求了，因此 Internet 研究组织发布新的主机标识方法，即 IPv6。在 RFC1884 中（RFC 是 Request for Comments Document 的缩写。RFC 实际上就是 Internet 有关服务的一些标准），规定的标准语法建议把 IPv6 地址的 128 位（16 字节）写成 8 个 16 位的无符号整数，每个整数用 4 个十六进制位表示，这些数之间用冒号（:）分开，如 3ffe:3201:1401:1280:c8ff:fe4d:db39

IPv6 有如下特点。

① 扩展的寻址能力。IPv6 将 IP 地址长度从 32 位扩展到 128 位，支持更多级别的地址层次、更多的可寻址节点数及更简单的地址自动配置。通过在组播地址中增加一个"范围"域提高了多点传送路由的可扩展性。还定义了一种新的地址类型，称为"任意播地址"，用于发送包给一组节点中的任意一个。

② 简化的报头格式。一些 IPv4 报头字段被删除或变为可选项，以减少包处理中例行处理的消耗并限制 IPv6 报头消耗的带宽。

③ 对扩展报头和选项支持的改进。IP 报头选项编码方式的改变可以提高转发效率，使得对选项长度的限制更宽松，且提供了将来引入新的选项的更大的灵活性。

④ 标识流的能力。增加了一种新的能力，使得标识属于发送方要求特别处理（如非默认的服务质量获"实时"服务）的特定通信"流"的包成为可能。

⑤ 认证和加密能力。IPv6 中指定了支持认证、数据完整性和（可选的）数据机密性的扩展功能。

4．Internet 的域名系统

为了使 IP 地址便于用户使用，同时也易于维护和管理，Internet 建立了所谓的域名管理系统 DNS （Domain Name System）。DNS 用分层的命名方法，对网络上的每台计算机赋予一个直观的唯一性标识名，其结构如下：

计算机名.组织机构名.网络名.最高层域名

最高层域名代表建立网络的部门、机构或网络所隶属的国家、地区。例如，常见的最高层域名有 EDU（美国教育机构）、GOV（美国联邦政府部门）、MIL（美国军队）、COM（商业系统）、NET（网络信息中心和网络操作中心）、ORG（非营利组织），INT （国际上的组织）、AU（澳大利亚）、CN（中国）、UK（英国）等，如图 7-6 所示。

5．Internet 的信息服务

Internet 中蕴涵了丰富的资源，通过各种各样的服务方式提供给广大用户。这些服务方式包括电子邮件服务（E-mail）、WWW 服务、文件传送服务（FTP）、远程登录服务（Telnet）、新闻组（News Group）、Gopher 信息查询等服务。下面对 Internet 的常见服务进行简单介绍。

（1）电子邮件服务（E-mail）。电子邮件服务（E-mail）是一种通过计算机网络与其他用户进行联系的快速、简便、高效、价廉的现代化通信手段。

组织模式	COM	商业组织
	EDU	教育机构
	GOV	政府部门
	MIL	军事部门
	NET	主要网络支持中心
	ORG	上述以外的组织
	INT	国际组织
	...	...
地理模式	CN	中国
	US	美国
	...	...

图 7-6　国际通用顶级域

（2）WWW 服务。WWW 是一个基于超文本（HyperText）方式的信息查询工具，其最大特点是拥有非常友好的图形界面、非常简单的操作方式及图文并茂的显示方式。WWW 的出现大大改善了人们查询信息的方式，极大地推动了 Internet 的发展。

（3）文件传送服务（FTP）。FTP（文件传输协议）是 Internet 上最早使用的文件传输程序。现在利用 FTP 下载文件已经成为 Internet 上一件很流行的共享方式。

（4）远程登录服务（Telnet）。远程登录是指在网络通信协议 Telnet 的支持下，用户的计算机通过 Internet 暂时成为远程计算机终端的过程。

（5）新闻组。新闻组（News Group）是由具有共同爱好的 Internet 用户为了相互交换意见而建立的，它按照不同的专题来组织，是一种用户完全自由参与的活动。

（6）Gopher 信息查询服务。Gopher 是基于菜单驱动的 Internet 信息查询式工具，可将用户的请求自动转换成 FTP 或 Telnet 命令，在逐级菜单引导下，用户可选取自己感兴趣的信息资源，实现对 Internet 上远程联机信息系统的实时访问。

6．Intranet 概述

Intranet 是企业级的内部网。采用 Internet 技术，利用 TCP/IP 协议，为企业内部提供完整解决方案的计算机网络，既具有企业内部网络的安全性，又具备 Internet 的开放性和灵活性，提供对企业内部应用的同时又能够提供对外发布信息，利用 Internet 的信息资源，且其成本低，安装维护方便。

（1）Intranet 的特点。

● Intranet 的规模和功能是根据企业经营和发展的需要确定的；

● Intranet 并非一个孤岛，它能够很方便地与外界，尤其是与 Internet 连接；

● Intranet 采用 TCP/IP 等协议及相应的技术和工具，是一个开放的系统，能在不同平台上工作；

● Intranet 根据企业的安全要求，设置相应的防火墙、安全代理等，以保护企业内部的信息；

● Intranet 广泛使用诸如浏览器等软件，界面友好、操作简单、无须培训，企业员工和用户能方便地浏览和采掘企业内部的信息以及 Internet 上丰富的信息资源；

● 信息共享度高，可扩展性好，可随用户需要增加新的功能。

（2）Intranet 提供的服务。

当前业界权威人士公认的 Intranet 所包括的八项服务是：Web 电子出版、目录服务、电子邮件、安全性管理、广域网络互联、文件、打印和网络管理。

（3）Intranet 的构建。

构建 Intranet 对企业来说是非常重要的，它关系到整个企业的发展。建设企业的 Intranet 大致分以下步骤。

- 整体规划。根据企业的现实情况，分析本企业 Intranet 的需求，规划本企业 Intranet 的建设。包括有哪些信息需要发布、有哪些业务需要在 Intranet 上运行、要给多少人建立 E-mail 账号、要开设哪些讨论组、是否需要与 Internet 连接等。在规划时要充分考虑企业原有软/硬件基础，保护原有投资。

- 硬件的选型。硬件的选型是网络系统建设中的重要环节，网络设备的选型要切合实际。根据本企业应用情况量力而行。当然，所选设备还应当具有先进性，可参照商业产品的多种解决方案和"同行"的经验，还必须考虑企业的实际情况。例如，继续保留原有的各种集线器（HUB），在骨干网上采用 100 Base-T 技术，根据建筑物的分布情况，在相隔距离远的建筑物两地采用 100 Base-FX（使用光纤）连接，距离比较近的采用 100 Base-TX 五类双绞线等。

- 软件的选型。一套出色的网络软件不仅能充分发挥网络的性能，同时还能最大限度地加强网络管理与安全控制的有效性。企业可以根据自身建网要求及其侧重点的不同，选择合适的软件。

- 系统实现。系统实现是指建设 Intranet 的各项具体工作。例如，参照结构化布线设计系统进行线路敷设、网络连接、服务器的安装与调试、各种网络软件的安装与测试等。

- 系统测试和试运行。对 Intranet 的各项功能及性能指标进行测试，以检验是否达到预期要求，并进行一段时间的试运行。

- 正式使用。

7．网络安全技术

随着计算机网络广泛应用于政治、军事、经济和科学技术等各个领域，数据在存储和传输过程中可能被窃听、暴露或篡改，网络系统和应用软件也可能遭受黑客的恶意程序攻击而使网络瘫痪。因此，如何保证计算机网络的安全变得非常重要。

提高信息系统的安全性通常可从下面两方面着手。

（1）采用防火墙技术（Fire Wall）。

防火墙是网络的"卫兵"，专门看守进出网络的信息。通过限制与网络或某一特定区域的通信，以达到防止非法用户侵犯网络的目的。防火墙是一种被动防卫技术，由于它假设了网络的边界和服务，因此对内部的非法访问难以有效控制。防火墙最适合于相对独立的、与外部网络互联途径有限的、网络服务种类相对集中的单一网络。例如，银行、企业专用网。防火墙的结构如图 7-7 所示。

（2）采用加密技术。

加密是一种主动的防卫技术。在网络应用中一般采取两种加密形式：秘密密钥和公开密钥。采用何种加密算法则要结合具体应用环境和系统，而不能简单地根据其加密强度来做出判断。因为除了加密算法本身之外，密钥合理分配、加密效率与现有系统的结合性及投入产出分析都应在实际环境系统中具体考虑。

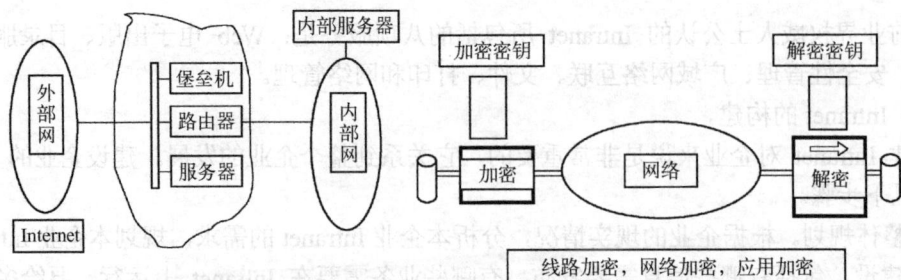

图 7-7　防火墙的结构

对于秘密密钥（又叫私钥加密或对称密钥加密），常见加密标准有 DES（加解密算法）等。当使用 DES 时，用户和接收方采用 64 位（现多用 128 位）密钥对报文加密和解密，当对安全性有特殊要求时，则要采取 IDEA 和三重 DES 等。作为传统企业网络广泛应用的加密技术，密钥采用 KDC 来集中管理和分发密钥，并以此为基础验证身份。

秘密密钥并不适合因特网环境。在因特网中使用最多的是公钥系统即公开密钥加密，它的加密密钥和解密密钥是不同的。一般每个用户生成一对密钥后，将其中一个作为公钥公开，另外一个则作为私钥由用户自己保存。常用的公钥加密算法是 RSA 算法。由于此种方法加密强度高，并且不要求通信双方事先要建立某种信任关系或共享某种秘密，因此十分适合在因特网上使用。

目前，在网络安全产品市场上，最常见的产品是防火墙产品，除了防火墙产品以外，综合的网络安全解决方案也日益受到企业级和国家级用户的喜爱。例如，微软的因特网络框架就应用于 Explore 浏览器和 Windows NT 中，它将公钥密码技术和口令安全技术有效地结合起来加以应用。

另一有效方法是开发专门的监视软件，监视特定的软件运行，如口令，发现有入侵意向者，立即采取措施甚至报告值班员。对付病毒则可采取固化软件、智能监视软件等办法。

最近一些公司开发出人的生物识别系统，如用人的指纹、面部特征辨别人的身份。美国 Miros 公司的 Cyberwatch、Visionnice 公司的 FaceIt 和 Identification&Verification 公司的 FaceKey 软件，都是基于神经网络原理，进行这类识别的。

信息系统的安全问题还涉及立法和公众的教育问题。试想没有军队和警察的国家，不可能有稳定的社会。同样信息系统也需要"网络警察"、法律来规范人们的网上行为，使人人自觉守法，不去访问越权的数据，增强信息系统的安全性。我国公安部 1997 年 12 月正式发布《计算机信息网络国家联网安全保护管理办法》，是从事计算机信息网络国家联网业务单位和个人的行为准则，使惩治信息网络犯罪已开始有法可循。

7.3　项　目　实　施

7.3.1　任务一：网线的制作

1．实施要求

（1）了解制作网线所需的辅助工具和材料；

视频：网线的制作

（2）了解网线的国际标准和连接方法；

（3）掌握网线的制作方法。

2．实施步骤

局域网内组网所采用的网线，使用最为广泛的是双绞线（Twisted-Pair Cable，TP），双绞线是由不同颜色的 4 对 8 根芯线组成的，每两条按一定规则交织在一起，成为一个芯线对。

（1）制作网线所需的辅助工具和材料。

①压线钳；②水晶头（也称 RJ-45 插头）；③网线。

（2）网线的国际标准和连接方法。

其中双绞线的制作方式有两种国际标准，分别为 EIA/TIA-568A 和 EIA/TIA-568B。而双绞线的连接方法也主要有两种，分别为直通线缆和交叉线缆。简单地说，直通线缆就是水晶头（如图 7-8 所示）两端都同时采用 EIA/TIA-568A 标准或 EIA/TIA-568B 标准的制法，而交叉线缆则是水晶头一端采用 EIA/TIA-586A 标准制作，而另一端则采用 EIA/TIA-568B 标准制作，即 A 水晶头的 1、2 对应 B 水晶头的 3、6，而 A 水晶头的 3、6 对应 B 水晶头的 1、2。

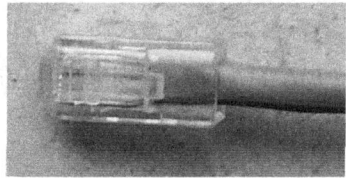

图 7-8　水晶头

RJ-45 连接器包括一个插头和一个插孔（或插座）。插孔安装在机器上，而插头和连接导线（现在最常用的就是采用非屏蔽双绞线的 5 类线）相连。EIA/TIA 制定的布线标准规定了 8 根针脚的编号。

如果看插头（如图 7-9 所示），将插头的末端面对眼睛，而且针脚的接触点在插头的下方，那么最左边是 1，最右边是 8。网线端口针脚的定义为：

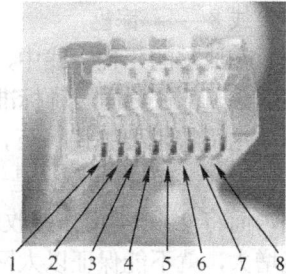

+	针脚 1	发送
−	针脚 2	发送
+	针脚 3	接收
	针脚 4	不使用
	针脚 5	不使用
−	针脚 6	接收
	针脚 7	不使用
	针脚 8	不使用

图 7-9　插头

EIA/TIA-568 标准规定了两种 RJ-45 接头网线的连接标准（并没有实质上的差别），即 EIA/TIA-568A 和 EIA/TIA-568B（如图 7-10 所示）。图中上方的折线表示这两根针脚连接的是一对双绞线。

EIA/TIA-568A 规定的连接方法是：

线 1——白-绿（就是白色的外层上有些绿色，表示和绿色的是一对线）

线 2——绿色

线 3——白-橙（就是白色的外层上有些橙色，表示和橙色的是一对线）

线 4——蓝色

线 5——白-蓝（就是白色的外层上有些蓝色，表示和蓝色的是一对线）

线6—— 橙色

线7—— 白-棕（就是白色的外层上有些棕色，表示和棕色的是一对线）

线8—— 棕色

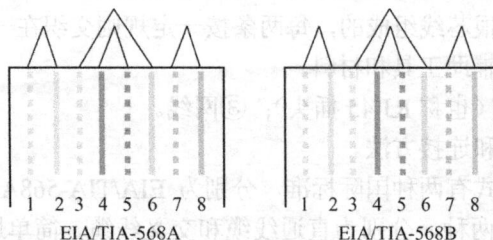

图 7-10 网线的连接标准

EIA/TIA-568B 规定的连接方法是：

线1—— 白-橙

线2—— 橙色

线3—— 白-绿

线4—— 蓝色

线5—— 白-蓝

线6—— 绿色

线7—— 白-棕

线8—— 棕色

在通常的工程实践中，EIA/TIA-568B 使用得较多。不管使用哪一种标准，一根 5 类线的两端必须都使用同一种标准。

这里特别要强调一下，线序是不能随意改动的。例如，从上面的连接标准来看，1 和 2 是一对线，而 3 和 6 又是一对线，如果将以上规定的线序弄乱，如将 1 和 3 用作发送的一对线，而将 2 和 4 用作接收的一对线，那么这些连接导线的抗干扰能力就要下降，误码率就可能增大，就不能保证以太网的正常工作。

直通线缆和交叉线缆的适用范围如图 7-11 所示。

```
PC-PC（机对机）：                          交叉线缆
PC-集线器Hub：                            直通线缆
集线器Hub-集线器Hub（普通口）：             交叉线缆
集线器Hub-集线器Hub（级联口-级联口）：       交叉线缆
集线器Hub-集线器Hub（普通口-级联口）：       直通线缆
集线器Hub-交换机Switch：                   交叉线缆
集线器Hub（级联口）-交换机Switch：          直通线缆
交换机Switch-交换机Switch：               交叉线缆
交换机Switch-路由器Router：               直通线缆
路由器Router-路由器Router：               交叉线缆
```

图 7-11 线缆的适用范围

（3）掌握网线的制作方法。

① 准备，如图 7-12 所示。

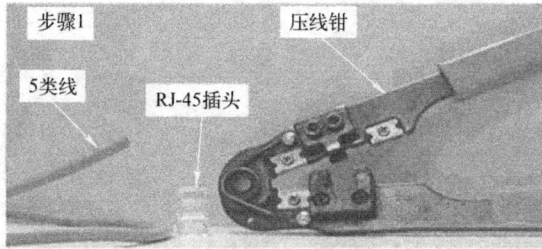

图 7-12　准备

② 剪开外套层，如图 7-13 所示。

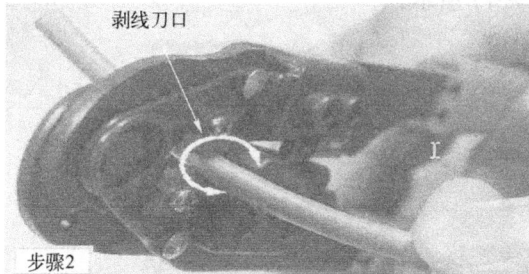

图 7-13　剪开外套层

③ 抽出外套层，如图 7-14 所示。

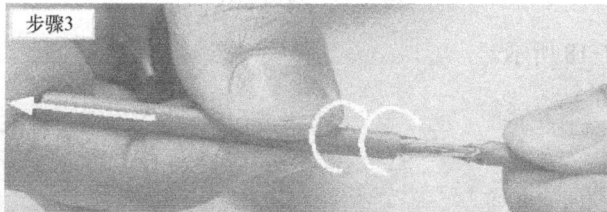

图 7-14　抽出外套层

④ 露出 4 对电缆，如图 7-15 所示。

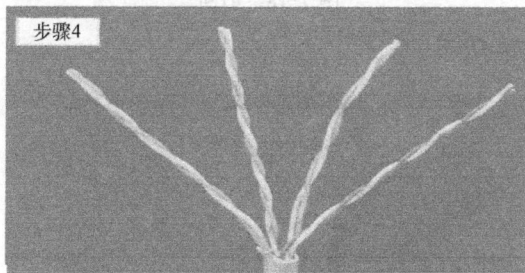

图 7-15　露出 4 对电缆

⑤ 按序号排好，如图 7-16 所示。

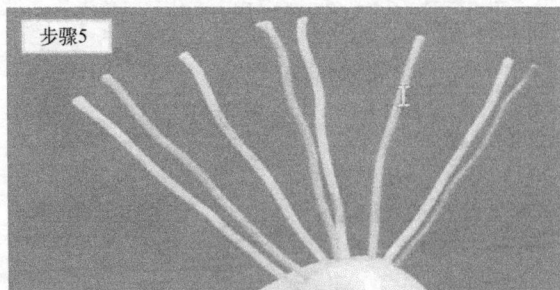

图 7-16　按序号排好

⑥ 排列整齐，如图 7-17 所示。

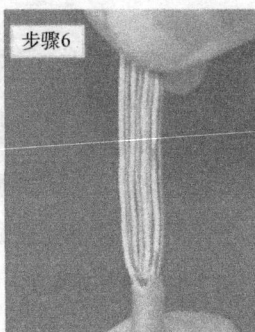

图 7-17　排列整齐

⑦ 剪断，如图 7-18 所示。

剪线刀口

图 7-18　剪断

⑧ 剪断后，如图 7-19 所示。

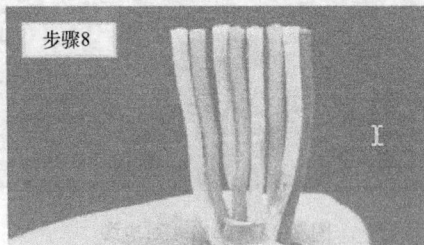

图 7-19　剪断后

⑨ 放入插头，如图 7-20 所示。

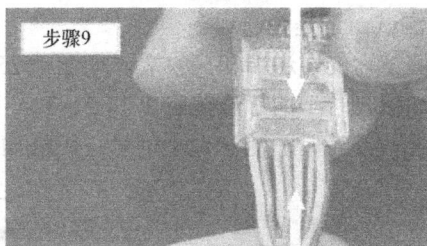

图 7-20　放入插头

⑩ 准备压实，如图 7-21 所示。

图 7-21　准备压实

⑪ 压紧水晶头 A，如图 7-22 所示。

图 7-22　压紧水晶头 A

压紧水晶头 B，如图 7-23 所示。

⑫ 网线制作完毕，如图 7-24 所示。

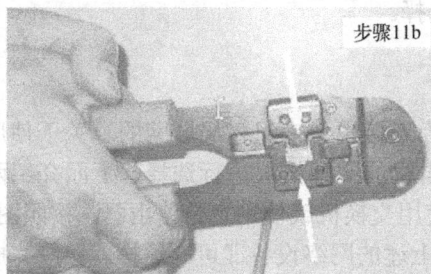

图 7-23　压紧水晶头 B

图 7-24　网线制作完毕

⑬ 通过测试工具对网线测试一下是否连通。

● 将网线两端分别插入测试盒的发送端和接收端，如图 7-25 所示。

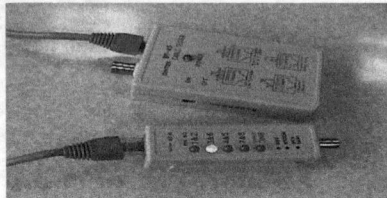

● 开启测试盒的开关，如接收端上的灯号按照 1 和 2、3 和 6、4 和 5、7 和 8 的顺序规律闪烁的话，即代表此线路正常。测试盒上信号灯闪烁如图 7-26 所示。

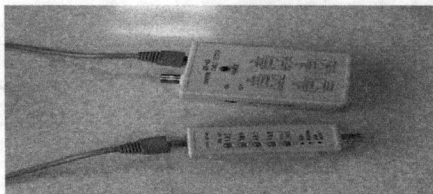

| 图 7-25 将网线两端分别插入测试盒的发送端和接收端 | 图 7-26 测试盒上信号灯闪烁 |

注意，在压线的时候，一定要确保线序正确和 8 根线全部顶到了水晶头底部，否则，可能会导致不通；另外，在做线时一般选用 EIA/TIA-568B 标准（即白-橙排在第一根的那种排线顺序）做直通线，而当需要做交叉线时，一端用 EIA/TIA-568B 标准，另一端用 EIA/TIA-568A 标准。

7.3.2 任务二：基于 Windows 7 系统的局域网搭建

1. 实施要求

（1）了解局域网的组成；

（2）掌握局域网搭建的硬件连接与软件设置方法。

2. 实施步骤

（1）小型局域网的组成部分。

① 网卡。

② 网线和水晶头。在大多数局域网中使用的都是 3 类和 5 类的非屏蔽双绞线。3 类线在局域网中常用作 10 Mbps 以太网的数据与语音传输，符合 IEEE 802.3 10 Base-T 标准。5 类线在局域网中占有最大的份额，它的最高数据传输速率可达 100 Mbps，符合 IEEE 802.3μ 100Base-TX 标准。

③ ADSL MODEM。一般使用外置的 ADSL MODEM，不过也有一种内置的 ADSL MODEM，一般采用 PCI 接口，可以根据情况来选择。

（2）小型局域网的硬件和软件连接。

① 硬件连接。

现在一般都是采用宽带路由器或者交换机作为连接设备来组建局域网的。关于使用宽带路由器还是交换机可以根据对网络不同的需求和自己的实际情况进行选择。下面介绍两种方案，这两种方案的网络拓扑图是一样的，只是或使用交换机或使用宽带路由器。按照图 7-27 所示的接入 ADSL 的局域网的网络拓扑图连接好上述的网络设备即可。这样就已经完成了硬件设备的连接。

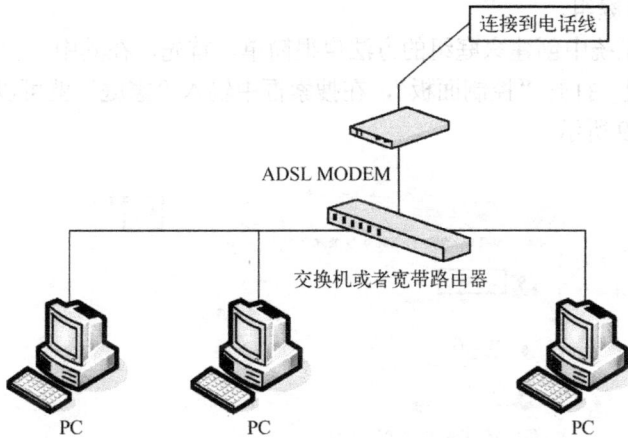

图 7-27 接入 ADSL 的局域网的网络拓扑图

② IP 地址的设置。

连接好硬件以后，还要对计算机的 IP 地址进行设置才能实现计算机之间的通信，如果使用宽带路由器，则只要直接设置几台计算机的 IP 地址在同一段就可以了。例如，使用 192.168.0.1 到 192.168.1.254 中的一个就可以。但是如果是使用交换机，则还要使用 Windows 自带的拨号共享功能，即由一台计算机拨号然后其他计算机共享它的拨号即可。具体的操作是，选择"本地连接"→"属性"→"Internet 协议（TCP/IP）"，具体的设置窗口如图 7-28 所示。

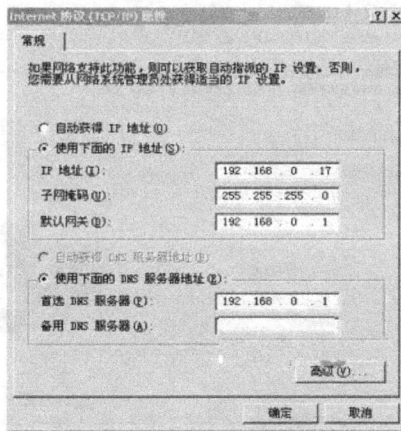

图 7-28 IP 地址的设置窗口

在"默认网关"和"首选 DNS 服务器"中填写拨号计算机的 IP 地址，如拨号主机的 IP 地址是 192.168.0.1，则"默认网关"和"首选 DNS 服务器"填写 192.168.0.1 即可。

③ 基于 Windows 7 系统的局域网搭建。

现在很多家庭往往拥有不止一台计算机，如果在家里需要传输文件可以选择什么方法呢？其实只要几台计算机中安装的都是 Windows 7 系统，利用 Windows 7 的家庭组就可以为这几台计算机搭建一个迷你型的局域网，利用家庭组传送文件的操作更简单，就像在本地硬盘中复制和粘贴一样。

第一步：创建家庭组。

在 Windows 7 系统中创建家庭组的方法也很简单。首先，在其中一台 Windows 7 计算机上单击"开始"按钮，打开"控制面板"，在搜索框中输入"家庭"就可以找到并打开"家庭组"选项，如图 7-29 所示。

图 7-29　打开 Windows 7 家庭组选项

在"家庭组"窗口中单击"创建家庭组"，勾选要共享的项目。Windows 7 家庭组可以共享的内容很丰富，包括文档、音乐、图片、打印机等，几乎覆盖了计算机中的所有文件，如图 7-30 所示。

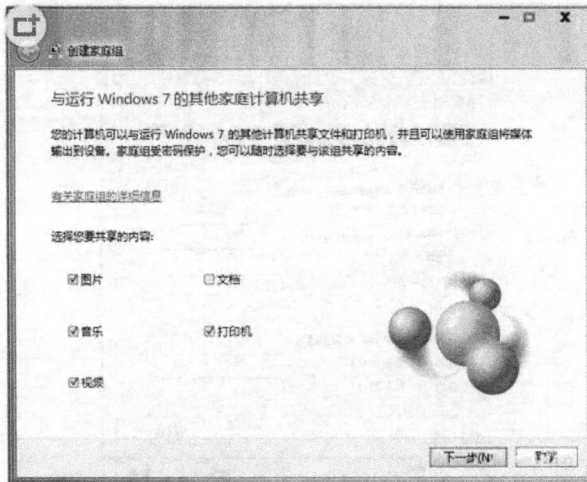

图 7-30　选择要共享的内容

选共享项目之后，单击"下一步"按钮，Windows 7 会返回一串无规律的字符，这就是家庭组的密码，如图 7-31 所示，可以把这串密码复制到文本中保存，或者直接写在纸上。

记下这串密码后单击"完成"按钮保存并关闭设置，一个家庭组就创建完成了。

第二步：加入家庭组。

想要加入已有的家庭组，同样先从控制面板中打开"家庭组"设置，当系统检测到当前网络中已有家庭组时，原来显示"创建家庭组"的按钮就会变成"立即加入"按钮。

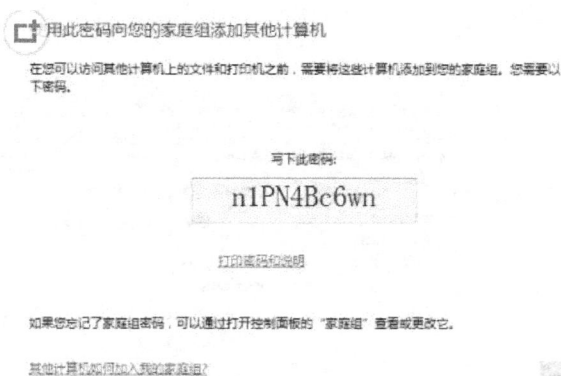

图 7-31　家庭组密码

加入家庭组的计算机也需要选择希望共享的项目，选好之后，在"下一步"界面中输入刚才创建家庭组时得到的密码，就可以加入到这个组了。

第三步：通过家庭组传送文件。

家中所有计算机都加入到家庭组后，展开 Windows 7 资源管理器的左侧的"家庭组"目录，就可以看到已加入的所有计算机了。只要是加入时选择了共享的项目，就可以通过家庭组自由复制和粘贴，和本地的移动和复制文件一样。

注意：Windows 7 所有版本都可以加入到家庭组中，但只有 Windows 7 家庭高级版及以上版本的系统才能创建家庭组。

7.3.3　任务三：基于 Windows 7 系统下笔记本电脑的无线组网

1．实施要求

（1）了解无线局域网的组成；
（2）掌握笔记本电脑的无线局域网组建。

2．实施步骤

（1）无线局域网组建背景。

如果没有路由器、交换机，没有网线，只有几台笔记本电脑，想实现各笔记本电脑之间的数据共享等局域网基本功能，可以用 Windows 7 系统自带的功能，不需要其他任何辅助软件，搭建一个无线网络，供其他笔记本电脑进行连接。

（2）搭建需求。

● 笔记本电脑若干台；
● Windows 7 系统。

（3）搭建方法

首先，选中网上邻居，鼠标右键单击"属性"，如图7-32所示。

在弹出的网络和共享中心的界面中，单击"设置新的连接和网络"，如图 7-33 所示。

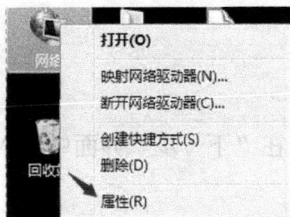

图 7-32　网络邻居属性

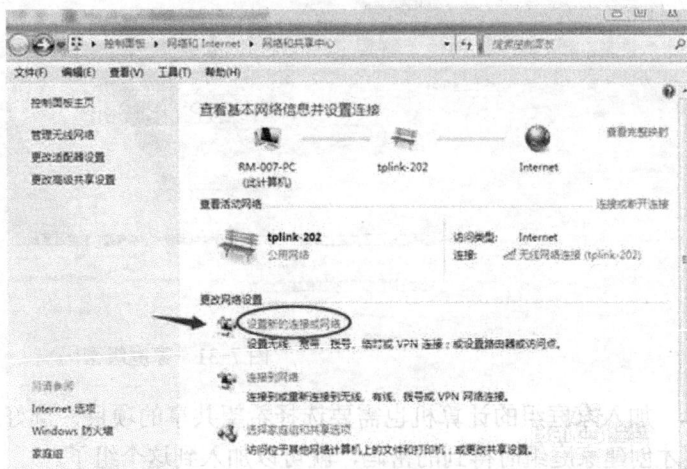

图 7-33　设置新的连接和网络

选择"设置无线临时网络"选项，然后单击"下一步"按钮，如图7-34所示。

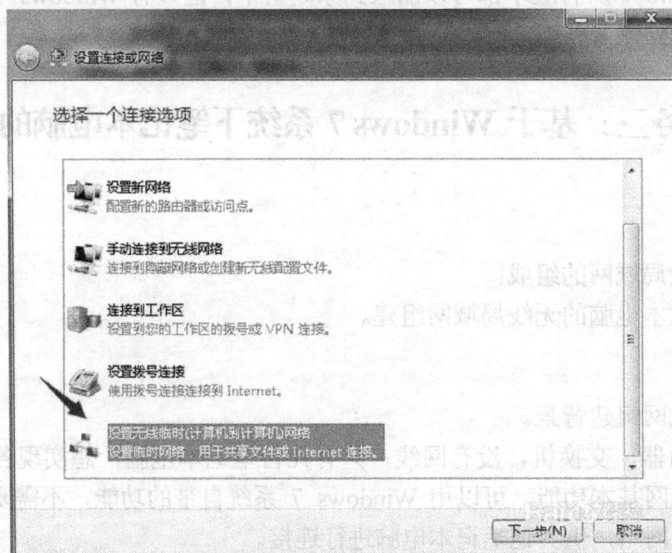

图 7-34　选择一个连接选项

在弹出的界面单击"下一步"按钮，如图7-35所示。

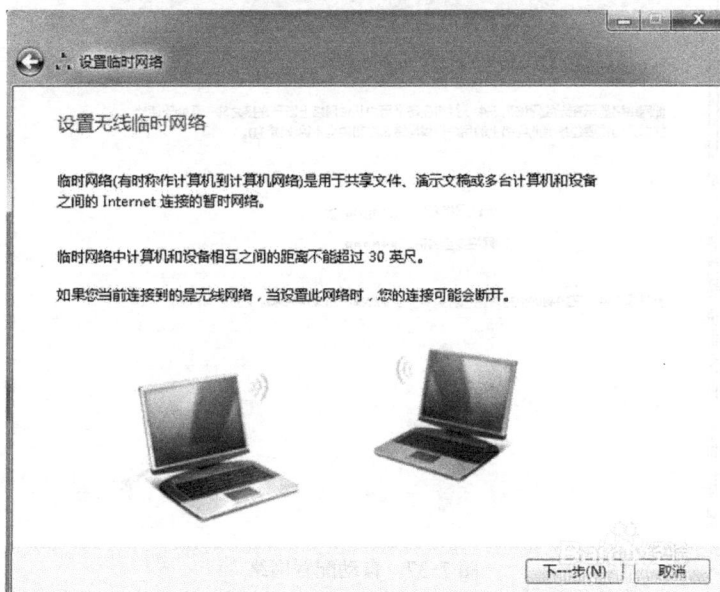

图 7-35　设置无线临时网络

先输入一个网络名，然后选择一个完全类型，输入一个安全秘钥。（不同安全类型有不同的字符的秘钥，按照提示即可。）给自己的网络设置一个密码，选择"保存这个网络"，单击"下一步"按钮，如图 7-36 所示。

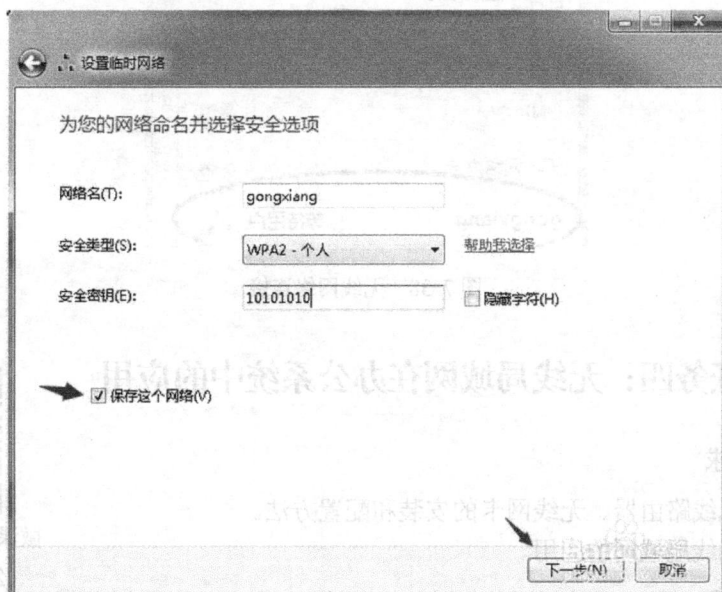

图 7-36　设置无线网络参数

等待计算机自动配置完成后，单击"关闭"按钮就完成了，如图 7-37 所示。

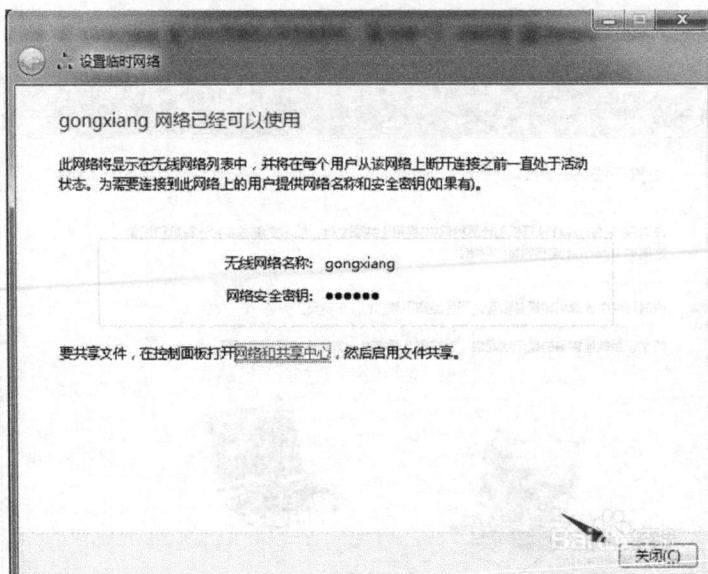

图 7-37　自动配置网络

打开无线网络，就会发现有个"gongxiang"的无线网络连接，其他笔记本电脑就可以搜索并连接了，如图 7-38 所示。

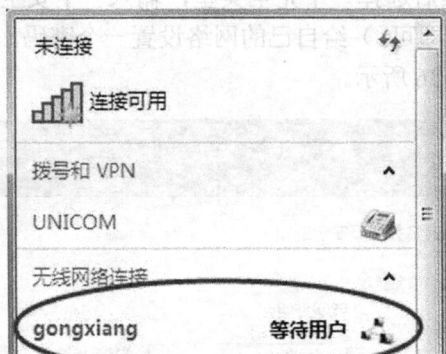

图 7-38　无线网络连接

7.3.4　任务四：无线局域网在办公系统中的应用

1. 实施要求

（1）掌握无线路由器、无线网卡的安装和配置方法。

（2）掌握无线局域网的应用。

微课：无线局域网在办公系统中的应用

2. 实施步骤

（1）无线路由器选取的是 TP-LINK 域展 54 Mbps 的无线宽带路由器 TL-WR541G，无线网卡选取的是 TP-LINK 域展、速展无线网卡 TL-WN510G/550G/610G/650G 系列产品，如图 7-39 所示。其他系列也可参照这种配置方法。

图 7-39　无线路由器和无线网卡

（2）无线路由器配置。

① 进入 TL-WR541G 的配置界面，"无线网络基本设置"界面的默认配置如图 7-40 所示。

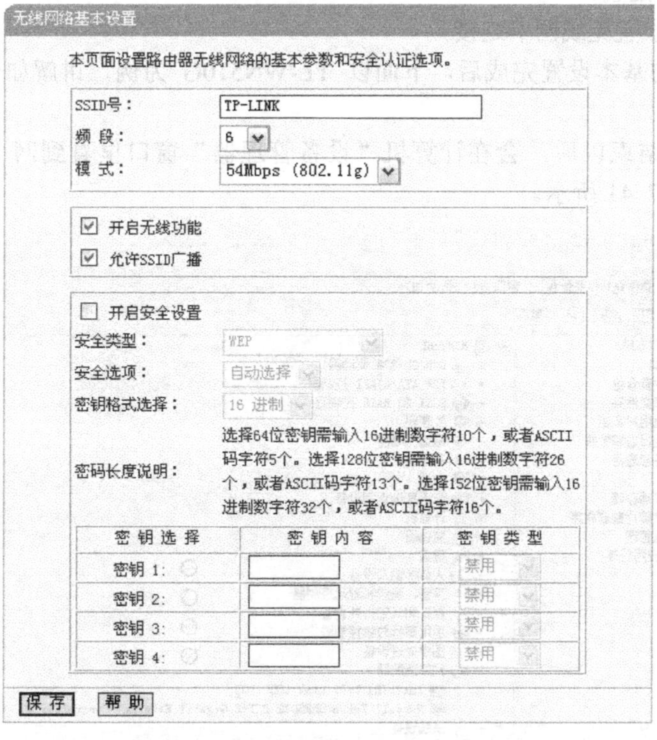

图 7-40　"无线网络基本设置"界面

② 页面中的各个参数的含义。

SSID：用于识别无线设备的服务集标志符。无线路由器用这个参数来标示自己，以便于无线网卡区分不同的无线路由器以进行连接。这个参数是由无线路由器来决定的，而不是由无线网卡决定的，换个角度思考，如无线网卡周围存在 A 和 B 两个无线路由器，它们分别用

SSID A 和 SSID B 来标示自己，这时候无线网卡连接谁，就是通过 SSID 这个标志符号来分辨的。这里采用默认的 SSID，就是"TP-LINK"，也可以根据自己的喜好更改这个参数，改为一个容易记忆的数字、字母或两者的组合。

频道：用于确定本网络工作的频率段，选择范围从 1 到 13，默认是 6。这个参数在应用当中只需要注意一点，假设邻居家也布放了无线网络，而且使用的频道也是 6，为了减小两个无线路由器之间的无线干扰，可以将这个参数更改为 1 或 13 都可以。

模式：这个参数用来设置无线路由器的工作模式，这里有两个可选项，分别是 54 Mbps (802.11g)和 11 Mbps (802.11b)，一般这个参数没有必要做改动，默认就可以了。

开启无线功能：使 TL-WR541G 的无线功能打开或关闭。

允许 SSID 广播：默认情况下，无线路由器都是向周围空间广播 SSID 来通告自己的存在，这种情况下无线网卡可以搜索到这个无线路由器的存在。如果将这个复选框里的钩去掉，也就是无线路由器不进行 SSID 的广播，这种情况下无线网卡就没有办法搜索到无线路由器的存在了。

当给 TL-WR541G 加电以后，就会在 TL-WR541G 周围生成一个无线网络，这个网络的 SSID 标志符是"TP-LINK"，工作频道是 6，网络没有加密。

（3）无线网卡配置。

① 方式一，设置无线网卡连接。

无线路由器的基本设置完成后，下面以 TL-WN510G 为例，讲解如何在计算机上配置无线网卡。

● 安装过程结束以后，会在计算机"设备管理器"窗口里看到网卡驱动已经正常安装，如图 7-41 所示。

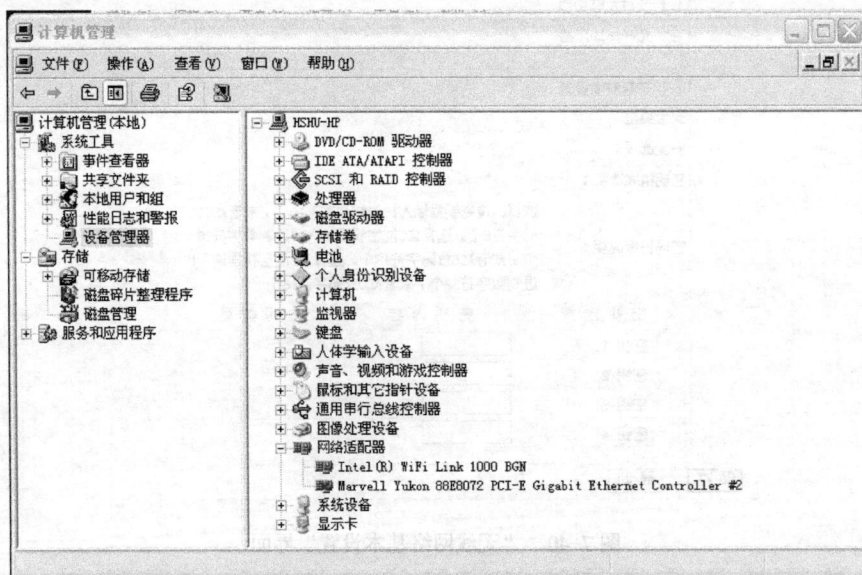

图 7-41　"设备管理器"窗口

● 同时桌面上产生一个图标——"TP-LINK 域展、速展"客户端管理程序，这个程序就是管理网卡的管理工具，如图 7-42 所示。

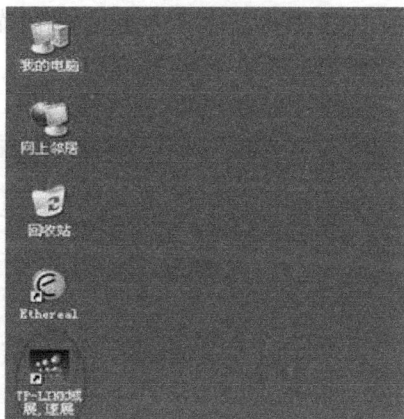

图 7-42 "TP-LINK 域展、速展"客户端管理程序

● 桌面上显示 TL-WN510G 已经和 TL-WR541G 建立好了无线网络连接，绿色图标就是 "TP-LINK 域展、速展"客户端管理程序；如果计算机任务栏没有显示图 7-43 中的"无 线网络连接"图标，那是因为在"网上邻居"属性里面，"无线网络连接"的显示属性没有 选中，选中"无线网络连接"显示属性的操作示意图如图 7-43 所示。

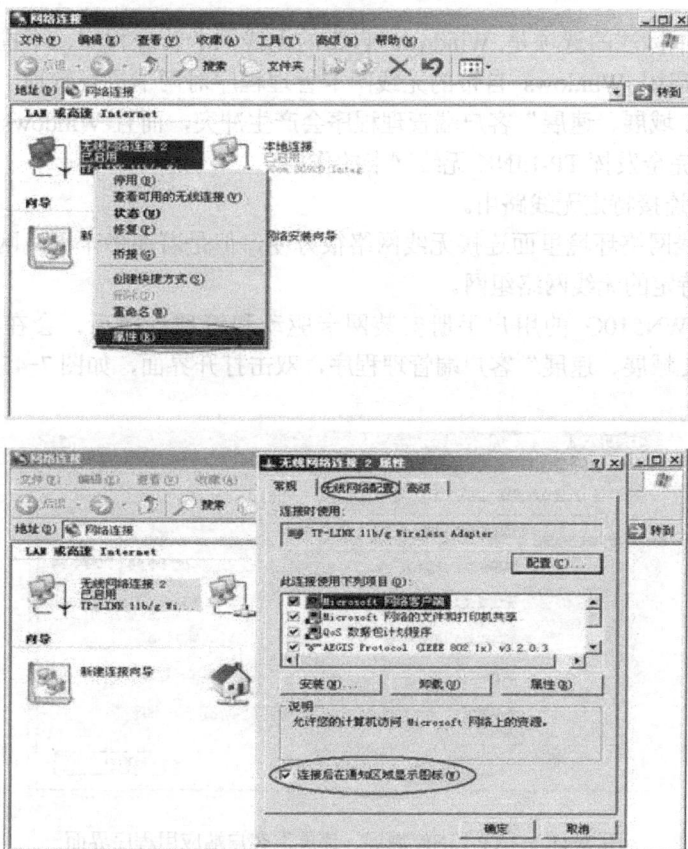

图 7-43 选中"无线网络连接"显示属性的操作示意图

- 另外，在图 7-43 中也用线圈标示了一个"无线网络配置"的选项卡，单击后出现如图 7-44 所示的界面。

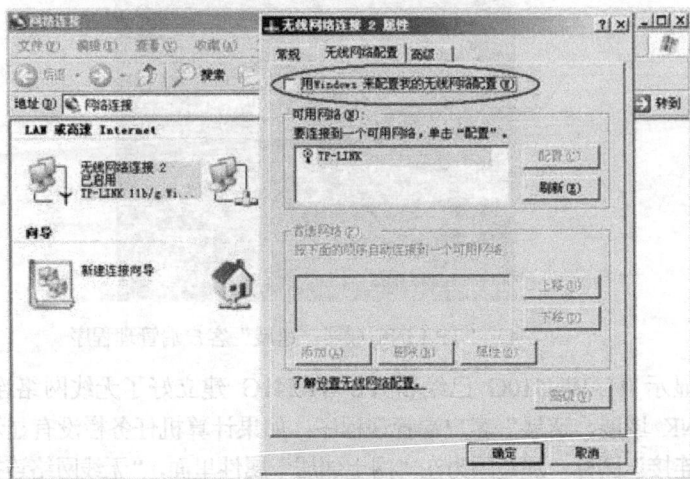

图 7-44 "无线网络配置"选项卡

- 图 7-44 中标注的选项是 Windows 自带的无线网卡管理程序，不推荐使用，如果选中，表示启用 Windows 自带的无线网卡管理程序对网卡进行管理，这个管理程序和"TP-LINK 域展、速展"客户端管理程序会产生冲突，而且 Windows 自带的这个管理程序不能完全发挥 TP-LINK 无线网卡的作用。

② 方式二，连接特定无线路由。

在单一的无线网络环境里面连接无线网络很方便，但是若在多个无线网络环境里，则需要通过设置选择特定的无线网络组网。

- 参照 TL-WN510G 的用户手册安装网卡驱动和管理程序后，会在桌面上生成一个"TP-LINK 域展、速展"客户端管理程序，双击打开界面，如图 7-45 所示。

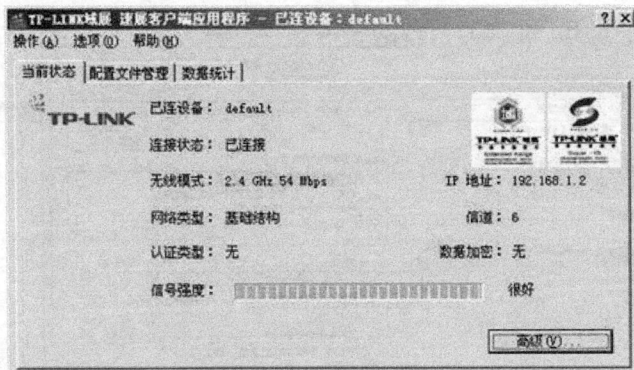

图 7-45 "TP-LINK 域展、速展"客户端应用程序界面

- 单击"配置文件管理"选项卡，界面如图 7-46 所示。

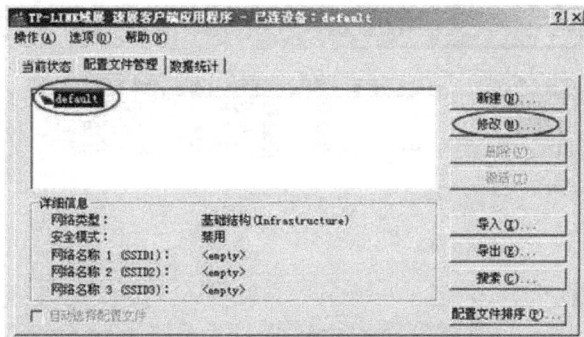

图 7-46 "配置文件管理"选项卡

- 在图 7-46 中选中左边标示的默认配置文件，然后单击右边的"修改（M）…"按钮，弹出新的对话框，如图 7-47 所示。

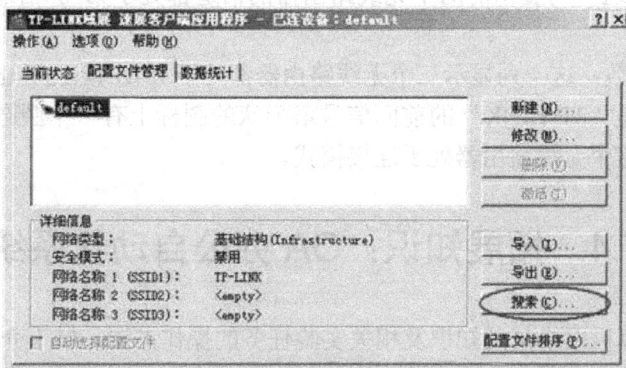

图 7-47 弹出新的对话框

- 以上描述的是一个简单的操作过程：如果知道无线路由器端确定的 SSID，可以采用手工填入 SSID 的办法指挥网卡去连接无线路由器，但是从无线网卡的角度出发，如果不知道无线路由器端确定的 SSID，或者网卡只是漫无目的地去发现一下，查找周围是否存在可供自己连接的无线接入点，这种操作又该如何进行呢？
- 图 7-47 中的"搜索（C）…"按钮，就是用来指挥无线网卡搜索当前是否有可供连接的无线网络的，单击后弹出"可用基础结构和 Ad-Hoc 网络"对话框，如图 7-48 所示。
- 单击"刷新"按钮，在方框中显示在 TL-WN510G 周围存在三个无线路由器，其中参数的意义如下。

"网络名称[SSID]"：分别是"TP-LINK"、"Sales"和"未知"。有个钥匙的参数列显示未知 SSID 的无线路由器采用了加密。

"速展"参数：如果无线路由器启用 TP-LINK 速展技术的话，这一列会有速展图标。

"域展"参数：图 7-48 中显示当前的三个无线路由器都启用了 TP-LINK 域展技术。

"信号强度"参数：这一列显示前两个无线路由器的信号强度是 100%，而第三个无线路由器的信号强度为 80%。

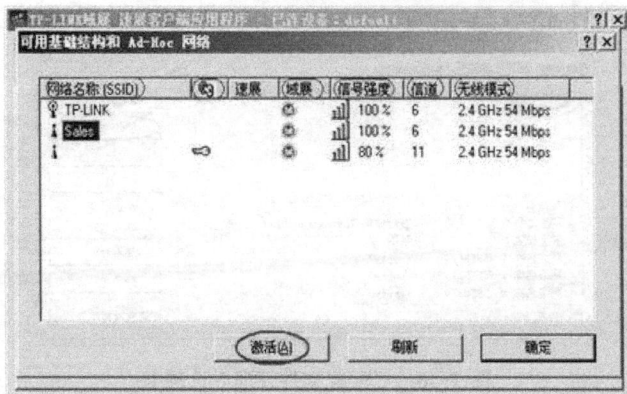

图 7-48 "可用基础结构和 Ad-Hoc 网络"对话框

"信道"参数：这一列显示前两个无线路由器的信道都处于第 6 信道而第三个无线路由器的信道是 11。

"无线模式"参数：这一列显示三个无线路由器都处于 2.4GHz、54Mbps 的速率模式。

其中网络名称是"TP-LINK"的前面信号塔形状的图标上有一个圆圆的圈，这表示 TL-WN610G 当前正和这个无线路由器处于连接模式。

7.4 拓展知识：OA 办公自动化系统

前面介绍了计算机网络基础知识及相关实验任务的操作方法，以下介绍 OA 办公自动化系统的应用，以广东农工商职业技术学院教务网络管理系统为例进行说明。

登录 OA 系统的方法如下。

打开浏览器，在地址栏输入下列地址：http://www.gdaib.edu.cn/jwweb。此时进入统一身份认证的登录界面，如图 7-49 所示。

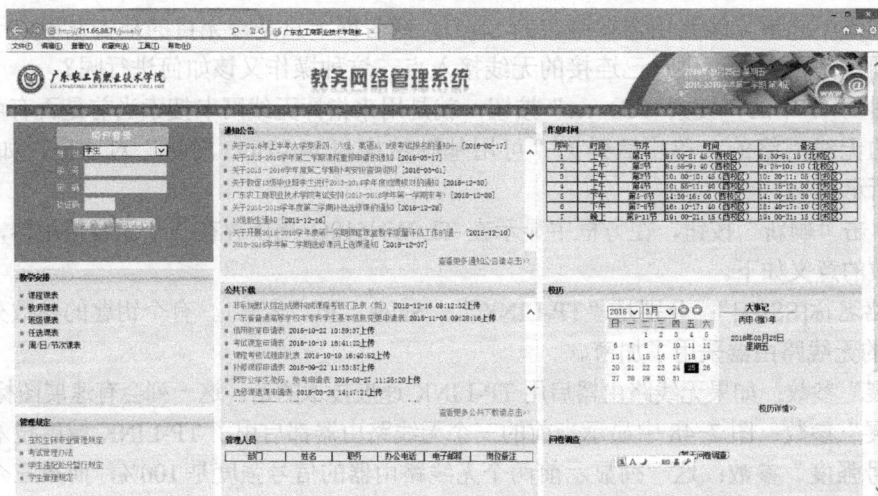

图 7-49 统一身份认证的登录界面

选择用户身份，输入用户名和密码，如果不知道或忘记了密码可以通过单击文本框下面的"忘记密码"的链接来查询自己的密码。

进入 OA 系统主界面，本系统可以处理教务相关的办公事务，如教学安排、考试安排、成绩查询、网络上评教等，如图 7-50 所示。

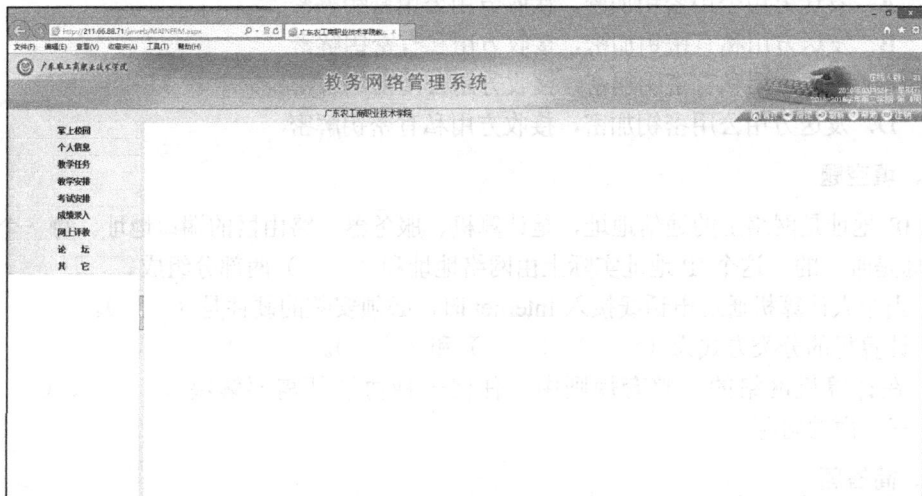

图 7-50　OA 系统主界面

7.5　小　　结

计算机网络技术的迅速发展，大大推进了办公自动化的进程，而计算机网络在办公自动化方面的广泛应用，又反过来极大地推进了计算机网络技术的发展。因此，人们提到办公自动化就自然联想到计算机网络。事实上办公自动化是一门综合性学科。

本项目主要是在介绍了计算机基础和计算机网络技术相关内容的基础上，付诸实践，先制作了网线，再搭建小型局域网和安装网络打印机，最后搭建了一个无线局域网。通过实例的操作，使同学们初步了解了办公自动化系统的配置和使用。

习题及思考

一、选择题

1. 网络协议主要由 3 个基本要素组成，即（　　　）。
   A. 层次、语义和时序　　　　　B. 语法、原语和时序
   C. 语法、语义和时序　　　　　D. 语法、语义和功能

2. 在计算机网络中，一方面连接着局域网中的计算机，另一方面连接着局域网中的传输介质的部件是（　　　）。
   A. 双绞线　　　B. 网卡　　　C. 终结器　　　D. 路由器

3．Internet 用户的电子邮件地址格式必须是（　　）。

    A．用户名@单位网络名　　　　　B．单位网络名@用户名

    C．邮件服务器域名@用户名　　　D．用户名@邮件服务器域名

4．利用公开密钥算法进行数字签名是（　　）。

    A．发送方用公用密钥加密，接收方用公用密钥解密

    B．发送方用私有密钥加密，接收方用私有密钥解密

    C．发送方用私有密钥加密，接收方用公用密钥解密

    D．发送方用公用密钥加密，接收方用私有密钥解密

二、填空题

1．IP 地址是网络上的通信地址，是计算机、服务器、路由器的端口地址。每一个 IP 地址在全球是唯一的。这个 IP 地址实际上由网络地址和（　　）两部分组成。

2．当个人计算机通过电话线接入 Internet 时，必须安装的硬件是（　　）。

3．计算机的分类方式为（　　）、（　　）和（　　）。

4．在计算机网络的一整套规则中，任何一种协议都需要解决（　　）、（　　）和（　　）三方面的问题。

三、简答题

1．什么是计算机网络？按照分布距离，计算机网络可以分为哪几类？

2．计算机网络有哪些主要功能？

3．局域网中常用的传输介质有哪几种？各种传输介质又可分成几类？

4．何谓拓扑结构？局域网中有哪几种主要的拓扑结构？介绍其主要优、缺点。

5．办公局域网的硬件主要包括哪些设备？

6．详述 Internet 的服务项目和方式。

7．什么是防火墙？现今有哪些防火墙技术？

8．办公自动化系统规划制定的必要条件是什么？

附录

附录 A　办公设备维修职业技能鉴定大纲

初级知识细目表

行为领域	鉴定范围	鉴定比重	代码	鉴定点	重要程度
基础知识A 25%	静电复印机的分类	5	01	按用途分类	Y
			02	按复印速度分类	Z
	1:1:1		03	按曝光方式分类	X
	常用办公设备的基本原理	20	01	静电复印机的基本原理	X
			02	一体化速印机的基本原理	X
4:1:1	3:0:0		03	传真机的基本原理	X
专业知识B 65%	静电复印机	25	01	静电复印机的基本特点	Y
			02	静电复印机的基本结构	X
			03	静电复印机的工作过程	X
	2:2:0		04	静电复印机的安装规程	Y
	一体化速印机	15	01	一体化速印机的结构及印刷制版过程	X
			02	一体化速印机一般的拆装工艺检修规程	Y
	1:2:0		03	一体化速印机的安装知识	Y
	传真机	25	01	传真机的基本特点	X
			02	传真机的应用技术	X
6:4:0	3:0:0		03	传真机的安装、调试规程	X
相关知识C 10%	工具设备知识	3	01	常用仪器、安装工具的名称、规格、性能	Y
	0:2:0		02	常用仪器、安装工具的使用方法及维修知识	Y
	质量标准知识	5	01	了解复印品、印刷品的质量检验标准知识	Z
	1:0:1		02	复印品的缺陷	X
	安全防护	2	01	懂得安全用电知识	Y
1:4:1	0:2:0		02	懂得常用易燃、易爆品的使用及保管知识	Y

中级知识细目表

行为领域	鉴定范围	鉴定比重	代码	鉴定点	重要程度
基础知识A 25%	电工学和光学的基本知识	10	01	电工学基本知识	Z
	0:1:1		02	光学基础知识	Y
	常用办公设备的原理	15	01	静电复印机的工作原理	X
			02	一体化速印机的工作原理	X
3:1:1	3:0:0		03	传真机的工作原理	X
专业知识B 65%	静电复印机	25	01	静电复印机工作过程原理	X
			02	静电复印机的结构和功能	X
	3:0:0		03	静电复印机的调试及检修规程	X
	一体化速印机	20	01	一体化速印机的结构和功能	X
	1:1:0		02	一体化速印机的调试及维护保养知识	Y
	传真机	15	01	传真机的结构和功能	X
6:3:0	1:1:0		02	传真机的调试及拆装工艺检修规程	X
	计算机及外设	5	01	计算机及打印机等外设的基本结构及功能	X
	1:1:0		02	计算机及各类打印机的安装、调试知识	Y
相关知识C 10%	电子学和机械制图的基本知识	2	01	机械制图基础知识	Z
	0:1:1		02	电子学基础知识	Y
	工艺技术知识 0:1:0	4	01	显影剂色粉浓度控制原理和调整方法	Y
	材料及产品性能知识 1:0:0	2	01	各种光导材料的物理性能、特点及保养知识，使用方法及维修知识	X
1:3:1	质量标准知识 0:1:0	2	01	设备大、中修质量标准	Y

高级知识细目表

行为领域	鉴定范围	鉴定比重	代码	鉴定点	重要程度
基础知识A 25%	电工学、电子学、光学和机械制图的综合知识	15	01	电工学的基础知识	X
			02	电子学的基础知识	X
			03	光学的基础知识	X
			04	机械制图的基础知识	Y
	2:2:0		05	计算机及打印机等外设的基础知识	Y
	复印设备光学系统的技术要求	10	01	光学系统——照明光源	Y
2:3:1	0:1:1		02	新型成像器件（光纤镜头阵列）	Z
专业知识B 65%	静电复印机	25	01	静电复印机技术发展史	Z
			02	静电复印机构造和工作原理	X
			03	复印机各部件的结构特点及工作原理	X

行为领域	鉴定范围	鉴定比重	代码	鉴定点	重要程度
专业知识B 65%			04	静电复印机的电气控制系统	X
	5:0:1		05	静电复印机疑难故障的原因	X
			06	静电复印机疑难故障的故障排除	X
	一体化速印机		01	一体化速印机的构造和工作原理	X
		20	02	一体化速印机疑难故障产生的原因	X
	2:1:0		03	一体化速印机疑难故障的故障排除	Y
	计算机及外设		01	计算机及打印机疑难故障的原因	X
	1:1:0	10	02	计算机及打印机疑难故障的故障排除	Y
	集团电话 1:1:0		01	集团电话的安装、调试方法和程序	Y
9:3:1		10	02	集团电话的结构功能	X
相关知识C 10%	工具使用 0:1:0	4	01	一般机械零件的检测工具和检测方法	Y
	维护知识		01	常见功能电路故障的判断、分析、检查和更换	Z
0:2:1	0:1:1	6	02	大型、高速、多功能复印设备的安装、调试知识及质量标准	Y

初级技能细目表

行为领域	鉴定范围	鉴定比重	代码	鉴定点	重要程度
基础知识A 25%	机械结构 0:1:0	10	01	简单的机械结构示意图	X
	拆装基础 2:0:0		01	拆、装规程	X
2:1:0		15	02	掌握控制面板的图形符号	X
专业知识B 65%	静电复印机的拆、装与调试		01	拆、装调整显影系统	Y
			02	拆、装调整成像系统	Y
			03	拆、装调整供、输纸系统	X
		45	04	拆、装调整定影系统	Y
			05	拆、装调整传动系统	Z
	3:3:1		06	拆、装光学系统	X
			07	拆、装进纸系统	X
4:4:1	传真机的拆、装与调试	20	01	拆、装出纸系统	X
	1:1:0		02	拆、装复印图像系统	Y
相关知识C 10%	试机		01	操作演示	X
			02	故障原因说明	X
		8	03	填写拆、装、检修报告单	Z
3:1:1	2:1:1		04	写出拆、装、检修报告	Y
	保修 1:0:0	2	01	清洁与维护	X

中级技能细目表

行 为 领 域	鉴 定 范 围	鉴 定 比 重	代 码	鉴 定 点	重 要 程 度
基础知识A 25%	维修前调查	25	01	调查故障情况	X
			02	维修前故障分析	X
2:1:0	2:1:0		03	故障判断方法	Y
专业知识B 65%	静电复印机的维修与调试		01	维修光学系统	X
			02	维修调整显影系统	Y
			03	维修调整成像系统	Y
		45	04	维修调整供、输纸系统	X
			05	维修调整定影系统	Y
	3:4:0		06	维修调整传动系统	Y
			07	掌握控制面板的图形符号	X
5:5:0	传真机的维修与调试		01	维修进纸系统	X
		20	02	维修出纸系统	X
	2:1:0		03	维修复印图像系统	Y
相关知识C 10%	试机与保修		01	清洁与维护	X
		6	02	操作演示	X
	3:0:0		03	故障原因说明	X
3:0:3	语言文字能力		01	填写维修、检修报告单	Z
	0:0:3	4	02	写出维修、检修报告	Z

高级技能细目表

行 为 领 域	鉴 定 范 围	鉴 定 比 重	代 码	鉴 定 点	重 要 程 度
基础知识A 25%	调试及检修前准备	25	01	调查故障情况	Y
			02	维修前故障分析	Y
1:2:0	1:2:0		03	静电复印机和传真机的调试及检修规程	X
专业知识B 65%		45	01	维修与调试光学系统	X
			02	维修与调试显影系统	Y
	复印机的维修与调试		03	维修与调试成像系统	Y
			04	维修与调试纸路系统	X
			05	维修与调试定影系统	Y
	4:3:0		06	维修与调试驱动系统	Y
			07	维修与调试电气控制	Y
	传真机的维修与调试		01	维修与调试进、出纸系统	X
7:3:1		20	02	维修与调试发送扫描部件	X
	3:0:1		03	维修与调试通信系统	Z
			04	维修与调试接收记录部件	X
相关知识C 10%	试机与保修	6	01	清洁与维护	X
	2:0:0		02	操作演示	X

行 为 领 域	鉴 定 范 围	鉴 定 比 重	代　码	鉴 定 点	重要程度
2:2:1	语言文字能力	4	01	编制维修工艺规程	Y
			02	识别办公设备的英语缩写	Y
	0:2:1		03	借助工具书看懂外文（一种）维修相关资料	Z

附录 B 传真机术语的中英文对照

ABBR	缩位拨号
ABC	自动底色控制
ALC	自动电平控制
ARQ	自动纠错装置
ATT	衰减器
AUTO	自动
B. B. RAM	电池供电的 RAM
BPF	带通滤波器
CCD	光电耦合器件
CD	载频检测
CGROM	只读存储字符发生器
CI	载频指示器
CLK	时钟
CLR	清零
CNT	控制
CPU	中央处理单元
CTC	继续纠正
DAY	日
DCC	动态压缩控制
DEM	解调器
DITHER	脉动
DMA	直接存取存储器
DMAC	直接存取存储控制器
DP	直流脉冲拨号
DPRAM	双口 RAM
DRAM	动态 RAM
DTMF	双音多频
EQL	均衡器
EIF	保密接口
F	精细
FM	调频
FSK	移频键控
G/A	门阵列
GPIB	通用接口总线
HEX	十六进制的
HPF	高通滤波器

HR	时
HS	话机
HYB	混合
ICU	中断控制器
ID	标识
I/O	输入/输出
LCD	液晶显示器
LED	发光二极管
LPF	低通滤波器
LSI	大规模集成电路
MEM	存储器
MH	改进型霍夫曼码
MIC	话筒
MIN	分
MMU	存储监控器
MNI	调制解调器和网络控制单元接口
Mo	月
MODEM	调制解调器
MPSC	调制解调器串行规程控制器
MR	改进型相对像素地址指定码
NCU	网络控制单元
OPE	操作
OS	监视程序
OSC	振荡器
P	暂停
PABX	专用自动小交换机
PB	按钮拨号
PBDET	按钮拨号检测
PCS	程序控制系统
PHM	调相
PIO	输入/输出端口
PMC	脉冲电机控制
PPS	每秒脉冲数/每秒周期数
PSTN	公用电话交换网
PSU	电源
PW	密码
QAM	正交调幅
R	接收机
RAM	随机存取存储器
R-JAM	记录纸堵塞

SIC	系统接口控制器
S-JAM	发送文件堵塞
SNS	传感器
SP	扬声器
SRAM	静态随机存取存储器
S.S.F	半色调超精细
STD	标准
STOC	存储转发
SW	开关
SWM	扬声器话筒板
SYS	系统控制器
TCU	定时计数器
T/H	感热记录头
TIM	定时器
TO	超过时限
TSI	发送用户标识
UHS	超高速
VID	图像信号
UMR	超改进 READ 码
WCU	等待控制器
ACTIVITYREPORT	通信管理报告
CALLEDSTATIONS	被呼叫方
CALLING	呼叫对方
CANCELED	取消
CHECK PAPER	检查记录纸
CLOCKSET	设置时钟
CODEDDIAL	编码拨号
CONNECTIONTEL	联络电话号码
DATAENTEROK	数据输入正确
DATA&TIME	日期和时间
DELAYEDPOLLING	定时预约
DELAYEDTX	定时发送
DIALING	拨号
DOCUMENTJAM	原稿堵塞
DOCUMENTREADY	稿件就位
DOCUMENTSET	稿件已设置好
ENTERYOURTEL	输入电话号码
ENTERYOURNAME	输入名称
ERASINGEND	删除完毕
ERRORCODEPRINTOUT	打印错误代码

EXPANDEDDIAL	扩展拨号
FAXPARAMETERS	传真机参数
FAXPARAMETERLIST	传真机参数表
GROUPDIAL	组拨号
HANGUPPHONE	挂上电话
INPUTYOURTEL	输入电话号码
INPUTYOURNAME	输入名称
JOURNALPRINT	打印通信管理报告
MANUAL/AUTOREC	人工/自动接收
MEMORYCOPY	复制存储内容
MEMORYINPUT	存储器输入
MODEMTEST	测试调制解调器
ONE-DIGITSPEEDDIALING	一位缩位拨号
OVERTEMPERATURE	传真机温度过高
PAPERCU	切纸
POLLING	预约 ID 码
POLLINGSTARTTIME	预约开始时间
CUTPERRECEPTION-AGE	每次接收/每页切纸

附录 C　复印机术语的中英文对照

AC	交流电源
A/D	模数转换
ADF	自动进稿器
AN	按钮
ATSW	添加墨粉开关
AVR	自动电压调节
B	变压器
BCR	分页器返回指令
BEXP	空白曝光灯驱动指令
BG	半导体三极管
BL	空白灯
BLWD	风扇马达驱动指令
BSL	空白条曝光灯驱动指令
BX	保险丝
C	电容、电容器
CB	控制板
CCC	电晕电流控制
CCMD	复印指令
CCNTD	控制计数器驱动指令
CER	纸盒无纸信号
CEXL	复印进行中闭锁信号
CF	冷却风扇
C·H	镇流器
CHV	清洁高压
C. (K).	带锁计数器
CL	清洁灯
CLKP	时钟脉冲信号
CM	马达电容器
CN	连接器
CP	时钟脉冲
CPE	复印信号
CPINH	复印禁止信号
CPL	复印闭锁信号
CPST	复印开始信号
CPU	中央处理器
CS	集成电路芯片选择

D	半导体二极管
DB	整流器
DBC	显影偏压控制
DBTP	显影偏压时基信号
DC	直流电源
DF	进稿器
DHV	消电高压
DM	驱动马达
DRMDH	鼓高速驱动指令
DRMDL	鼓低速驱动指令
DS	滑杆微型开关
DSP	显示信号
DSW	安全开关
DVLD	显影驱动指令
EF	直接法复印
EL	曝光灯
ENLS	放大方式选择信号
E.S.C.	静电对比度
EXP	复印浓度设定信号
FALL	异常信号
FD	放大器
FM	风扇马达
FSRD	定影灯驱动指令
G	隔离开关
GJ	功率继电器
GND	接地
H	加热器"高"电平信号
HA	合闸按钮
HL	卤素灯
HV	高压
HVTN	负高压驱动信号
HVTP	正高压驱动信号
IB	操作部件指示板
IC	集成电路、集成模块
MTC	插入复印信号
I/O	输入/输出
J	继电器
JK	极限开关
K	开关
L	电感器"低"电平信号

LCEP	下纸盒无纸信号
LCLKP	镜头位置脉冲信号
LDCD	变比离合器驱动信号
LDE	显示器、发光二极管
LH	电流互感器
U	电流继电器
LP	连接片
LPOK	镜头位置合适信号
LRD	光量调整器驱动信号
LSI	大规模集成电路
LSPR	低速运转信号
M	马达（电动机）
MC	主离合器
MHV	主高压
MM	主马达
MR	放缩功能
MS	微动开关
MSW	主开关
MT	微粒显影系统
NF	滤噪器
NORM	普通浓度挡
NP	NP 复印法
OFF	关机
ON	开机
OPC	有机光电导体
OPNSW	安全开关
OSC	振荡器
PC	光电转换器
PDP	纸检测脉冲信号
PPC	普通纸复印机
PR	电源继电器
PROG	程序脉冲信号
PS	脉冲传感器
PSW	复印按钮
PSWON	电源开关接通信号
PT	电源变压器
PURS	电源初始复位信号
PWB	印刷纸路板
R	电阻、电阻器
RA	电阻阵列

RD	熔断器
RES	复位脉冲信号
RGCD	对位离合器驱动信号
RJ	热继电器
RL	继电器
SCDP	扫描台检测信号
SCFW	扫描台前进离合器驱动信号
SCHP	扫描台初始位置信号
SCSV	扫描台后退离合器驱动信号
SJ	时间继电器
SOFF	自动关闭信号
SOL	电磁线圈
SSR	固态继电器
STBY	待机信号
STRB	选通信号
TA	跳闸按钮
TC	总计数器
T.C.B.	温度控制箱
TCNTD	总计数器驱动信号
TEL	墨粉补充指示灯信号
TEP	无墨粉信号
TH	热控管、热敏电阻
THF	热保险
THOP	热敏电阻断路信号
THV	转印高压
TM	供粉电机
TR	三端双向可控硅
TSD	墨粉传感器驱动信号
W	电位器
WG	稳压二极管
WJ	温度继电器
WTOFP	墨粉过多信号
YJ	电压继电器
ZCF	直流电磁铁
ZD	指示灯中间继电器
ZOOM	无级变焦系统

附录 D　佳能 NP1215 复印机故障代码

E000　定影加热器断线

E002　SSR 不良

E004　灯稳压器不良

E022　黑显像器加压电磁线圈不良

E210　镜头电线不良

E401　供纸马达不旋转

E403　输纸马达脉冲传感器不良

E411　对位器前传感器不良

E510　输纸马达不良

E514　第二排纸马达不良

E530　导向摆动马达不良

E001　热开关短路

E030　计数器断线，DC 控制器不良

E010　主马达不良

E030　计数器断线

E220　原稿照明灯不良

E400　自动进搞器不良

E402　带输送马达不旋转

E404　排纸马达脉冲传感器不良

E500　自动分页器不良

E512　第一排纸马达不良

E520　通信马达不良

E800　自动切断功能用中继线断线

附录 E　部分程控电话新业务介绍

　　程控电话可以提供通话以外的其他业务，这些新业务能提高办公室的通信效率，应在工作中提倡使用。本书介绍的业务均应首先向当地电信部门提出申请后方可使用，申请方法为：填写本地电话业务变更登记表，持原机主身份证、代办人身份证，单位用户盖相关单位公章。

1．费用全免功能（免开户费、月租费）

　　（1）缩位拨号。

　　使用缩位拨号可减少用户拨叫多位号码时的负担，节省拨号时间，便于记忆，使用方便，对您经常联系的电话号码，采用缩位拨号，只需要用 1～2 位自编代号就能代替原来的多位号码。此服务也适用于拨叫国内、国际长途直拨电话，而且效果更为显著。

　　登记：听到拨号音后，按"*51*AN*TN#"。AN 表示您所自编的缩位代号码，申请一位数时用 0～9 的数字代表，申请二位数时用 00～99 之间的数字代表；TN 是需要缩位的被叫电话号码。完成上述操作后，从耳机中听到证实音就说明登记已生效，否则需重新操作。

　　使用：登记生效后，当您要与对方联系时，拿起耳机听到拨号音后，只需按 "**AN"即可。例如，您登记了用"00"代替对方的电话号码"81234567"那么您只要按"**00"即可接通 "81234567"这个电话。

　　取消：当您不需要某个电话号码使用此项服务时，拿起耳机听到拨号音后，按"#51*AN#"，耳机中听到证实音，说明此项服务已取消，否则需重新操作。

　　（2）遇忙记存。

　　当您拨叫的对方电话正在使用时，使用此项服务，可以不用重复拨号，只要拿起耳机，5 s 后，对方的电话若空闲，即可自动接通电话。

　　登记：当您拨叫的对方电话正在使用时，听到忙音后可在按键电话机上按"R"键（如话机上无"R"键，可拍一下叉簧），听到拨号音后，按"*53#"，如耳机中听到证实音，说明登记已生效，否则需重新操作。

　　使用：登记生效后，拿起耳机听到拨号音后，不用拨号，等待 5 s 后，对方电话若空闲，即可自动接通。若想拨叫其他电话，则必须在 5 s 内拨出。使用此项服务不影响电话的呼入。

　　取消：当您不需要使用此项服务时，拿起耳机听到拨号音后，按"#53#"，耳机中听到证实音，说明此项服务已取消，否则需重新操作。

　　（3）热线服务。

　　热线服务，又叫"免拨号接通"。如果您与某一单位或个人联系密切，使用热线服务后，拿起耳机不用拨号，5 s 后即可接通对方电话，已登记热线服务的电话仍可照常拨叫、接听其他电话。一个电话用户所登记的热线服务，对方只能是一个电话号码，但可根据用户的需要随时改变（取消、登记）。

　　登记：拿起耳机听到拨号音后，按"*52*TN#"（TN 表示您所登记的对方电话号码），耳机中听到证实音，说明登记已生效，否则需重新操作。

　　使用：登记生效后，当你要与对方联系时，拿起耳机听到拨号音后，不用拨号，5 s 后自动接通对方电话。如果听到忙音，表示对方正在通话，需挂机稍候再使用。如您要拨叫其他的电话，拿起耳机，听到拨号音，应在 5 s 内拨号，如未拨，将自动接通原登记的热线电话号码。

取消：当您不需要使用此项服务时，拿起耳机听到拨号音后，按"#52#"，耳机中听到证实音，说明此项服务已取消，否则需重新操作。

（4）遇忙转移。

当您"煲电话粥"时，有位朋友却心急如焚地不断拨您的电话号码，而回答他的始终是"忙音"。如今，电信部门最新推出了"遇忙转移"程控电话新功能，可使以上尴尬的场面不再出现。

登记：拿起耳机听到拨号音后在话机上按"*40*N2#"（N2 代表您所要设定的电话号码或手机、BP 机号码），听到证实音即证明登记生效。

使用：当您的电话正在使用中（占线）时，打给您的电话就会自动转移到您预先设定的电话或手机、BP 机上。

取消：当您不需要使用此项服务时，只要在拿起耳机听到拨号音后，按"#40#"听到证实音就说明该服务已取消。

（5）无应答转移。

当您外出或不在电话机旁边时，所有打电话找您的朋友都会吃"闭门羹"。如今，电信部门最新推出了"无应答转移"程控电话新功能，可使以上尴尬的场面不再出现。

登记：拿起耳机听到拨号音后，按"*41*N2#"（N2 代表您所要设定的电话号码或手机、BP 机号码），听到证实音说明登记生效。

使用：当您外出或暂时不在电话机旁边，不方便接听电话时，凡打给您的电话响过 20 s 后就会自动转到您预先设定的电话或手机、BP 机上。

取消：当您不需要使用此项服务时，只要在拿起耳机听到拨号音后，按"#41#"，听到证实音就说明该服务已取消。

（6）无条件转移。

当您有事外出，为了避免耽误接听电话，使用转移呼叫，可将您的电话号码转移到临时去处的电话机上，此后，如再有电话呼入，即可自动转到所登记的电话机上。

登记：拿起耳机听到拨号音后，按"*57*TN#"（TN 表示您临时的电话号码），耳机中听到证实音，说明登记已生效，否则须重新操作。

使用：登记生效后至取消登记前，凡打给您的电话都自动转移到您临时的电话上，如您的电话在登记后，仍须向外拨叫时，可拿起耳机，拨出您要拨的电话号码。

取消：当您不需要使用此项服务时，拿起耳机听拨号音后，按"#57#"（原电话机上）或按"#57*TN#"（新转移话机上），耳机中听到证实音，说明此项服务已取消，否则需重新操作。

（7）呼叫等待。

当您正在与一方通话，另一用户呼入时，使用此项服务，可根据需要保留一方，与另一方通话。

登记：拿起耳机听到拨号音后，按"*58#"，耳机中听到证实音，说明登记已生效，否则需重新操作。

使用：当您（甲）与乙用户通话中遇丙用户呼入时，您的耳机中会听到等待音，丙用户听到回音铃，这时您有三种选择。

① 如您想与乙用户继续通话，可拍打一下叉簧，听到拨号音后拨 "0" 字，此时丙用户听到忙音。

② 如您想与丙用户通话，又保留乙用户，可告知乙用户稍后，然后拍一下叉簧，听到拨号音后按 "2"，即可与丙用户通话，通话完毕，再拍一下叉簧，听到拨号音后按 "2"，即可恢复与乙通话。

③ 如您想结束与乙用户通话，改与丙用户通话，可拍打一下叉簧，听到拨号音后按 "1" 即可。

取消：听到拨号音后按 "#58#"，如听到证实音，证明此项服务已取消，否则需重新操作。

（8）遇忙回叫。

当您拨叫对方电话遇忙时，使用此项服务可以不用再拨号，在对方电话空闲时，即能自动回叫接通此项业务，仅限同一字头的电话使用。

登记：当您拨叫的对方电话正在使用时，听到忙音后，可在按键电话机上按一下 "R" 键（如电话机上无 "R" 键，可拍一下叉簧），听到拨号音后，按 "*59#"，如耳机中听到证实音，说明登记已生效，否则需重新操作。

使用：登记生效后，您把耳机挂上，对方通话完毕，您的话机将自动响铃，当您拿起耳机后，对方的电话也会响铃。待对方接听时即可通话。通话完毕，此项服务即取消。如您登记此项服务后，当您的话机自动响铃未及时接听时，铃响超过 2 min，此项服务也自动取消。登记生效后，如你还需拨叫其他电话，只需拿起耳机听到拨号音后，拨出您所要拨的电话号码即可。

取消：当您不需要使用此项服务时，拿起耳机听拨号音后，按 "#59#"，耳机中听到证实音，说明此项服务已取消，否则需重新操作。

（9）缺席服务。

当您外出时，如有电话呼入，可由电信局提供语音服务，替外出的您代答。

登记：拿起耳机听到拨号音后，按 "*50#"，耳机中听到证实音，说明登记已生效，否则需重新操作。

使用：登记生效后，如有电话呼入，电信局将为您代答。如登记生效后，您还需要拨叫其他电话，拿起耳机听到拨号音后拨号即可。

取消：当您不需要使用此项服务时，拿起耳机听到拨号音后，按 "#50#"，耳机中听到证实音，说明此项服务已取消，否则需重新操作。

2. 收费新业务功能

（1）呼出限制。

呼出限制类似给电话加上一把 "电子密码锁"，该密码只让与电话用户有关的人员知道。目前，电话网引进的程控交换机有三种，按照机型的不同，呼出限制有两种不同操作。

交换机型为瑞典 AXE-10 型时，加锁、开锁操作如下。

加锁：听到拨号音后按 "*54*密码#"（密码四位，首位不能为 0）。完成操作后，话机将传出证实音（音调频率比拨号音稍高），表示你已加锁，否则需重新操作。

开锁：拿起耳机听到拨号音后按"#54*密码#"。

交换机型为日本 NEAX-61E 型、上海贝尔 S-1240 型、华为 C～C08 及大唐交换机时，加锁、开锁操作如下。

加锁：听到拨号音后按"*54*K 密码#"（K 表示限制等级：K=1，限制全部对外拨叫，包括市话；K=2，限制国际、国内长途直拨；K=3，只限制国际长途直拨）。完成操作后，话机传出证实音，表示已加锁，否则需重新操作。

开锁：拿起耳机听到拨号音后按"#54*K 密码#"。

注意：使用呼出限制的话机必须为音频电话；加锁的"K"与开锁的"K"必须相同；当你打完长途电话后，请不要忘记加锁，否则任何人都可以使用您的电话。

（2）闹钟服务。

利用电话机的铃声，按你预定的时间自动响铃，提醒您去办计划中的事。

登记：听到拨号音后，按"*55*HHMM#"（HH 表示 24 小时制的小时数，MM 表示分钟数，分钟采用 5 分钟制。例如，预定上午七点一刻起床，按"*55*0715#"，登记应比预定响铃时间提前 10 min。用户可在 24 小时内同时登记三个不同的时间。

使用：闹钟服务是一次性服务，到了预定时间，话机自动响铃，拿起耳机时即可听到提醒语音，此次服务自动取消。如响铃 30 s 无人接听即终止，过 30 s 后再响铃 30 s，如此 5 次后，响铃无人接听或此时您的电话正在使用，此次登记自动取消。

取消：当您在预定时间前不需要使用此项服务时，可在拿起耳机听到拨号音后，按"#55*HHMM#"，耳机中听到证实音，说明此项服务已取消，否则需重新操作。其中"HHMM"与登记时的"HHMM"相同。

（3）免打扰服务。

免打扰服务，又叫"暂不受话服务"。为避免电话铃声的打扰，您可暂不接听呼入电话，如有电话呼入时，由电信局代答。

登记：拿起耳机听到拨号音后，按"*56#"，耳机中听到证实音，说明登记已生效，否则需重新操作。

使用：登记生效后，如有电话呼入，电信局将为您代答，如登记生效后，您还需要拨叫其他电话，听拨号音后拨号即可。

取消：当您不需要使用此项服务时，听到拨号音后，按"#56#"，耳机中听到证实音，说明此项服务已取消，否则需重新操作。

注意：当您恢复受理呼入电话时，一定要注销，否则其他人是打不入的。

（4）三方通话。

当您正在与一方通话时，如需要另一方加入通话，可在不中断对方通话的情况下，拨叫另一方，实现三方共同通话或分别与一方通话。

使用：在您（甲）与乙用户通话过程中，如果您需要丙用户加入通话，可以告诉乙用户不要挂机，然后拍一下叉簧，听到拨号音后，拨叫丙用户。并告诉丙用户稍等一下，您再拍一下叉簧听到拨号音后在按"3"，就可以实现三方通话。

（5）来电显示。

程控电话新业务来电显示，能将来电号码自动显示于话机屏幕上，使用户通过来电号码，识别来电人身份，从容选择是否接听。

参 考 文 献

[1] 王佳祥. 办公自动化设备使用与维护. 北京：人民邮电出版社，2012.

[2] 马良渝. 打印机应用大全. 福州：福建科学技术出版社，1995.

[3] 劳动和社会保障部. 办公设备维修工职业资格培训教程. 北京：海潮出版社，2000.

[4] 刘士杰，等. 传真机原理与维修. 北京：电子工业出版社，2002.

[5] 郑德庆. 办公自动化教程. 广州：暨南大学出版社，2002.

[6] 童建中，童华. 现代办公设备使用与维护，第2版. 北京：电子工业出版社，2014.

[7] 王付华. 办公自动化设备. 北京：电子工业出版社，2003.

[8] 刘士杰. 办公自动化设备的使用与维护. 北京：人民邮电出版社，2005.

[9] 杨浩. 现代办公设备使用与维护. 广州：华南理工大学出版社，2005.

[10] 黄军辉，等. 办公自动化与现代办公设备. 北京：电子工业出版社，2006.

[11] 黄军辉，等. 办公自动化设备使用与维护. 北京：电子工业出版社，2010.

反侵权盗版声明

电子工业出版社依法对本作品享有专有出版权。任何未经权利人书面许可，复制、销售或通过信息网络传播本作品的行为；歪曲、篡改、剽窃本作品的行为，均违反《中华人民共和国著作权法》，其行为人应承担相应的民事责任和行政责任，构成犯罪的，将被依法追究刑事责任。

为了维护市场秩序，保护权利人的合法权益，我社将依法查处和打击侵权盗版的单位和个人。欢迎社会各界人士积极举报侵权盗版行为，本社将奖励举报有功人员，并保证举报人的信息不被泄露。

举报电话：（010）88254396；（010）88258888

传　　真：（010）88254397

E-mail: dbqq@phei.com.cn

通信地址：北京市海淀区万寿路 173 信箱

　　　　　电子工业出版社总编办公室

邮　　编：100036